Healing the Heart of School

학교의 마음

이동갑 저

형설출판사
www.hyungseul.co.kr

이 책에서 참고한 주요 인용처

1. 사전적 정의는 국립국어원 표준국어대사전 (https://stdict.korean.go.kr/main/main.do)을 원전으로 한다.
2. Angela Ackerman·Becca Puglisi(2016)의 "The Emotional Thesaurus. A Writer's Guide to Character Expression"으로 〈인간의 75가지 감정표현법〉, 인피니티북스
3. Francois Lelord·Christophe Andre(2008), La Force Des Emotions 〈내 감정 사용법〉, 위즈덤하우스.
4. 인용된 속담·명언 등은 대부분 모리스 말루 저, 「라루스 세계명언대사전」, 연숙진·김수영 옮김

이동갑 선생을 추천합니다

내가 생각하는 이동갑 선생의 마음은 이 책 내용 중 '천칭 저울'이라는 그의 시에 모두 나와 있다.

"코로나19로 100일 만의 등교 수업 / 빈 교실에서 학생들을 기다린다 / 학생들 가방 속에 실내화 코에 묻어온 / 설레임들 하나씩 천칭 저울에 올리고 / 나의 설렘도 조심스레 올렸더니 / 저울이 너무 터무니없이 시소처럼 확 기울어 / 화들짝 놀란 마음 부여잡고 / 비둘기를 살리려는 살바달 왕처럼 내 살을 띄어 올렸다 / 상담전문가 자격증과 몇 권의 저서들과 박사학위 받고 / 친절함과 배려, 유머와 소통까지 / 저울의 균형을 찾을 수 없어 / 당황과 두려움 속에 절망하다가 / 성호경을 그으며 / 내 삶과 인격과 숨결마저 올려놓으니 / 겨우 균형이 출렁인다 / 가르침과 배움은 전부를 걸고 / 매순간 재단에 자신을 바치는 기도인 것을"

이동갑 선생은 코로나19로 못 만나던 제자들과의 떨리던 첫 수업에서의 느낌을 매순간 자신의 모든 것을 재단에 바치는 기도처럼 생각하는 사람이다. 평소 강의를 하실 때나 사람을 만날 때의 마음도 그러해 보였다. 마음 서른 가지를 한 달 간 30개의 주머니에 담아 하루하루 일어나는 마음가짐을 살펴보라는 이 책의 저자로서 그 주제조차 내가 알고 있던 그 이동갑 본인을 떠올리게 한다.

이 선생님을 알게 된 이후 어느 해던가 자신이 선정한 올해의 인물에 내가 선정되었다며 아내와 함께 저녁식사를 하자고 했다. 나가보니 전년도 이 상을 수령한 '이동갑이 선정한 올해의 인물 상' 부부와 우리 부부, 그리고 이동갑 선생 부부가 함께 '종이로 된 상장'을 주고받으면서 저녁을 먹는 자리였다. 그동안 이러저러한 상을 받아 봤지만 이토록 감격스럽고 자랑스러워 기억에 남는 상은 없었다. 한 해 동안 자신에게 가장 영향을 준 책과 사람을 선정해 오셨다고 했다. 책이 나오기 전 추천사를 쓰기 위해 먼저 받아 읽은 원고를 보면서 내 마음 최고의 장면으로 떠올리게 된 것은 너무도 당연한 일이었다.

이 책은 '마음' 서른 가지를 살피면서 스스로의 치유와 자신을 둘러싼 세상과의 화해를 위한 책이라고 생각했다. 읽다보니 꼭 내게 전하는 위로와 성찰을 요구하는 내용으로 가득 차 있는 것이 아닌가. 학교폭력에 정면으로 맞서오던 저자가 어느 날 학교폭력 대응 매뉴얼(학교폭력의 새로운 패러다임: 공감·용서·회복·성장)이라는 책을 선물했다. 상처받은 피해자와 가해 아이들, 이를 지켜봐야했던 학부모와 선생님들에게 도움이 될 거라며 자랑스러워하시던 기억이 났다. 이후 좀 더 대중적이고 쉽게 접근할 수 있도록 '마음 가이드북'을 만들고야 말았구나 하는 생각이 들었다. 처음에는 선생님들이 읽고 적용하시면 도움이 되겠구나 했다가 아니, 더 많은 사람들이 함께 읽고 토론해 봐야 하는 책이라는 생각이 들었다. 인간관계에 대한 최고의 바이블로 평가받는 카네기 인간관계론을 교육과정에 매뉴얼화해 적용 가능하도록 쓴 책이라고 평가한다.

이 책을 보면서 지금까지 저자가 '선생님'만으로가 아니라 정책담당자로서, 교육 공무원으로, 학교폭력 상담자로서 어떤 마음으로 살아왔고 앞으로 살아갈 것인지, 정말 많은 생각을 해보게 된 계기가 되었다. 덕분에 내 마음공부를 하게 되기도 하여 고마웠다는 말씀드리고 싶다. 이 책, 많은 분들이 읽으셨으면 좋겠다. 책 추천보다도 이동갑 선생의 인생을 응원하겠다는 추천을 하고 싶다. 존경하고 흠모한다는 퇴계선생이 문득 함께 하고 계셨다는 생각이 들었다.

전 충청북도의회 의원, '나는 지방의원이다' 저자, 독서모임 파란 대표 이광희

도산서원이 위치한 안동 도산면 출신인 이동갑 선생님은 퇴계 이황의 15대 후손답게 늘 책을 가까이 하고 글짓기를 즐기는 선비다. 학교폭력과 상담심리에 관한 권위자이신 선생님께서 교직 삶에서 이런저런 내상을 입은 교사들의 마음을 어루만져주고 치유 방법까지 제시해주는 유익한 책을 쓰셨다. 상처받은 교사를 위한 지침서이지만 본문 곳곳에서 선생님 자신의 굴곡진 삶의 편린과 희로애락을 목도하는 바, [학교의 마음]은 저자의 치열한 교직살이를 돌아보는 회고록이자 현장교육학자 이동갑의 이론과 실천의 집대성이다.

공모 장학관이라는 비상한 위치에서 물러나 평교사 자리에 돌아온 선생님의 비범한 결단은 혼탁한 시대에 관직을 버리고 낙향한 뒤 '물러날 퇴(退)'의 호를 쓰신 퇴계(退溪) 선생의 올곧은 선비정신을 연상케 한다. 퇴임 후 이황 선생이 도산서당을 세웠듯이, 이동갑 선생은 퇴직 교사와 공무원을 위한 '학교 마음 아카데미(HOSA)'을 지으려는 포부를 피력하신다. 저자다운 이 선량한 몽상가적 발상은 상상만으로 즐거운 일이다. 저자의 몽상이 꼭 실현되기를 바라며 좋은 책 출간을 축하드린다.

구미 사곡초교사, '교사가 교사에게' 저자, 교육학박사 이성우

학교의 마음! 교직생활 30년을 훌쩍 넘겼지만 '학교의 마음'을 얼마나 잘 읽어내며 살아왔던가? 이동갑 선생님의 깊은 통찰과 섬세한 감각을 읽으며 내내 반성을 하게 된다. 교직 생활하는 동안 이 같은 책이 곁에 있었다면 좀 더 멋진 교사가 되었을 것이라는 생각이 계속 들었다. 선생님이 풀어놓은 30개의 보따리 하나 하나가 흐림 없는 눈으로 세상을 바라보고, 학교를 바라보고, 동료교사를 바라보고, 아이들을 바라보게 한다. 선생님의 성찰은 배움에 대한 근본적인 질문 속에 아이들이 살아 숨 쉬는 새로운 교육영토를 만들어 나가고자 하는 교사들에게 더없이 훌륭한 '마음의 지침서'이다

서전고등학교 교장, 새로운학교네트워크 이사장 한상훈

서른 가지의 보석주머니

서른 가지 주머니는 우리가 교단에 서는 순간부터 아이들과 또는 동료들 그리고 관리자들과 더불어 생활하면서 필연적으로 겪게 되는 다양한 감정들을 저자의 현장 경험에서 추출해 낸 보석들이다. 교단에 처음 설 때는 두려움 반 설레임 반으로 앞으로 아이들과 어떻게 관계를 가지며 그들을 가르칠 것인가에 대해 고민을 하며 초임교사로서 다짐을 하게 된다. 교사로서 근무를 하는 동안 교육계획에 의하여 새내기 교사 연수가 있는데 이때에도 교사의 길을 시작하는 새내기 교사들에게 "초심(初心)을 잃지 말라"고 이야기한다.

초심이란 무엇인가? 초(初)의 한자를 풀어보면 옷(衣)과 칼(刀)의 형성자로 필요한 옷을 만들기 위하여 옷감을 재단한 후 가위(剪刀)나 칼(刀)을 이용하여 자르려고 시작하는 순간의 마음(心)을 의미한다. 이 순간 잘못 자르면 옷 만들기를 그르칠 수 있기에 살얼음을 걷듯이 긴장하며 옷감을 자르게 될 것이다. 이러한 초심도 아이들과 만남의 관계가 오래 지속될수록 이러한 긴장은 점점 무뎌가며 직업인으로서 단순한 지식을 가르치는 교사가 되어가며 공부 잘하고 교사의 말에 순종하는 학생들만 편애하고 편하게 학교 근무를 하려고 하는 나 자신을 발견하며 깜짝 놀라게 된다.

이동갑 선생님이 이번에 펴내는 「학교의 마음」은 새내기 교사로 출발하며 갖게 되는 현장에서의 다양한 현상에서부터 시작하여 세월이 흐르며 아이들과 또는 동료교사들이나 관리자와의 관계에서 수많은 어려움에 처하는 교사들에게 내가 처한 문제를 정확하게 바라보고 이를 해결할 수 있는 길을 알려주는 등불이 될 것이다.

선생님은 처음부터 교사의 길을 걷기 위해 교육대를 가지 않고 사목자가 되기 위하여 신학을 공부하고자 하시던 분이다. 다양한 인생 경험 속에 뒤늦게 교사의 길에 들어오셨기에 실생활에서 일어나는 여러 가지 문제점들을 지속적으로 접하고 해결해온 경험이 풍부하시다. 또한 이의 이론적 바탕을 확립하기 위하여 교원대에서 석·박사학위를 취득하고 교원대 대학원에서 현직교사들과 정책전문가들에게 강의를 하고 계신 선생님이다.

선생님은 아이들 하나하나를 아름다운 보석으로 살아가도록 희망을 부여하며 하루하루 행복하게 살아가고 계신 분이다. 이런 선생님과 깊은 만남을 갖게 된 것은 내가 서울 효문고 교장(서울시카운슬러협회장, 학생상담 수퍼바이저)으로 근무할 때 서울시연구정보원에서 MBTI 연수를 한다고 하여 아내와 함께 참석을 하였다. 선생님의 강의를 듣는 내내 한 마디도 놓칠 수 없는 귀한 강의였다. 이후 학교를 퇴직한 후에도 수 년 동안 지속적으로 많은 경험을 나누고 연구 분야에 대한 대화를 나누었다.

특히 이번에 펴내는 「학교의 마음」은 학교교육의 성공과 실패를 결정하는 소중한 교사들에게 선배교사로서 30여 년 동안 가르치며 경험하고 상담하며 찾아낸 서른 개의 보석주머니를 가감 없이 그대로 전하게 된 귀한 교직의 길잡이가 될 것이다. 초심을 잃고 사거리에서 방황을 할 때에는 바른 길로 갈 수 있는 횃불이 되어줄 것이며, 매너리즘에 빠져 학교생활이 즐겁지 않은 교사들에겐 초임교사로서 첫 출발하며 가졌던 초심을 끌어내어 아이들을 만나는 것이 즐겁고 행복하였던 새내기 교사의 마음을 갖게 도와줄 것이다.

전 잠신고등학교장, 전 서울카운슬러협회장 허재환

가장자리에 서서

2020년 내 나이 예순이 되었다. 2020년의 한 해 표어는 On the blink였다. 파커 파머(2018)의 책 “모든 것의 가장자리에 서서(On the blink of the everything)”를 만나면서 “숲에서 나와야 숲이 보인다”(시인과 촌장, 5집)는 것을 알았다. 가장자리에 서면 중심이 보인다. 중심에서는 자신을 보기 어렵다. 마치 숲 속에서 자신이 서 있는 곳을 알지 못하는 것처럼. 그래서 가끔씩 가장자리로 가야 한다. 내 경우에는 10년에 한 번씩 내 삶을 갈아엎었다. 30년 전에 수도생활을 하지 않고 세속에서 살기를 결심한 이후 두 번째 내 삶의 마지막 후반부를 위한 여행이 시작되었다. 지나온 삶을 돌아보며 앞으로의 삶을 준비할 중요한 시기가 되었다는 것을 알았다.

전국 최초의 초등학교 출신 공모 장학관으로 시·도교육청에서 근무하다가 평교사로 전직을 결심하였다. 짧은 교육청 생활은 내게는 어울리지 않는 옷이었다. 서울로 간 시골 쥐처럼 정신없이 지내다가 낙향을 하니 고향에 온 듯 포근하다. 이제 결승선이 보이고 교직의 마지막 순간을 향해 달려가고 있다.

학교에 오니 예전에 나에게 배웠다는 제자가 동료교사가 되어 함께 가르친다. 작년에 교대에서 수업(생활지도와 상담)을 들었다는 신규 교사와 1정 연수 때 혹은 여러 연수에서 내 강의를 들었다는 교사들을 엘리베이터에서 또는 복도에서 만난다. 나는 이들에게 선배 교사로서 어떤 존재이며 모델이 될 수 있을까 고민을 한다.

코로나 19로 인해 100일 만에 우리 반 아이들을 만났지만 1주일에 하루 혹은 이틀 마스크를 하루 종일 끼고 수업을 하는지라 학급활동을 하는 것이 거의 불가능하다. 모둠활동은 커녕 생활지도를 위한 집단상담도 짝 활동도 할 수 없다. 손발을 다 묶어 놓고 경기에 참석하라는 것과 같다. 학교란 무엇이며 교육이란 무엇인가? 날마다 물어 본다.

나는 새벽 3시면 일어난다. 물론 밤 9시 경이면 폭풍 잠이 몰려와 잠자리에 든다. 특별한 날이 아니라면 아침에 일찍 일어나 그날 복음을 읽고 명상을 하며 책을 읽고 글을 쓰는 하루는 정화수 위에 얼어붙은 살얼음처럼 명징明澄하다. 요즘처럼 하루하루가 소중하고 의미 있게 시간의 풍경화 속을 걷는 것처럼 몸과 마음이 함께 동행한 적은 없었다. 하루하루를 살아가는 것이 즐겁다. 선비의 삶을 즐기고 있다.

5학년 담임을 맡아서 원격수업 교안을 만들고 업무를 처리하면서 날마다 옆 반 선생님께 혹은 동료교사들에게 도움을 받고 있다. 출석 처리 마감은 한 달에 한 번이라 같은 질문을 또 하게 된다. 이 질문은 또 어떻게 비칠까 염려가 된다. 그러면서 아이들을 향한 젊은 교사들의 고민을 생각한다. 어쩌면 10년, 20년, 30년 전과 달라지지 않은 것들과 달라진 것들을 보며 생각한다.

그동안 많은 자리에서 강의를 통해, 책을 쓰고 연수 자료를 만들고 정책안을 만들면서 저지른 말의 빚을 갚아야 함을 느낀다. 세상이 달라졌다는 것을 배운다. 무엇보다 국민의 세금으로 석·박사 과정을 다 마쳤으니 내가 해야 할 몫이 있다고 생각한다. 후배들에게 받은 도움을 조금이나마 돌려주고자 학교와 교육의 본질들에 대해 인간에 대해 마음에 대해 나의 경험을 사장死藏하지 않고 전달해야 함을 알았다. 실상 이러한 글은 쓰고자 하여 써진다기보다는 감이 익어서 떨어지듯이 내 속에 생각이 차고 말이 차면 글이 되는 것일 뿐 내가 글을 쓰는 것도 아닌 듯싶다.

나는 그동안 생각들을 강의하고 주장하고 신념을 표출하며 격정적으로 토해 내었고 안타까워하였다. 하지만 결국은 생각이 아니라 마음이었다. 마음이야말로 모든 것의 시작이며 중심이며 마지막이다. 지난 학기에 대학원에서 "교육정책의 심리적 기초"라는 강좌를 개설하고 파커 파머에 대해 집중적으로 고민하고 대화하였다. "비통한 자들을 위한 정치학"으로 잘 알려진 파커 파머는 우리 시대의 교육자이자 교육사회운동가이고 영성가이자 실천하는 스승이다.

하지만 왜 우리는 '파커 파머나 사토 마나부에게서 배워야 하나?'라는 생각을 하며 한국적인 마음과 교육 개혁에 대해 생각해 본다. 모 교수님은 독일 교육에게 배워야 한다고 강조하지만, 핀란드든 독일이든 배울 점도 있지만 오히려 우리가 잘하고 있는 것도 있다. 우리 조상들이 잘해 온 것도 많다. 토양이 다르고 환경이 다른데 어찌 전부를 배우거나 모방하는 것이 능사이겠는가? 한국적 해석이 필요하다. 젊은 교사들에게 보내는 편지 역시 조너선 코졸이 이미 썼지만 지금 이 순간에 한국 교사에게 쓴 편지는 아니지 않은가?

나는 많은 선배 교사들이 교직에 대해 교육을 마치며 쓴 치열함과 울림이 있는 삶에 대한 글을 존중한다. 하지만 자칫하면 꼰대의 설교가 될까 두려워 조심스럽다. 이제 다음 세대의 교육을 이끌어 갈 후배이자 동료교사들에게 주는 편지를 쓴다. 아울러 이 책은 한국형학교폭력예방 모델의 3부작 중 "학교폭력의 심리학"에 대한 내용을 가름하는 것이기도 하다. 특히 베이비 붐 세대에 태어나 치열하게 살아 온 내 나이 또래 동료들에게 보내는 편지이기도 하다.

나 역시 교직을 마치면 무슨 일을 할까? 연금을 받으면 밥은 먹고 살겠지만 사지가 멀쩡하고 몸이 건강한데 등산도 하루 이틀이지 집 안에서만 들어앉아 삼식이가 되면 어쩌나 하는 두려움이 있다. 먼저 퇴직한 주변 선배님들을 보면서 밭일도 운동도 싫어하고 예·체능에는 재능이 없는 내가 골프나 색소폰을 배우러 다니는 것도 또 다른 노동일 것 같아 고심이 크다. 다행히 상담 관련 자격증[1]과 경험이 있으니 당분간은 강의도 하고 글도 쓰며 지낼 수 있을 것이다. 나이 듦이란 "더 이상 인정받기 위해 몸부림할 필요가 없는 시기이다. 사회의 공동선을 위해 더 큰 위험을 기꺼이 감수하는 시기를 말한다"(파커 파머, 2018).

나와 동갑인 버락 오바마는 예순이 되기 전에 두 번의 임기를 마치고 대통령(제

1) 한국상담학회 1급전문상담사(슈퍼바이저), 중등 2급 상담교사 등

44대)에서 은퇴를 하였지만, 조 바이든은 일흔 여덟 살의 나이로 미국 역사상 최고령이자 최대득표자로 제 46대 미국대통령이 되었다. 고인이 되신 김대중 대통령께서도 일흔넷에 대통령으로 당선되어 IMF의 위기에서 나라를 구하였으며 남북화해의 초석이 되셨듯이 어쩌면 일흔의 나이도 늦지 않다. 내가 가장 젊은 때는 지금 이 순간이다. 이어령 작가와 도울 김용옥 선생을 보면서 죽는 그 순간까지 지혜는 쌓여갈 수 있음을 본다. 이제부터 새로운 시작이다.

부족한 글을 먼저 읽어주고 격려와 함께 보완할 부분을 함께 나누어 준 여러 동료 교사들과 추천서를 써 주신 이광희 전 의원님, 한상훈 교장님, 이상우 선생님, 허재환 교장님께 진심으로 감사드립니다. 특히 표지 그림과 글씨를 써 주신 김병기 교감님께 감사드립니다.

2020년 겨울 義村(의촌) 이 동 갑

Ⅱ 봄 - 공감의 문 앞에서 85

Ⅲ 여름 - 용서의 정원에서 119

Ⅳ 가을 - 회복의 숨결 153

Ⅴ 겨울 - 성장의 숲에서 181

Contents

I

학교의 마음

산 책

책 중의 책은 산책이라
괴테도 김 훈도
길 위에서 무르익었거늘

나는 책상 위에서
이 책 저 책 짜깁기하여
책이라고 내었으니
부끄러움 크기만 하네

만 가지 발차기 아는 이보다
한 가지 발차기를
만 번 연습하는 이가 두려운 법*

만 권의 책을 읽는 이보다
한 권의 책을 만 번 읽어서
저자 이름에
부끄러움을 덜어야 하리

걷는 만큼 쓰고
익힌 만큼 말하고
숙성하고 발효해야
명품 포도주 되지

산책하고
쓰지 않으면
나무의 죽음 안타까운
죽은 책이 된다

---

* 이소룡(李小龍, Lǐ Xiǎolóng 리샤오룽, 1940년 11월 27일 ~ 1973년 7월 20일), 영어명 브루스 리(영어: Bruce Lee)

I 학교의 마음

1 30개의 주머니를 건네며

가. 탕자의 귀환

렘브란트의 그림 탕자의 귀환(1669) 속에서 내 자리를 찾아본다. 헨리 나웬(2009)은 누가복음 15장 '돌아온 탕자의 비유' 속에서 자신을 찾아간다. 처음에는 집을 나간 방탕한 둘째 아들에게서, 다음은 완고하고 고집 센 첫째 아들에게서, 마지막으로 두 자식에게 버림받은 아버지에게서 나의 모습을 만난다. 30여 년 교직 생활을 마무리하면서 나는 이 세 주인공 모두에게서 나를 발견하였다. 그리고 내가 가야할 마지막 자리가 아버지의 자리임을 고백한다.

아버지가 되는 시간

누가복음 15장
돌아온 탕자와 그 아버지

오랫동안 나는

작은아들과 큰아들 사이에서
내 자리를 찾았지만
아버지는 못 보았지

버림받은 아버지
두 아들 모두에게
버려진 저 아버지

슬픔과 분노가 아닌
용서를 넘어
조건 없이 사랑을 실천하는
아버지가 되어야 함을

렘브란트 그림[3]을 통해
헨리 나웬의 글[4]을 통해
아버지 자리로
도약跳躍하라 초대하네

퇴계선생[5]께서 아들 준에게 보낸 편지에서 "능력보다 낮은 자리에 처한 것은 부끄러운 일이 아니다. 오히려 능력보다 높은 자리에 앉는 것을 두려워하라"고 이르셨다. 나는 부끄럽게도 능력보다 높은 자리에 앉아 시골 쥐처럼 가슴을 쥐어짜며 혹시 내 부족함이 밝은 하늘 아래 다 드러날까 노심초사하였다. 유시민 작가가 말한 로렌스 피터(Laurence Peter)의 법칙[6]이 내게 해당하는 것은 아

3) 렘브란트(1669), 탕자의 귀환, 캔버스에 유채, 262×206cm, 러시아 상트페테르부르크 헤르미타주 미술관 소장
4) 헨리 나웬(2009), 탕자의 귀환. 최종훈 옮김. 서울:포이에마
3) 필자는 퇴계 선생님의 15대 손이다. 삶의 기준으로 퇴계 선생님을 인용할 것이다.
4) 피터의 법칙이란 조직 내 구성원 개인은 자기 능력의 최고치까지 승진하고 나면, 결국 능력 밖의 역할이 주어지는 단계에 도달한다. 사실 이 단계에서 사람들이 좌절하는 이유는

닌지 돌아본다. 남명 조식에게서 "학자가 명예를 도둑질하고 세상을 속인다"는 책망을 들은 것처럼 퇴계선생이라면 어떻게 하실 것인지 돌아보고 또 살펴본다(정우락, 2009: 185).

교사에서 장학관으로 전직을 한 후 다시 장학관에서 평교사로 전직을 하며 많은 생각을 하였다. 교사와 장학관이 중요한 것이 아니라 내가 있어야 할 곳에 있는 것이 소중하였다. 명품 옷을 걸쳤다고 옷걸이가 명품이 되는 것은 아니다. 부처님을 지고 가던 나귀가 절을 하는 사람들을 향해 우쭐대는 것처럼 잠시 착각에 빠졌고 곧 꿈에서 깨어났다. 나는 충분히 준비되지 못했고 실력이 부족했지만 그때는 몰랐었다. 두려움과 욕망, 아쉬움과 부끄러움이 가득했었다.

공모 2년이 지날 무렵 정기 감사에서 한 의원이 조용히 불러서 충고하였다. "정치는 우리 같은 정치인이 할 터이니 장학관님은 학교에서 학생들을 가르치시기 바랍니다" 그의 놀라운 충고는 예언과도 같았다. 내가 아직 저지르지는 않았지만 미래에 저지를지도 모르는 잘못을 미리 꾸짖어 주셔서 감사할 따름이다. 다산 정약용이 퇴계를 본받고자 지은 도산사숙록에서 남명 조식이 퇴계를 꾸짖으며 쓴 글 "학자가 명예를 도둑질하고 세상을 속인다"는 대목에서 글을 여러 번 읽고 자신도 모르게 기뻐서 뛰고, 감탄하여 무릎을 치며 감격하여 눈물이 났다고 한 것처럼 나는 그분의 꾸짖음에 진심으로 감사하였다.

평교사가 장학관이 되었다는 언론과 동료 선·후배들의 따가운 시선과 가십들은 그런대로 견딜 만하였다. 하지만 내가 제 자리에서 역할을 잘하고 있는가에 대한 나 자신에 대한 물음은 오히려 가혹하였다. 나를 임용한 것이 인재발탁이 아니라 측근 챙기기가 되었다는 말을 듣지 않도록 하기 위해 발버둥질하였다. 임면권자에 대한 책무감도 컸다. 그래서 나름대로 노심초사하였지만 이른바 전문직이 요구하는 덕목들은 내 DNA에는 있는 장점 항목들이 아니었다.

무능력이 아니라 주어진 직책과의 궁합이 맞지 않아서이다. [네이버 지식백과] 「피터의 법칙」 [Peter principle] (상식으로 보는 세상의 법칙: 경제편, 이한영)

날마다 사직서를 품고 다녔고 마침내 기회를 찾았다. 내게 민원이 들어왔다고 한다. 장학관이 자리를 지키지 않고 강의를 하러(정치하러) 다닌다는 것이다. 하지만 "선비가 때를 얻지 못하면 물러가 학문을 닦을 일"이라는 옛 성현의 말씀을 새기며 물러날 때를 기다려 왔다. 명퇴와 전직 사이를 고민하다가 결단을 내렸다. "창랑의 물이 맑으면 갓끈을 씻고 물이 탁하면 발을 씻을 일이다"[7]. 농부가 밭을 탓할 수 없는 법이다.

시교육청에서 1년, 도교육청에서 1년 반 장학관으로 생활하다가 다시 담임교사가 되었다. 전담교사가 되는 것이나 좀 더 쉬운 학년을 맡아 보면 어떨까 하는 유혹이 잠시 스쳤지만, 내가 가는 이 길이 눈밭의 첫 발자국이 될 수 있음을 생각하였다. 가장 어려운 학년, 어려운 반을 맡아 지도하는 것이 당연한 일이다. 동 학년 교사가 모두 11개 학급인 청주 시내 가장 큰 학교 중의 하나로 발령을 받았다. 아이들의 이름을 사물함에 붙이고 책상에 쓴 낙서를 매직블럭으로 지우며 우리 반 아이들을 기다렸다.

귀 향

아이들 곁으로 돌아가는 길
설레임으로 가득 찬 가로수 사이로
언뜻 두려움과 염려가 스치지만
기대와 희망은 더 크게 다가온다

세상에서 가장 아름답고 소중한 직업
교사가 되어 선생님이라고 불리는 것

---

7) 초사(楚辭) 어부사(漁父辭) 굴평(屈平)- 滄浪之水淸兮 창랑의 물이 맑으면 可以濯吾纓 갓끈을 씻고, 滄浪之水濁兮 창랑의 물이 흐리면 可以濯吾足 내 발을 씻으리라

가슴 가득 기쁨과 설렘이 벅차오른다
내가 만날 한 어린이 한 영혼
온 우주보다 더 크고 무거운 소중한 생명들

그들 앞에 빛과 소금과 등대가 되어
친절하고 온유하게 함께 행복을 가꾸는 길

학교 가는 길에서
다시 희망을 안고 교문으로 들어선다

평생을 평교사로 살아오다가 교육감상 한 번도 받아본 적이 없는 교포자[8]가 공모 장학관이 되어 시·도교육청에서 생활한 경험은 나에게 어떤 의미가 있었는가? 그것은 헨리 나웬이 예일과 하버드에서 경험한 것과 거의 유사하다. 나는 그 공간과 경험에 대해 기본적으로 감사와 배움으로 여긴다. 그곳에서 만난 수많은 성실하고 역량 있는 전문직과 헌신적인 교육행정가들에 대한 기억은 깊은 존중감으로 남아 있다. 하지만 교육(지원)청의 본질적인 요소인 경쟁과 인정에 대한 욕망, 실적에 대한 압박, 책임소재와 자신의 능력에 대한 포장기술 등은 내가 가진 장점들과는 거리가 먼 것이었다. 실상 내 품성과 역량 등을 살피면 시·도교육청의 위계 속에 있는 관료는 맞지 않았다. 적재적소에 배치가 아니었던 것이다. 그러나 이 경험들은 나로 하여금 많은 통찰과 배움을 얻게 하였으니 나쁘지 않았다.

가장 나를 힘들게 했던 것은 수많은 식사 자리였다. 특히 술이 동반된 회식은 내게 고통 그 자체였다. 건강상의 이유로 술을 마시지 못하기도 하지만 술자리에서의 대화는 나의 대화 방식이나 언어체계와 거리가 먼 외계 언어와 같았다. 그런 방식의 대화를 잘하기 위해 노력해야 하는 것은 무척이나 어려웠다. 가장 힘든 것은 의원님과 밥을 먹으며 정책에 대해 설명하고 자신의 치적을 듣는 일

8) 교장·교감을 포기한 교사

이었다. 판소리 고수처럼 추임새를 넣으며 의원님의 전문성과 혜안과 통찰력에 대해 감탄하는 일이었다. 자괴감이란 이럴 때를 위해 만들어진 단어인 것이 분명하였다. 식사 자리는 가난한 집 제사처럼 너무 잦았다. 간부들의 사기를 북돋우느라 식사하고, 상을 받았다고 밥 먹고, 깨어지면 위로한다고 밥 먹고, 평상시에는 돈독한 관계를 유지하기 위해 식사예절에 참여하는 것이 덕목이라면 나는 낙제가 분명하였다.

특별히 오후 9시면 폭풍 잠이 몰려오는 내게 9시 이후의 시간은 다음 날까지 혼란에 빠뜨렸다. 일상의 뿌리를 흔드는 잦은 회식과 언제 터질지 모르는 사건 사고들의 한 가운데에서 하루하루를 버텨오면서 행복하지 않았다. 체질적으로 맞지 않았다.

돌아온 둘째 아들처럼 집으로 돌아가야 함을 깨달았다. 집으로 돌아가 아버지께 말하리라. 내가 하늘과 아버지께 죄를 지었노라고. 이제 저를 아버지의 집에서 종처럼 여기어 받아들여 주시기를 구하며 집으로 돌아갔다.

나. 직업으로서의 교사

코로나 19는 특별하게 다가왔다. 온 봄을 다 지나도 아이들을 만날 수 없었다. 날마다 동 학년 교사들과 함께 밥을 먹으며 젊은 교사들의 고민과 생각들을 들어 볼 수 있어서 다행이었다. ICT 환경에 익숙하지 못해 아들보다 더 나이가 어린 옆 반 선생님에게 날마다 신세를 지고 있다. 2학기가 되어도 환경은 특별히 개선되지 않았고 심지어 2021년까지 이 상황이 지속될 수 있다는 뉴스에 절망하였다.

문득 임용 초기 학교 일은 젊은 교사들에 비해 ⅓도 하지 않던 나이 많은 교사들이 젊은 교사들보다 3배의 봉급을 받는 것을 보고, "일한 만큼 봉급을 받아야 하지 않느냐?"라고 이야기하던 내 30대 초반 시절이 생각났다. IMF가 시작될 무렵 당시 교육계 일부와 언론에서는 "나이 많은 교사 1명을 퇴출하면 젊은 교사 3명을 쓸 수 있다"고 말했었다. 내가 그 자리에 선 것은 아닌지 돌아본다.

하지만 한꺼번에 퇴출된 교사들로 인해 빈 그 공간에 다시 그들이 기간제 교사로 임용되는 것을 보며 순차적으로 3년에 걸쳐 정년을 줄여나갔으면 좋았을 것이라는 아쉬움이 남았었다.

초임시절 신학기를 앞두고 봄 방학 기간 중에 내년이 정년인 원로교사와 나눈 대화가 생각난다. "학교도 아이들만 없으면 근무할 만하지, 그지?", "그러게요" 코로나 19로 아이들이 없는 이 학교는 근무할 만한가? 그렇지 않다. 한 가지 분명한 것은 "학교폭력은 거의 없어진 것이다" 그러나 정말 없어진 것인가? 학교폭력이 가정으로, 아이들의 손안으로 이동한 것은 아닐까? 겨우 개학을 한 학교에서 날마다 다양한 형태의 갈등들이 새로운 방식으로 일어나고 있는 것은 분명하다. 스마트폰이라는 폭력, 디지털 격차라는 폭력에 대해 고민하고 대책을 세워야 할 것이다.

한 직업을 30년 동안 유지하는 것은 대단한 일이다. 교사라는 직업을 가지고 정년을 맞이하는 것은 우리 시대에 최고의 부러움 중의 하나이다. 하지만 얼마나 많은 교사들이 해마다 명예퇴직을 신청하는지를 생각하면 교직에 대해 많은 생각을 하게 된다. 명예퇴직이라는 말처럼 형용모순된 단어도 찾기 어렵다. 명예퇴직은 과연 명예로운가? 질문한다. 이 책은 많은 명예퇴직을 앞둔 베이비부머 세대의 교사들을 위한 책이기도 한다.

직업으로서 교사를 선택한 것은 내 인생을 통 털어 가장 잘한 결정 중의 하나이다. 하지만 무라카미 하루키가 「직업으로서의 글쓰기」에서 보여준 치열함이 함께 하지 않는다면 무겁고 두려운 책임의 자리이기도 하다. 교직의 결승선을 향해 가면서 젊은 교사들과 날마다 얼굴을 마주 대하며 이들이 앞으로 이 땅의 교육을 이끌어 가야할 주인공들임을 생각한다. 원로교사로서 대우받기보다 선배로서 어떤 뒷모습을 보여 줄 수 있을 것인가? 날마다 생각해 본다.

발령을 받고 출근하던 날 강당 입구에서 한 젊은 교사가 다가와 "선생님 저 A 초등학교에서 선생님께 배웠어요" 하였다. 한 선생님은 계단을 오르는데 "작년에 교대에서 '생활지도와 상담' 강의 잘 들었어요" 한다. 동학년 모임에서는 "선생님께 1정 연수 때 강의를 들었어요" 한다. 가르친 제자들이 동료가 되어 함께 근무하는 곳! 이곳이 교직이다. 학교라는 세계이다. 이제 말빚을 갚을 때가 되었다. 한 학기를 마치고 동 학년이었던 동료교사이자 제자는 "선생님의 제자가 제자를 가르친다는 생각에 더욱 설렜고 2반 아이들과 함께 즐거운 시간을 보냈습니다"고 썼다.

파커 파머(2018: 15)는 "나이가 들었다는 것은 단지 더 이상 잃을 것이 남아 있지 않음을 의미할 뿐이다. 인생에서 공공선公共善[9](social interest)을 위해 더 큰 위험을 감수할 시간이다"라고 전한다. 파머처럼 나도 놀랍게도 나의 '나이 듦'을 좋아하고 즐기고 있다. 이제 동료이자 후배이며 사랑하는 나의 도반道伴들에게 학교라는 공동체에서 살아남기 위한 혹은 교사로서의 삶을 즐기며 보람을 갖기 위한 작은 선물들을 준비한다. 날마다 여러 모양의 도움을 받으며 갚을 길이 없어 고민하다가 마음속의 고마움을 담아 이 책으로 대신하는 것이다.

평교사로 살아도 괜찮다는 것을 말하고 싶다. 굳이 전문직이 되거나 승진을 하는 것 못지않게 아이들과 함께 살아가는 기쁨이 더 클 수 있음을 나누고 싶다. 하느님의 연인이라고 불리던 헨리 나웬은 연설가, 작가, 상담가로서 탁월한 능력을 발휘했지만, (샌드위치를 만드는 것처럼) 단순하고 일상적인 일은 잘 하지 못했다. 자기 재능 이외의 방면으로는 아주 무능했다(Michael O'Laughlin, 2008: 17)는 이야기는 내게 위로가 된다.

교육청이라는 조직에서 일하기에는 나는 무능했다. 퇴계 선생께서도 3번이나 성균관의 책임자를 맡았지만, 성균관을 바꾸지는 못하셨다. 도산서원에서의 퇴계와 성균관에서의 퇴계는 어떤 차이가 있었을까? 그럼에도 불구하고 내가 교육정책을 공부하고 세상을 바꾸고자 하였던 꿈도 틀린 것은 아니다. 장영실을 가능하게 했던 것은 세종이 있었기 때문이듯이 많은 이들이 책임 있는 자리에서 기꺼이 견디고 이겨내어 공동체를 건강하게 이끌어 가는 것도 중요한 일이다.

유성룡이 그 자리에 없었다면 임진왜란 때 누가 이순신을 발굴하고 추천했겠

9) 아들러는 이를 사회적 관심 social interest라고 표현하였다.

는가? 좋은 관료가 필요한 자리에 버티고 있는 것은 매우 중요하다. 승진하는 것을 두려워해서는 안 된다. 다만 그 과정에 이르는 길은 자신의 정체성과 성실성이 바탕이 되어야 한다. 특히 교사들은 학생들과의 관계 속에서 자신 내면의 목소리를 들을 수 있어야 한다. 자신의 학생들에게 존경과 사랑을 받을 수 있는 교사가 행정가가 되어야 초심을 잃지 않을 가능성이 많기 때문이다.

낙서를 지우며

교실 책상을 모두 뒤로 밀어 놓고
걸레로 바닥을 훔친다
내 마음과 네 마음을 함께 훔친다

너의 책상을 닦으며 낙서를 지운다
이 책상에 앉게 될 네가
담임교사인 나와 함께
공감하며 용서하고
회복하며 함께 성장하기를 기도 드린다

출석부에서 네 이름을 인쇄하여
사물함에 붙이고 내 수첩과 운전석에 붙이며
출근길과 퇴근길에
너의 이름을 부르며 기도 드린다

너와 함께 지낼 이 한 해가
네 삶 속에서 가장 빛나고 찬란하기를
행복하고 도전 받고 성장하는

바로 그 한 해가 되기를

너의 책상 낙서를 지우며
담임이 너를 기다린다
새 학기 첫 주가 중요하다지만
더 중요한 시간은 만남을 기다리며
낙서를 지우는 이 시간인 것을

다. 지나온 시간들

내 삶은 역설로 가득하다. 역설이란 "자기 모순적이거나 부조리한 듯 보이지만 사실은 가능한 진리를 표현하는 진술"이라고 파머(2018: 34)는 전한다. 나는 서른이 되기 전에 한 번도 가톨릭 사제가 되지 못할 것이라고 상상해 보지 못했다. 하지만 토마스 머튼의 영성을 따라 트라피스트 수도자가 되려고 했던 꿈을 이루지 못하고 세속에 남았다. 신부가 되고자 했던 젊은이는 신랑이 되었고 교회의 아버지(Father)가 아니라 두 아이의 아버지가 되어 나를 돌아본다.

그로부터 만 서른 해를 지나오면서 나는 날마다 자신에게 물었다. 오늘 하루 잘 살았는지? 부끄럽지 않았는지? 오랜 시간 수도승으로 구도자로서 삶의 연장선을 살아왔다. 내 삶은 구도의 길이다. 선비의 도를 실천하는 여정이다. 특별한 일이 없다면 새벽 3시에 일어난다. 내가 일어나기보다는 하느님께서 나를 깨우신다는 표현을 더 좋아한다. 물론 저녁 9시쯤이면 폭풍 잠이 몰려와 뉴스를 더 보는 것이 거의 불가능하기도 하다. 명상하고 글을 쓰면서 하루를 시작한다.

초등학교 교사가 되기 전 소년원 학교에서 '생활지도·상담교사'로서 만 6년을 보냈다. 이 시절 방송대 초등교육학과를 졸업하여 교직과정을 이수하였다. 과장이 바뀔 때마다 '원생들의 변화를 위한 지도방안'을 한 보따리씩 가져가 설명하였지만 개밥의 도토리처럼 겉돌았다. "사고 나면 책임질 것이냐?"는 말로 철없는 이상주의자의 입에 재갈을 물리고 무릎을 꺾었다. "책임지겠다고, 옷 벗으면 되지 않겠느냐?"고 말했지만 계륵처럼 취급되었고 이방인이 되어 경계선에 서 있었다.

서른셋에 임용고사를 치르고 교사가 되어 1993년 11월 1일 자 발령을 받았다. 10월 28일 쯤 발령 받는 학교에 들러 내가 몇 학년을 맡게 될 것인지 사전에 준비하고 싶어 교사용 지도서 얻기를 청했다. 당시 교장선생님은 "교직생활 35년에 이런 경우는 처음"이라며 기뻐하였지만, 청주에서 출·퇴근을 하던 선배 교사는 "내일부터 나는 안 나와도 되겠네!" 하며 지도서를 건네주었다. 이틀간 자원봉사자가 되었다(하루는 일요일). 어쩌면 학교는 선행이 가장 왜곡되고 뒤통수를 후려 칠 수도 있는 곳이라는 싸한 느낌이 들었다.

조금 이상한 교감, 많이 이상한 교장 등을 만나면서 정신을 바짝 차리지 않으면 급류에 휩쓸려 갈 수 있다고 경계하였다. 한때는 싸움닭이 되기도 하였다. 세상을 바꾸고 싶은 가슴은 뜨거운데 할 수 있는 것은 아무것도 없었다. 3년이 지나고 준교사 자격증을 2급 정교사로 바꾸어주는 그 연수(대부분의 교사들은 이를 1정 연수라고 부른다)에서 나는 80점을 받았다. 꼴찌를 한 것이다. 들어오는 강사마다 '승진'이야기, 부실한 원고, 철학 없는 자기 자랑에 과연 이곳에서 버틸 수 있을까? 고민하다가 교원대 석사 과정 파견 시험을 보았고 다행히 합격을 하였다. 대학원에서도 두 번이나 짐을 싸서 돌아 왔다. 학문하는 곳이 아니었다. 아내는 "떡은 내가 썰 것이니 당신은 공부를 계속하시라"며 나를 돌려보냈다. 그사이 간경화로 어머니께서 별세하셨고 공부를 핑계로 제대로 병간호를 하지 못했다. 이때의 후회는 두고두고 남지만 돌아가신 어머니께서도 서른일곱에 시작한 석사과정 공부를 허락하여 주신 것에 위안을 삼을 뿐 불효는 뼈 속에 사무쳤다. 석사공부에 투자한 그 시간과 돈을 어머니의 병간호와 맛난 음식, 여행이라도 함께 하였더라면 얼마나 덜 후회스러웠을까? 나는 그 공부를 병간호를 못하는 불효를 바꾸었다.

벚꽃에 대한 예의

벚꽃이 저렇듯 손짓하며 흩날리는데
책상에 코를 박고 앉아 있으면
벚꽃에 대한 예의가 아니지!

이 바람, 저 비를 어쩌나……. 벚꽃 다 떨어지겠네!
벚꽃 아래 가족사진 한 장 없이
가신 내 부모님!
갑자기 그리워지네…….

문득, 나를 보니
벚꽃 아래,
가족사진 한 장 없기는
마찬가지

벚꽃이 흩날리며 떨어지는 것이,
춤을 추자는 손짓인 줄 알았는데
돌아가신 내 아버지 편지였네!
내 어머니 눈물이었네!

이럴 줄 알았더면
부모님 살아 생전에
벚꽃 아래에서
사진 한 장 찍어 둘 것을

“좋은 사람이 좋은 시스템을 만든다기보다는 좋은 시스템이 좋은 사람을 만든다”는 칸트의 말을 생각하면서 한국교원대학교 교육정책전문대학원 박사과정에 진학하였고 박사학위를 얻었다. 교육을 통해 세상을 바꾸고 싶어서 교육시민단체에서 정책위원장 등으로 활동하기도 하였다. 하지만 내가 정책을 담당할 만큼 준비되지 못했고 실력이 부족하다는 것을 간파한 것에 대해 감사드린다. 그들의 판단은 옳았다. 공자께서 왜 논어論語의 시작인 학이學而편에서 사람들이 나를 알아주지 않아도 서운하지 않아야 한다고 적었는지 그 의미를 배운다.

子曰(자왈) “學而時習之(학이시습지)면 不亦說乎(불역열호)아
有朋自遠方來(유붕자원방래)면 不亦樂乎(불역락호)아
人不知而不慍(인부지이불온)이면 不亦君子乎(불역군자호)아”

배우고 때로 익히면 즐겁지 아니한가?
벗이 있어 멀리서 찾아오면 즐겁지 아니한가?
사람들이 나를 알아주지 않아도 서운하지 않으면 또한 군자가 아니겠는가?

하지만 이 무렵 나는 생존을 위해 발버둥 치며 조마조마했었고 긴가민가했었다. 서운함과 모멸감 사이의 강江을 하루에도 열두 번씩 건너며 인정받기 위해 서울 쥐가 되기 위해 발버둥했었다. 하지만 핵인사는 고사하고 공동체 구성원의 일원으로 받아들여지는 것이 얼마나 지난至難한 일인지 회식 때마다 고기를 구우며[10] 생각하였다. 나의 언어는 지배자의 언어에서 멀어져 있고 공동체의 생활언어 세계에서 섞이고 어울리며 여울지지 못하고 겉돌았다.

공모 장학관으로 첫 발령은 ㅇㅇ학생특수교육지원센터장이었다. 학교폭력을 30여 년 공부한 내게 맞춤식 자리라고 추켜세웠지만 모든 사람이 희망하지 않는 가장 꺼려하던 그 자리에 서 있는 것에 감사하였다. 한국상담학회의 1급상담자

10) 필자는 건강상의 이유로 술을 먹지 못한다.

(슈퍼바이저)이며 학교상담분과 초등상담위원장을 두 번이나 역임하였으니 적재적소에 배치한 것이라고들 하였다. 날마다 일어나는 학교폭력의 다양한 모습에 아파하며 학생과 학부모, 교사들의 고통에 다리를 뻗고 잠을 잔 적이 하루도 없었다. 조직의 뼈대를 새롭게 하고 사안을 처리하기 위해 같은 학교를 열두 번이나 방문하기도 하였다. 학교폭력 문제를 근본적으로 해결하기 위해 한국형 학교폭력 예방 프로그램 모델인 공감·용서·회복·성장 모델을 만들었다. 하지만 나에 대한 평가는 늘 그러하듯이 B등급에 족하였다.

관내에서 자살을 선택한 학생들이 많아지자 그동안 겸직이었던 마음○○증진센터장으로 발령을 받았다. 충북에서 더 이상 한 학생도 자살하는 일이 없기를 간절히 바라며 임무를 맡은 다음 날, 부임도 하기 전에 병원 영안실에서 직속상사를 만나 자정 무렵 일과를 시작하였다. 그 후 1년 반 동안 근무하면서 체제를 안정시키고 시스템화하였다고 여겼다. 조직이 안정될 때까지 홍보가 아니라 음지에서 한 명의 아이도 잃지 않는 것이 목표이기에 조용하게 일하는 것을 강조하였다. 하지만 한 명의 학생도 잃지 않겠다는 간절한 희망을 이루지 못했고, 그것은 나의 부족함과 나태함의 결과처럼 여겨졌다.

그 무렵 파커 파머(2019)를 만났다. '모든 것의 가장자리에 서서'(On the blink of the everything)를 만나며 '숲에서 나와야 숲이 보인다'는 것을 알았다. '가장자리로 나와야 다시 중심을 볼 수 있음'을 깨달았다. 한바탕 꿈같았던 서울 나들이는 "서 있는 곳이 다르면 풍경이 달라진다"라는 윤태식의 만화 '송곳'의 대화처럼 연기처럼 사라졌다. 하지만 많은 것을 보고 느끼고 경험하게 하였으니 잃어버린 것만 있는 것도 아니다. 다만 능력이 부족한 필자가 능력보다 무거운 자리에서 책임을 다하지 못하고 임면권자와 많은 분들께 누를 끼쳤으니 그 죄가 무겁기만 하다. 이 지극한 부끄러움을 덜기 위해 공부하고 글을 쓰며 생각하고 명상한다. 나의 부족함과 잘못을 바로잡을 수 있는 두 번째 기회(second chance)에 대해 생각한다.

독일 격언에 'Ende gut, alles gut'[11]이라는 표현처럼 교직의 마무리를 잘하는 것이 너무나 중요하다. 선배들이 교사로 살아가는 모습을 보면서 후배들이 길을 찾기를 희망한다. 그래서 이 글은 동료이자 후배 교사들에게 주는 편지이다.

라. 상처 입은 치유자 : 교사

"경상북도 안동군 도산면 의촌리 2가 170번지"가 내 본적이다. 내 고향 마을은 의인宜仁마을이라고 불렀다. 이를 따다 호로 의촌義村으로 쓰기도 하지만 본래 명칭은 의촌宜村으로 알고 있다. 고향 마을에서는 3살 때까지 살다가 대구로 이사를 왔다고 들었다. 십대 초반까지 매년 아버지(때로는 숙부님) 손을 잡고 고향 조상들의 묘소를 참례해야 했다. 친가의 증조부(양자를 가셨다)께서는 독립운동 유공자로 옥고를 치르신 분으로 건국훈장 애족장을 추서하셨다. 이육사가 일가이다. 가계도를 수 없이 반복하여 외우며 퇴계선생님처럼 훌륭하게 살아야 한다고, 네가 집안을 일으켜야 한다고 세뇌당하였다. 그러나 가난한 집 장남은 할 수 있는 것이 별로 없었다. 그저 대답만 잘할 뿐이었다. 하지만 퇴계는 늘 마음속에 빚이며 빛이었다. 40대 후반 첫 번째 진학한 대학원에서 박사논문 주제로 "상담자로서의 퇴계의 삶"에 대해 쓰려고 하였으니 말이다.

나에게 가난은 열등감의 뿌리이자 스승이었다. 내가 인터넷 서점의 플랜티움 회원이 된 것은 어릴 때 읽고 싶은 책을 마음껏 읽지 못한 나의 열등감일지도 모른다. 이제는 내가 사고 싶은 책을 언제든지 사고 줄을 그으며 책을 쓸 때 인용할 수 있게 되었다. 한편 지독한 가난은 죄를 지을 수 있는 거의 모든 기회-내가 마음속으로가 아닌 몸으로-를 예방하였다. 그리하여 가난은 내 스승이 되었다. 하지만 가난이 할퀴고 간 상처도 뿌리가 깊고 깊었다. 지금도 나는 모임에서 돈을 지출하는 일에 균형이 부족하다. 헤프고 슬프고 웃프다. 온갖 명분을 찾아서 내가 돈을 내어야 하는 명분을 찾는 것은 그 열등감의 연장선에 있다. 가난은 내게 깊은 상처를 입혔지만 스승이기도 하다.

가난하고 비루한 처지의 장남이 인정받을 수 있는 유일한 곳은 교회였다. 그

---

11) From the title of the German translation of William Shakespeare's play All's Well That Ends Well. 소설제목으로 영어식 표현은 All is well that ends well. '끝이 좋으면 모든 것이 좋다'이다.

곳도 이미 틀이 갖추어진 기성 교회가 아닌 CCC의 전위대 역할을 하던 고등부 HCCC[12]였다. 성경공부와 전도에 미쳐 지냈던 고등학교 시절 3년은 내 열등감을 치료하는데 효과적이었지만 그 끝은 비극이었다. 재수를 하는 것으로 나의 용도가 폐기되었기 때문이다. 대학에 떨어지고 재수를 하는 것으로 결정된 후 기도를 하기 위해 CCC 회관을 방문하였더니 간사님께서 조용히 나를 불렀다. 나는 넘치는 위로의 말에 어떤 신앙적인 대답을 할 것인지 고민하였지만 그 분은 내게 "활동을 열심히 하던 선배가 재수를 하는 모습으로 나타나면 하느님께 영광이 되지도 않을 뿐더러 CCC에도 피해가 될 터이니 내일부터는 회관에 나오지 말라"는 것이다.

정신이 번쩍 들었다. 하지만 그때 내 젊은 날의 기도와 성서공부는 내 삶의 뿌리가 되었다. 성서를 분철하여 수없이 읽고 또 외웠다. 재수를 거쳐 신학대학에 진학하였지만 가난은 겨우 한 학기를 버티게 했다. 그 와중에서도 군軍을 복음화 하겠다는 열정으로 자신감에 가득차 1981년 11월 13일 금요일 논산으로 입대하였다. 하지만 내 육체는 마음과 따로 놀고 마음에 저만큼 미치지 못하여 거의 모든 영역에서 늘 마지막 최후의 순간까지 남아서 땅바닥을 기는 고문관으로 조롱받았다.

운이 좋게 후반기 교육을 육군통신학교로 배정받고 1등으로 졸업하여 조교가 되었다. 신학대학(사당동 총신대학)을 잠시 다녔다는 이유로 군종사병이 되었다. 그 시절 교회는 천주교와 함께 건물을 사용하고 있었던 터라 신부님과 수녀님도 보조해야 했다. 천주교도 알아두면 좋겠다는 생각에 공부할 수 있는 책을 청했더니 「교부들의 신앙」[13]이라는 책을 주었다. 이 책을 세 번 읽고 마침내 군종사병은 종교를 개종하였다. 난리가 났지만 그 난리 통의 한가운데를 지나 무사히 제대를 하였고 수도修道생활을 지망하였다. 천주교에는 수도생활이라는 삶의 방식이 있어 내가 비록 이 세상에서 집안을 일으키는 일은 하지 못하였지만 세상 모든 사람의 죄악과 고통을 위해 온전한 삶을 사는 것이 집안을 일으키는

12) Campus Crusade For Christ, High School CCC.
13) 제임스 C. 기븐스저, 장면 옮김, 카톨릭출판사

한 방법이 될 것이라고 믿었다.

이렇듯 나의 10대 후반부와 20대는 종교생활 그 자체였다. 하지만 내가 가고자 하는 수도원은 당시 한국에 없었고 이를 허락받는 과정에서 말로도 글로도 차마 표현할 없는 수많은 경험들을 하였다. 나는 상처 입은 짐승처럼 버려졌다. 나를 수도생활로 인도한 스승을 버리고 수도원에 함께 가지 못했으니 나 역시 내 스승에게는 가해자였을지도 모른다. 예수님을 버리고 간 베드로처럼 갈릴리로 돌아와 그물을 던지고 있을 때 스승이 나를 찾아 왔지만 나는 배와 그물을 버리고 따라나서지 못했다. 나는 때때로 나의 스승 수사修士님을 생각하며 눈물을 흘린다. 스승과 나와 하느님이 함께 계시던 그 시간과 공간들을 잊지 못하고 한바탕 꿈처럼 지난 온 내 삶을 돌아본다.

30년 전 따르고자 했던 내 스승 대신 토마스 머튼과 헨리 나웬을 지금 만나는 것은 아이러니이다. 그때와 지금이 다른 점은 나는 마음의 왼쪽에는 퇴계를 오른쪽에는 머튼과 나웬을 함께 스승으로 모시고 있으니 한결 더 여유롭고 넉넉하다. 하지만 무엇보다 상담자로서의 정체성은 아들러와 함께 하는 Adlerian임을 자랑스럽게 여긴다. 상담자로서 내 정체성을 가운데에서 이끌어 주는 이는 아들러이다.

상처 입은 치유자

소통 전문가라 불리는
우리 시대의 강연자 김창욱
다큐영화 "들리나요?"보다가
먹먹하여 울음을 삼킨다

수많은 이들을 웃기고 울리며
소통을 가르치는 이의 내면이
이토록 상처받고 부서지고
흩어져 버린 것을

술과 폭력 그리고 아버지
그 아버지를 버리지 못하는 어머니
여섯 남매의 막둥이가
살아 낸 모진 시간들 세월들

마침내 자본주의 피라미드의
정점에 서서 많은 것을 가졌지만
슬픔과 분노, 두려움과 공허함에
떨고 있는 비에 젖은 작은 새

상처 입은 치유자
우리 시대의 소통전문가
그와 함께 제주 보름왓 오름에 올라
바람을 맞으며 유채꽃을 바라보고 싶다

상처 입은 치유자
모든 동료교사들과 함께
제주 오름 위에서 부는 바람을
함께 맞고 싶다

교사는 상처 입은 치료자이다. 고통을 통해 얻은 상처로 다른 사람을 치유하는 원천으로 이용하는 자이기 때문이다(헨리 나우웬, 2009). 감정노동의 어려움을 말하지만 교사처럼 극단적인 감정노동은 없는 듯싶다. 콜센터 직원도 백화점 점원도 어떤 감정노동자도 교사처럼 한 공간에서 30여 명에게 둘러싸여 몇 시간씩 지속적으로 감정노동을 강요당하지는 않는다. 교사는 극한직업 중의 극한직업이다. 무엇보다 교사 자신이 상처 입은 치료자이다.

대한민국에서 교사로서 살아남는 일의 어려움에 대해 김현수(2013)는 「교사 상처」라는 책에서 몇 가지 원인들을 지목하였다. 먼저 협력자로서 가정이나 가정교육과 배우고자 하는 학생 및 배움의 본령으로서의 학교가 사라졌고, 교육정책의 일관성이 사라졌기 때문이라고 말한다. 그럼에도 불구하고 교사와 아이들은 적대적 관계가 아니라 '배움과 성장'이라는 배에 함께 올라탄 공동체이다(김현수, 2013).

'교사 때리기'가 하나의 대중 스포츠가 된 것은 어제 오늘의 일이 아니다. "만약 우리가 소중한 교사 자원을 이처럼 낙담시키고 모욕한다면, 아무리 정부예산을 증액하고, 학교의 구조를 개편하고, 학과목을 변경하고, 교과서를 새로 집필한다고 해도 교육개혁은 이루어지지 않을 것"이라고 파커 파머(2005: 37)는 말한다. 교사가 정체성과 성실성을 통해 유대감을 만들어 내기 위해서는 그 방식이 아니라 마음에 있다. "교사의 가르침은 사랑하면 할수록 그것은 가슴 아픈 작업이 된다", "가르침의 용기는 마음이 수용 한도보다 더 수용하도록 요구당하는 그 순간에도 마음을 열어 놓는 용기"이다. "그리하여 교사, 학생, 학과는 배움과 삶이 요구하는 공동체의 옷감으로 짜여지는 것"이다(파커 파머, 2005).

파커 파머가 마치 나의 분열된 내면을 향해 직접 쏜 화살처럼 느껴진다고 한

제인 톰킨스의 '고통 받는 사람들의 교육학'에 의하면 교사들의 강박증은 다음과 같다. 먼저 학생들에게 내가 얼마나 똑똑한 교사인지 보여주는 것, 둘째, 학생들에게 내가 얼마나 지식이 많은지를 보여주는 것, 셋째, 학생들에게 내가 얼마나 수업 준비를 충실히 하였는지를 보여주는 것, 이 세 가지를 연기하는 진정한 목적은 "학생들의 공부를 도와주는 것이 아니라 학생들이 나를 얼마나 훌륭한 교사로 생각하도록 유도하는 것"이라는 고백이다. 이러한 연기의 뒷면에는 '공포'가 있다.

교사의 진정한 소명의식은 내면의 교사의 목소리에서 나온다. 우리 내면에 있는 교사는 양심의 소리가 아니라 정체성과 성실성의 목소리이다. 교사 자신이 내면의 교사와 건전한 대화상대가 되지 못하면 우울하거나 가르침과 배움으로부터 도피하게 된다. 나의 가르침이 내면의 교사에 의해서 권위를 부여받으면서 가르칠 때 그 어떤 무기도 필요하지 않다. 우리가 내면의 교사와 단절되어 있으면 결과적으로 권위와도 멀어진다. 우리는 성적이라는 위협을 휘두르면서 높은 강단과 교사라는 지위 뒤에 나 자신을 숨기게 된다. 이때 모든 교실에는 이른바 '지옥에서 온 아이'가 존재하게 되고 교사들의 공포는 커진다. 실상 교사들의 공포는 학생들의 공포를 제대로 인식하지 못하는 것과 맞닿아 있다. 이 교실에서 생산성은 엿보이지 않고 견딤만이 미덕이 된다(파커 파머, 2005).

마음과 감정은 같은 것인가? 마음을 잘 알기 위해서는 감정에 대한 이해가 중요하다. 마음이라는 말로 감정을 가둘 수 없고 감정이라는 표현으로 마음을 한계 지울 수 없다. 인간에게 감정이란 무엇인가? 몸과 맘으로 구성된 인간에게 감정은 이성의 대척점에 있는 정념 그 자체인가? 아리스토텔레스에게 '감정(파토스)'은 '로고스(이성)'에 대비되는 개념으로 이해되었고, 인간의 이성을 믿었던 데카르트는 세계를 정신과 물질이라는 두 개의 실체로 이루어진 것으로 정신은 '마음=의식'과 같이 이해하였다. 데카르트에 의하면 감정은 정념의 한 부분으로 기본적인 정념 여섯 가지는 '놀람, 사랑, 증오, 욕구, 기쁨, 슬픔'이라고 보았다. 스피노자는 '감정이란 외부 환경에 대한 인간의 반응이면서 인간의 활동력에 영향을 끼치는 것'이라고 보았다. 현대 생물학에서의 감정연구는 다윈이 1872년에 출간한 「인간과 동물의 감정표현」에서 인간을 포함한 동물은 기쁨, 분노, 슬픔, 혐오감, 공포, 놀람(big six) 등의 감정이 있다고 하였다. 이후 감정은 주로 심리학의 영역이 되었다. 감정을 표현하는 영어 단어는 2,000개가 넘고 우리말에는 영어 정보를 이용하여 영한사전을 통해 번역한 결과 2,600여 개의 단어가 있다고 하며 순전히 감정상태를 표현한 단어는 434개였다. 감정단어를 분류하는 가장 기본적인 기준인 쾌快와 불쾌不快로 나누면 쾌 감정을 표현하는 단어가 28%, 불쾌 감정을 표현하는 단어가 72%였다(최현석, 2011).

미국의 심리학자 진 애크만은 얼굴 표정을 기준으로 공포, 분노, 행복, 혐오, 슬픔, 놀람 등의 여섯 가지 감정을 '기본감정'이라고 불렀다. 공통적인 감정은 공포, 분노, 슬픔, 기쁨 등이다. 유교문화권에서는 기쁨, 분노, 슬픔, 두려움, 사랑, 싫어함, 욕망의 일곱 가지 경험은 배우지 않고도 가능한 칠정七情에 해당한다고 예기禮記는 말한다. 에크만의 기본감정과 유교문화권의 희노애락이나 칠정에 속한 감정 중 공통적인 것은 기쁨(행복), 슬픔, 공포(두려움), 분노의 네 가지이다. 하지만 감정은 말뿐만이 아니라 역사적이나 문화적인 개념으로 다양할 수 있다는 점을 기억해야 한다(최현석, 2011). 찰스 다윈이 '동물도 사랑할 줄 알 뿐만 아니라 사랑받고 싶어 한다'라고 「인간의 유래」, 「인간과 동물의 감정표현」에서 이미 밝힌 바와 같이 영장류에게 공감은 본질적인 언어 이전의 형태로 개체와 개체를 이어주는 연결 장치이다(제러미 리프킨, 2010). 정신건강은 "인간성으로 연결되어 있다는 느낌을 필요로 하고 인간성은 잘 발달된 공감인식"을 필요로 한다.

마. 30개의 주머니를 건네며

나는 후배들에게 학교에서 일어나는 거의 모든 상황들에 대해 적응하고 대처할 수 있는 30개의 감정 주머니를 선물하고자 한다. 퇴계선생께서는 경敬을 실천할 수 있는 30개의 활인심방活人心方 중화탕中和湯 요결을 마음의 환약으로 권고하셨다. 중화탕은 활인심방의 양생사상과 수련방법에서 가장 중요시 여기는 마음의 다스림으로 실제 한약이 아니라 마음을 다스리는 정신적인 약을 의미한다. 스스로를 통찰하고 성장하게 할 서른 개의 환약이자 주머니이다. 매월 1일 사무사思無邪 – '마음에 거짓을 없애라'부터 30일 음즐陰騭 – '남모르게 도와주라'까지 30개로 〈그림 Ⅰ-1〉과 같다. 필자도 약 5년 정도 중화탕을 매일 복용하였다. 중화탕처럼 학교의 마음을 30개의 환약 혹은 주머니로 만들어 선물한다. 좌절부터 희망까지 매일 한 알씩 복용하면 마음이 넓어지고 깊어지며 근육이 탄탄해져서 풍성하고 성숙한 삶을 살 수 있게 될 것이다.

학교라는 말을 들으면 그대의 마음속에는 어떤 감정이 일어나는가? 물론 머리에서는 생각하고 몸은 반응할 것이지만 나는 감정에 대해 말하고 있다. "두려움의 감정으로 인해 닫혀 버리지 않는 배움의 공간을 창조하려면, 감정을 두려워하지 않는 교사가 필요하다" 실상 지성보다 감정이 진리에 더 중요하다. 지성은 사물을 분석하고 분리하려 하는데 비해 감정은 관계성을 추구하기 때문이다. 감정이 정직하게 표현되는 배움의 공간, 감정을 두려워하지 않고 창조하여야 한다. 교사들은 교실에서 감정적 공간, 즉 감정이 생겨나고 다루어지도록 하는 공간을 만들어야 한다(파커 파머, 2000).

필자는 학교에서 봄-여름-가을-겨울이 순환하는 것을 보았다. 초등학교 저학년 교과서에도 봄-여름-가을-겨울이 있다. 학교의 사계四季는 자연 생태계와 닮아 있다. 학교라는 문을 들어서면 맨 먼저 만나는 감정은 무엇인가? 그것은 설렘 혹은 좌절이다. 본질적으로 배움이 즐거움이라면 설렘이 앞서야 할 것이지만 우리 시대에 교육은 학교구성원 대부분(학생, 교직원, 학부모 등)을 좌절하게 한다는 것이 실체적 진실에 가깝다.

이동한(2011), 활인심방[14)]

중화탕(中和湯)은 30가지의 마음의 자세를 잘 섞어 만든 무형의 약재입니다. 마음의 자세를 약재에 빗댄 것입니다. 기막힌 심리 치료제였던 것입니다.

1) 사무사(思無邪) : 마음에 거짓을 없앨 것
2) 행호사(行好事) : 좋을 일을 행할 것
3) 막기심(莫欺心) : 마음에 속임이 없을 것
4) 행방편(行方便) : 필요한 방법을 잘 선택할 것
5) 수본분(守本分) : 자신의 직분에 맞게 할 것
6) 막질투(莫嫉妬) : 시기하고 샘내지 말 것
7) 제교사(除狡詐) : 간사하고 교활하지 말 것
8) 무성실(務誠實) : 성실히 행할 것
9) 순천도(順天道) : 하늘의 이치를 따를 것
10) 지명한(知命限) : 타고난 수명의 한계를 알 것
11) 청심(淸心) : 마음을 맑고 깨끗하게 할 것
12) 과욕(寡慾) : 욕심을 줄일 것
13) 인내(忍耐) : 잘 참고 견딜 것
14) 유순(柔順) : 부드럽고 순할 것
15) 겸화(謙和) : 겸손하고 화목할 것
16) 지족(知足) : 만족함을 알 것
17) 염근(廉謹) : 청렴하고 삼갈 것
18) 존인(存仁) : 마음이 항상 어질 것
19) 절검(節儉) : 아끼고 검소할 것
20) 처중(處中) : 한쪽에 치우치지 말고, 조화할 것
21) 계살(戒殺) : 살생을 경계할 것
22) 계로(戒怒) : 성냄을 경계할 것
23) 계포(戒暴) : 거칠게 행하지 말 것
24) 계탐(戒貪) : 탐욕을 경계할 것
25) 신독(愼獨) : 신중히 생각하고 독실하게 행할 것
26) 지기(知機) : 사물의 기틀을 알 것
27) 보애(保愛) : 사랑을 견지할 것
28) 염퇴(恬退) : 물러서야 할 때, 담담히 물러날 것
29) 수정(守靜) : 고요함을 지킬 것
30) 음즐(陰櫛) : 은연중에 덕이나 은혜를 베풀 것

14) 재인용, 이칸서 http://blog.daum.net/econs11/1277

좌절의 사전적 의미는 '마음이나 기운이 꺾임' 혹은 '어떠한 계획이나 일 따위가 도중에 실패로 돌아감'이다. 미지의 세계가 주는 두려움과 조심스러움, 삼가함은 계획이나 의지 등이 꺾여 자신감을 잃은 느낌이나 기분 즉 좌절감을 가지게 한다. 좌절은 혼란스러움을 가져다주는데 좌절 중에 악성 바이러스는 수치심과 모멸감이다. 많은 구성원들이 학교라는 공동체에서 상처를 받을 때 그것이 모멸감인지 모른다. 모멸감은 김우창 교수의 말처럼 우리 사회의 승자들이 갖는 터무니없는 자만의 대칭점에 서 있는 것으로 학교에서 경험되어지는 가장 핵심적인 좌절의 한 형태이다.

학교의 하루에는 4계절이 온전히 내장되어 있다. 학교의 봄은 생명의 도약하는 시간이며 공감의 계절이다. 청춘의 시간이다. 하루 중에는 새벽 3시부터 9시까지의 시간을 말한다. 씨를 뿌리고 새싹을 움 틔우며 싹이 나는 시간이다. 부모의 손을 떠난 아이들이 학교에 와서 새로운 학년을 시작하는 시간이다. 한 학년씩 진급하여 새로운 시작을 하는 약동의 시기이다. 이 시기 학생들과 교사, 학부모 모두는 긴장한다. 봄에 학생들이 경험하는 감정의 맨 앞머리에 설렘이 있다. 설렘이 저마다 다른 사연으로 좌절할 때 가슴형들은 슬픔에 젖고, 머리형들은 두려움에 떨며, 장형들은 분노한다. 이 모든 감정들은 원망(스러움)으로 귀결된다. 학교라는 텃밭에서 봄에 일어나는 감정들이다.

학교의 여름은 뜨겁다. 이 시기는 용서의 정원에 들어서는 계절이다. 아이들도 학부모도 교사들도 상처받아 상처를 싸매고 있다. 상처는 후회를 낳고 갈등으로 번진다. 갈등은 고통 속에서 방어벽을 더욱 쌓는다. 반성하거나 반성하지 않는 것으로 귀결된다. 뜨거운 태양과 태풍을 견디며 열매를 영글어 가는 인내의 시간이다. 이 참음과 견딤을 통과한 나무가 가을이 되면 열매를 맺는다. 하루 중 이 시기는 오전 9시부터 오후 3시까지이다.

학교의 가을은 회복이 숨을 쉬는 계절이다. 상처를 제대로 극복한 이들은 스스로와 주변을 격려하고 문제를 수용하며 새로운 시도를 하게 된다. 자신과 이웃을 응원하고 너그러워진다. 문제의 핵심을 통과한다. 여름을 잘 견뎌낸 이들은 삼십 배, 육십 배, 백 배의 결실을 맺지만 어떤 이들의 열매는 빈약하고 처참

하다. 하루로 말하면 오후 3시부터 저녁 9시까지가 된다. 가을은 겨울을 준비하는 기간이다. 이 시기에 학생들은 격려받고 수용되며 다양한 시도를 하며 응원을 받아야 한다. 그 결과 자신과 주변에 대해 너그러움이 생겨난다. 자신을 돌아볼 수 있는 힘이 생기는 시간이다.

학교의 겨울은 12월부터 2월까지로 성장의 숲으로 들어서는 시간이다. 이 시기가 왜 성장의 시기인가? 나무의 나이테가 새겨지는 시간이기 때문이다. 겨울은 가을의 결실을 갈무리하고 결산하는 시간이다. 겨울 숲에는 치유가 일어나고 감사함을 찾는 손길과 숨결이 부대낀다. 배려하는 손길이 따스하다. 이제 스스로 자신의 삶에서 일어난 일들을 선택하는 시간이 된다. 자존감으로 정체성을 확립한다.

학교는 4계절을 통과하면 희망의 나라로 들어선다. 그곳에서 우리는 위로를 얻고 연민을 베푼다. 자신과 이웃에 대한 연민은 신뢰로 쌓여진다. 지나온 순간들을 차분하게 돌아볼 수 있고 자신뿐만 아니라 타인과 자연을 포함하여 생명 있는 모든 것을 존중하는 여유를 만난다. 그리하여 판도라의 상자 맨 밑바닥에 있었던 그 희망을 붙들고 다시 일어선다.

선생님은 선배 교사인 필자가 그대에게 주고자 하는 서른 개의 감정 선물 보따리를 확인하였는가? 좌절과, 놀람 혼란, 수치심, 모멸감을 넘어 설렘과 슬픔, 두려움과 분노, 원망, 상처와 후회, 갈등과 고통, 방어, 격려와 수용, 시도와 응원, 너그러움, 치유와 감사, 배려, 선택, 자존감, 위로, 연민, 신뢰, 존중, 희망이 그것이다.

30개의 주머니는 매일 먹는 종합영양제나 환약이 될 수도 있다. 매달 1일이면 좌절을 2일에는 놀람의 환약을 먹고 하루 종일 이를 명상하고 묵상하여 보라. 전반부에 경험하는 15개의 환약이 쓰디쓴 익모초·구절초와 같은 것이라면 후반부에서는 유과처럼 바삭하고 로얄젤리와 같은 달콤함이 녹아 있다. 1년이면 열두 달(물론 2월 달에 부족한 환약 두 알인 존중과 희망은 1월 31일과 12월 31일에 한 번 더 복용하면 좋겠다) 동안 모두 12번의 좌절과 12번의 희망을 복용하게 된다. 필자는 몇 년 동안 나이 쉰이 넘어서야 퇴계 선생이 경敬을 실천하기 위하여 권하셨던 서른 개의 환약을 매일 복용하였다. 〈그림 Ⅰ-2〉는 2014년 다이어리의 일부이다.

환약의 복용 방법은 간단하다. 매달 1일이면 좌절이라는 환약을 아침에 눈을 뜨면 적어도 5분 정도에 걸쳐 서서히 복용하다. 복용의 방법은 명상이라고 부른다. 그리고 하루 종일 틈이 날 때마다 생각을 깊게 파고들어 보라. 이러한 질문들을 하면서 다음과 같은 질문을 덧붙인다.

이동갑(2014) 다이어리

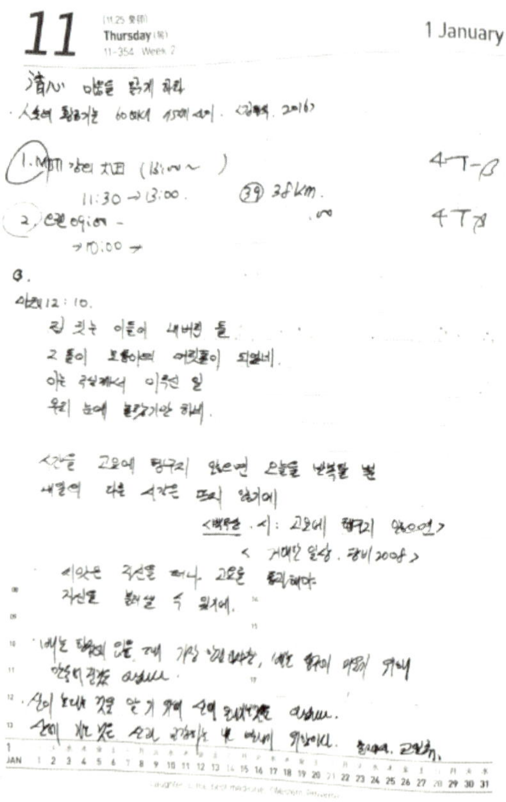

질문들

1. 살면서 가장 좌절한 순간은 언제였는가?
2. 무엇 때문에 좌절하였는가?
3. 나를 좌절하도록 한 사람은 누구인가?
4. 그때의 좌절은 내 삶에 어떤 영향을 끼쳤는가?
5. 그때로 돌아간다면 바꾸고 싶은 역할은 무엇인가?
6. 살면서 나로 인해 좌절하는 사람은 없었는가?
7. 나로 인해 좌절을 극복한 사람은 없었는가?
8. 좌절을 극복하여 오히려 기회로 삼은 주변 사람은 누구인가?
9. 좌절을 극복한 운동선수나 역사적 인물은 누구이며 나에게 어떤 교훈을 주는가? 등

30개의 환약 혹은 30개의 주머니에서 꺼낸 이 마음들은 우리를 자기 삶의 주인공으로 정체성과 성실한 내면의 교사로 이끌어 줄 것이다. 필자는 이를 마흔 개로 확대하여 실천 워크북을 만들어 구체적인 변화를 돕는 작업을 하고 있다.

1일	좌절	2일	놀람	3일	혼란	4일	수치심	5일	모멸감
6일	설렘	7일	슬픔	8일	두려움	9일	분노	10일	원망
11일	상처	12일	후회	13일	갈등	14일	고통	15일	방어
16일	격려	17일	수용	18일	시도	19일	응원	20일	너그러움
21일	치유	22일	감사	23일	배려	24일	선택	25일	자존감
26일	위로	27일	연민	28일	신뢰	29일	존중	30일	희망

2 학교의 마음(Healing the Heart of School: HHOS)

파커 파머(2012)는 "비통한 자들을 위한 정치학: 왜 민주주의에서 마음이 중요한가?"(원제: Healing the Heart of Democracy: The Courage to Create Worthy of the Human Spirit)에서 "정치라는 것이 모든 사람을 위한 연민과 정의의 직물을 짜는 것이라는 점을 잊어버릴 때, 우리 가운데 가장 취약한 이들이 맨 먼저 고통을 받는다"라고 지적하였다. 필자는 마음에 주목하였다. 학교의 마음이 중요한 것처럼 학교에서도 마음이 중요하고 가장 핵심이 되어야 한다. 학교의 마음(The Heart of School: HOS)에 주목하여야 한다. 학교의 마음은 치유(Healing)가 필요하며, 이는 학교의 마음 치유이기도 하다.

민주주의의 마음을 어떻게 치료할 것인가? 마음은 훨씬 더 근본적인 차원에 있는 자아의 핵심이다. 우리가 자아와 세계라고 이해하는 모든 것이 마음이라고 불리는 중심부에서 하나가 될 때, 우리는 자신이 아는 바에 따라 인간적으로 행동할 용기를 찾을 수 있다. 당위와 현실 사이의 비극적 간극을 가슴에 품고 견디는 '비통한 자들 brokenhearted'이 될 수밖에 없다. 부서진 마음은 '부서지고 흩어지는 broken apart' 마음이 아니라 '부서지고 열리는 broken open' 마음이 되어야 한다. 마음이 부서지고 흩어 질 때 그것은 폭력의 씨앗을 뿌리고 타인들의 고통을 가중시킬 수 있다. 하지만 다른 식으로 마음이 부서지고 열리면 우리 자신과 세상의 고통을 끌어안는 더 커다란 능력으로 깨쳐 열릴 수 있다. 민주주의를 가능하게 하는 충동 또한 마음에서 비롯된다. 마음은 무심한 자기 이익 추구와 공동체에 대한 갈망이 뒤섞인 복합체이다. 마음의 습관이란 경험을 받아들이고 해석하며 반응하는 유형이다. 부서지고 흩어지는 대신 부서져 열리도록 하는 탄력성은 오로지 마음의 민주적인 습관의 실행을 통해서만 생겨난다. 마음이 부서져 열린다는 것은 상실에 직면하여 어떤 사람들은 더욱 비통함에 빠지고 위축되지만 어떤 사람들은 자비심이 커지면서, 어둠과 슬픔의 에너지 안으로 스며드는 통찰을 이용하여 스스로를 치유하고 타인의 아픔으로 손을 뻗친다. 이것이 '부서져 열린 마음'이다(파커 파머, 2012). 부서져 열린 마음이 필요하다. 필자는 이것을 '학교상처에 대한 외상 후 성장'이라고 부른다. 시인 릴케는 '전환점'이라는 시에서 "두 눈의 일은 다 하였으니, 이제 가서 마음의 일을 하라"고 권고한다. 마음은 슬픔과 기쁨, 분노와 탐욕, 두려움과 사랑이 구분되기 이전부터 존재하면서 그러한 구분들을 초월하고 있다. 마음은 모든 것이 하느님 안에서 하나가 되는 자리, 우리가 진실로 귀속되는 자리, 우리가 거기에서 나왔고 거기로 돌아가고자 끊임없이 열망하는 자리다(헨리 나웬, 2004:67).

우리가 학교라고 말할 때 그것은 학교의 몸을 말하는가? 학교의 마음을 말하는가? 학교라는 물리적 공간과 사회적, 제도적 함의에 대한 분석들은 이미 차고 넘친다. 필자가 말하는 학교는 김누리 교수(JTBC, 차이 나는 클래스, 2019. 11. 6, 우리의 불행은 당연하지 않습니다, 2020)의 학교와 마이클 풀런(2017)의 What's worth fighting for in your school, 학교를 개선하는 교사처럼 살기를 지향한다. 교육정책을 공부하면서 전성은(2015)과 박순걸(2018) 류類의 문제의식으로 안타까워하였다. 그러나 무엇보다도 파커 파머(2005)의 「가르칠 수 있는 용기」, 「가르침과 배움의 영성」 위에서 답을 찾았다. 분개만으로는 충분하지 않다. 분노를 딛고 넘어서야 한다. 토니 험프리스(2009)의 「선생님의 심리학」에 의지하며 퇴계 선생님의 자성록自省錄에 그 힘을 발견했다. 학교와 교육개혁에 대한 치열한 문제의식과 신념체계가 문제를 해결하기보다는 오히려 문제에서 멀어지게 하는 것은 아닌 것인지 의구심이 들었다.

파커 파머(2005)의 "문제에서 빠져나오는 유일한 방법은 문제를 좀 더 깊이 파고드는 것이다"라는 말에서 답을 찾았다. "마음속의 풀리지 않는 문제들에 대해서 인내를 가지고 문제 자체를 사랑하며 정작 중요한 것은 모든 것을 살아보는 것이다. 그러면 언젠가 먼 미래에 당신도 알지 못하는 사이에 삶이 당신에게 해답을 가져다 줄 것이다"라는 시인 릴케의 권고를 따르기로 했다. 그래서 교실로 돌아왔다. 퇴계선생은 "평소 큰 일이 없을 때는 근본을 함양하는 시기로 고요하게 마음을 길러야 한다"고 강조하셨다(신창호, 2010: 184).

얼마 남지 않는 교직생활을 정리하면서 파커 파머는 등대가 되어 나를 이끌어 주었다. 나는 강의를 할 때 힘을 얻고 에너지를 공급받는다. 대중과 만나며 살아 있다는 생동감을 느낀다. 전문직으로서의 생활은 이러한 기쁨을 원천적으로 허락하지 않기에 교육청보다는 차라리 강의를 선택하였다. 강의를 하지 못하면 병이 난다. 학교로 돌아와 한국교원대학교 교육정책전문대학원에서 "교육정책의 심리적 기초"라는 과목을 개설하였다. 파커 파머에 대해 대학원생들과 함께 집중적으로 공부하고 토론할 수 있는 것은 선물이었다. "교사의 임무는 학생들에게 사실들을 채워 넣는 것이 아니라 학생들의 내면에 있는 진리를 불러일으키는 것이며 가르침이란 진리에 대한 순종이 실천되는 공간을 창조하는 것"이다(파커 파머, 2000). 교실은 아이들이 자신의 감정을 느끼고 표현하는 곳으로 교사는 아이들이 자신의 감정을 있는 그대로 표현하고 나눌 수 있도록 도와야 한다. 파머와 함께 나는 교실로 돌아 왔다.

그러나 코로나 19라는 초유의 재앙을 만나 100일이 지나서야 우리 반 학생들의 얼굴을 마주할 수 있었다. 등교 첫날부터 학생들은 진단평가와 수행평가를 치루어야 했다. 35분 수업에 5분간 휴식 전쟁 같은 하루를 치르면서 이것은 교육이 아닌데 하는 생각에 잠을 이룰 수 없었다.

천칭 저울

코로나 19로 100일 만의 등교 수업
빈 교실에서 학생들을 기다린다.

학생들 가방 속에 실내화 코에 묻어 온
설레임들 하나씩 천칭 저울에 올리고
나의 설렘도 조심스레 올렸더니

저울이 너무 터무니없이 시소처럼 확 기울어
화들짝 놀란 마음 부여잡고
비둘기를 살리려는 살바달 왕[15]처럼 내 살을 띄어 올렸다.

상담전문가 자격증과 몇 권의 저서들과 박사학위 받고,
친절함과 배려, 유머와 소통까지

저울의 균형을 찾을 수 없어
당황과 두려움 속에 절망하다가
성호경을 그으며
내 삶과 인격과 숨결마저 올려놓으니
겨우 균형이 출렁인다.
가르침과 배움은 전부를 걸고
매 순간 재단에 자신을 바치는 기도인 것을

2020. 6. 8. 등교수업 첫 날

결국은 마음이 답이다. 공감이 답이다. "수업에서 가르치는 모든 교과 내용은 삶과 연관된 진실과 진리를 담고 있어 아이들의 심리를 헤아리고 치유한다"(김현수, 2016:277). 아이들은 학교에서 교실에서 민주주의를 체험하고 행복을 경험하여야 한다. 행복한 아이가 자라서 행복한 어른이 되기 때문이다. 행복은 지적 영역이라기보다는 감성의 영역이고 마음의 영역이다. 학교의 마음이 중요한 것이 바로 이 이유 때문이다.

아이들의 마음에 가장 많은 영향을 끼치는 이들이 교사이다. 아들러는 "교사는 아이들의 마음을 형성하고 인류의 미래는 교사의 손에 달려 있다"고 말한다.

---

15) 대장엄론경(大莊嚴論經)〉권 제12), 출처: 불교신문(http://www.ibulgyo.com), http://www.ibulgyo.com/news/articleView.html?idxno=200403

인간의 감정은 전염된다. 특히 공포도 용기도 전염된다(기시미 이치로·고가 후미타케, 2016:2권). 필자가 감정을 중요하게 보는 것은 교사는 자신의 감정을 잘 알아차려야 하고 학생들의 감정 역시 알아차려야 하기 때문이다. 이를 위해서 교사는 감정에 대해 공부를 하여야 한다. 흔히 절집에서 '마음 공부' 한다고 하는 표현처럼 교사도 학교에서 '마음 공부'를 하여야 한다. 학교의 마음에 대해 잘 알아야 하는 이유이다.

내 감정을 잘 이해하고 표현하는 일의 중요성은 먼저 "인간의 감정을 세분화하고 언어화하는 것이 타고나는 것이 아니라 학습과 언어화를 통해서 가능하다"(박용철, 2012)는 점에 근거한다. 훌륭한 문학작품이 인간이 감정을 이해하고 파악하며 적절한 언어를 사용하여 묘사하는 것처럼 자신의 감정을 정확하게 인식하고 표현하는 것은 가르치는 사람의 중요한 역량이며 덕목이 된다. 보바르부인의 저자 플로베르는 "하나의 감정에는 적절한 하나의 단어가 있다"라고 말했다. 내 감정을 잘 알아차릴 수 있어야 다른 사람의 감정도 잘 알아차릴 수 있다. 감정 알아차리기는 선천적인 감수성이 있을 수 있지만 대부분 연습과 노력이 쌓여서 근육이 된다.

필자가 만난 많은 젊은 교사들의 경우 삶의 과정에서 불쾌하고 고통스러운 경험들로부터 상대적으로 보호받은 문화를 가지고 있는 듯 여겨진다. 물론 나름대로의 어려움이 없는 삶이 어디 있겠는가? 만은 일반적으로 볼 때, 폭력과 깊은 가난, 혹은 문화적 결핍에 대한 체험이 상대적으로 적을 수 있다는 것을 뜻한다. 다시 말하면, 대부분의 교사들은 출발선에서부터 우리 사회에서 이미 중산층이며 일정한 사회적 지위를 갖는다. 그들은 공부를 잘하는 것으로 인해 많은 잘못을 용납받는다. 임용고사를 거쳐 교사가 되기 위한 과정에서 실패와 좌절을 크게 경험하지는 않는다. 물론 임용고사를 3수, 5수, 7수를 하는 교사도 있으며 이들의 입장에서는 "당신이 내 고통을 어찌 안다고 함부로 말하느냐?"라고 반문할 수 있지만 임용고사를 준비할 수 있는 것 역시 특권이다. 교사가 되기 위해 젊은 그들이 경험하고 통과하였던 시간들과 고난들은 전쟁터를 경험한 것만큼이나 무겁고 소중한 무게를 그들 자신에게 지운다.

교사들이 만난 학생들 중 일부가 경험하는 부모에 의한 가정폭력과 위기의 가정, 깊은 동굴 같은 가난, 문화적 지체와 실조 등 사회적 약자 혹은 소외계층인 자신이 만나게 될 학생들이 경험하는 깊은 고통의 실체에 대해 잘 모른다. 혹은 굳이 이해하고 싶지 않는 바도 있을 것이다. 이 경우 그 학생들은 대부분 교사와의 관계에서 '지옥에서 온 아이' 역할을 하거나 애증의 대상으로 하루에도 몇 번씩 교사의 마음을 천국에서 지옥으로 들었다 놓았다 한다. 적어도 남이섬의 놀이기구 디스코 팡팡처럼 휘저어 놓는다. 이러한 감정에 휘둘리지 않기 위해서는 무엇보다 교사 자신이 자신의 감정에 대해 잘 알고 대응할 수 있어야 한다. 감정의 작은 떨림에도 반응할 수 있는 섬세한 감각을 개발하여야 한다. 감정의 감수성이 풍부하여야 학생들의 민감한 감정을 알아차릴 수 있다.

성공적인 삶을 위한 조건들 중 감정능력은 매우 중요한 덕목이다. 이제 교사에게 지능지수=IQ Intelligence quotient에 비추어 감정지수=EQ emotional quotient가 못지않게 중요해진 것이다. EQ의 개념을 제안한 예일대학교의 Peter Solovey와 뉴햄프셔 대학교의 John Mayer에 따르면 EQ는《① 자신의 감정을 정확히 안다. ② 자신의 감정을 제어할 수 있다. ③ 자신에게 동기부여를 할 수 있다. ④ 상대방의 감정을 안다. ⑤ 사교 능력이 있다》의 다섯 가지 요소이다. 특히 ② 감정제어를 제대로 할 수 없다면 지적 능력이 아무리 뛰어나도 <u>신분의 안정에 위협을 초래하거나 사회적 문제</u>가 될 수 있다(와다 히데키, 2020, <u>밑줄</u>은 필자 의견). 학교에서 교사에게 자신을 보호하고 학생들과 바람직한 관계를 맺기 위해 감정능력은 매우 필요조건이 되었다.

교사가 감정을 공부해야 하는 중요한 이유를 아들러는 "모든 감정과 행동에는 목적이 있기 때문이다"라고 지적한다. 즉, 학생들은 감정을 그 목표행동에 맞게 적응시키기 때문이다. 예를 들면 아동들이 분노할 때 이는 타인이나 상황을 지배하기 위해 꺼내는 장치일 수도 있다는 것이다. 모든 감정은 속해 있는 환경의 최종목적에 따라 그 표정을 계속해서 바꾼다(아들러, 2014). 따라서 교사가 아동의 감정을 정확하게 이해하면 그가 원하는 잘못된 목표(관심 끌기, 힘겨루기, 보복하기, 무능감 보이기 등)를 수정할 수 있다.

가. 좌절(첫 번째 주머니) - 넘어진 곳을 딛고 일어서라

좌절은 학교의 모든 곳에 묻어 있다. 교문 옆에 교실 문턱에 책상 위에 학생들의 의자 위에 사물함 속에 컴퓨터 자판 위에 연구실 창틀 위에서 스며있다. 드나드는 학교 주변의 모든 곳에 묻어 있다.

좌절은 「명사」로서 "마음이나 기운이 꺾임"을 말한다. 아들러 심리학에서는 모든 상처받은 마음의 기저에 자리하는 감정을 좌절이라고 부른다. 모든 실패의 초입에서 만나는 감정이 좌절이다. 좌절은 존재의 의미를 상실하여 자존감이 떨어진 상황을 맞이하는 마음이다. 좌절감은 자신을 존중받지 못한 것에 대한 자기연민과 자기비하의 중간 지점 어디에서 일어난다. 좌절은 자신감의 상실이며 자기 존재에 대한 존중감이 무너지는 것이다.

좌절(frustration)은 문제가 해결되지 않고 욕구가 충족되지 않은 상태이자 저지당한 느낌이라고 정의된다. 좌절당한·사람은 초췌하고 잔뜩 긴장하며 평정심을 찾고자 노력한다. 자신을 억제하려고 노력하며 행동이 조급하고 변덕스러워진다. 경직된 자세와 굳은 근육, 잔뜩 뭉쳐 있는 목과 여유가 없고 안절부절 못하는 모습을 보인다. 어떤 장면이나 상황을 반복해서 떠올리며 그 일에 집착하고 짜증을 내거나 좀처럼 몸과 마음을 가라앉히지 못한다. 좌절이 해결되지 못하면 환멸과 분노, 안달복달의 감정에 이를 수 있다. 좌절한 사람은 침묵 또는 최소한의 응답과 자기정당화로 문제를 회피하려고 할 수도 있다(Angela Ackerman·Becca Puglisi, 2016).

코로나 19로 인해 100일 만에 출석한 우리 반 학생들과 수업을 할 때 나는 좌절했다. 아이들의 이야기를 잘 알아들을 수 없었던 것이다. 마스크를 벗어달라고 할 수도 없었다. 입 모양을 볼 수 없으니 미루어 짐작할 수도 없고 자신감을 잃은 아이들의 목소리는 더욱 작아졌다. 덩달아 나의 좌절은 더 커지며 마음은 주저앉기 직전이었고 아이들은 진단평가 시험을 보며 좌절했다.

진 단 평 가

100일 만의 등교 수업
2교시는 영어 진단평가

평가 결과 내일 두 시까지
부진아 체크 해 주세요
채점하다가 미치는 줄
옆 반 선생님 하소연에

저도 채점하다가 마음이 아팠어요
제가 이리 답답한데

시험을 치른 아이는 얼마나
힘들었을까요

코로나 19시대
비상상황에서도
여전히 20세기
진 단 평 가
21세기를 부끄럽게 하네

진단해야 할 곳은
과연 어디인가요?

교육부 차관은 2020년 6월 16일 교육부 브리핑을 통해 '등교수업 안정적 정착을 위한 교육지원 방안'을 발표: "코로나 19 등 천재지변, 국가재난 상황에 준하는 경우에는 수행평가를 실시하지 않을 수 있는 방안까지 포함해 학교생활기록 작성 및 관리지침과 교육부 훈령 등 관계 법령을 개정할 계획"을 발표하였다. 박 차관은 "수행평가를 하지 않아도 되게끔 훈령을 개정하는 건 이달 중으로 추진할 것이다. 반영은 2학기부터"라고 설명했다(경향신문, 2020. 6. 16). 다만 고등학생들은 대학입시와 연계되기에 현행 방식을 권장하였다. 누구를 위한 방침인가? 수행평가를 하지 않을 뿐 진단평가와 학기말 평가는 별다른 지침이 없다면 학교는 그대로 하게 될 것이다. 과연 학교의 부담이 줄어들 수 있을까?

독화살을 맞아 죽어 가는 환자가 "누가 독화살을 쏘았는지, 어떤 독인지 알기 전에는 치료받을 수 없다"고 버티는 환자나 "치료절차 매뉴얼대로 결재하기 전에는 치료를 할 수 없다"고 고집하는 의료진을 보는 느낌이다. 특별한 상황에서는 특별한 조치가 필요하다. 예외적인 상황에서 적용되는 저 관례들과 프로토콜, 매뉴얼에 질식하여 쓰러질 지경이다.

학교는 평가라는 수단을 통해 대다수의 학생들에게 좌절감을 안겨 주기로 작정한 듯 보인다. 물론 이것이 교육과정의 일부이고 법에 의한 것이라며 강변한다. 하지만 '경쟁은 야만이다'라고 주장하는 유럽식의 평가를 생각해보라. 우리의 평가는 무엇이 다른가? 평가는 전진 패스가 되어야 한다. 평가 결과 학생들이 성장하고 실력이 향상되는 것이 바람직한 평가이지만 어떤 평가는 좌절감과 모멸감을 가져다준다. 좌절이 깊어지고 부정적으로 고착되면 모멸감이 된다. 좌절은 도처에 날마다 일어난다. 좌절금지 표지판을 학교 정문 입구와 모든 교실 전면 게시판에 붙여야 할 지경이다. 취업에 성공하지 못한 대학 졸업생들을 위해서도 모든 캠퍼스에 좌절금지 백신과 프로그램 이수도 요구된다.

좌절은 자신이 하고자 하는 바를 이루지 못할 때 느끼는 감정이다. 아이들은 태어나는 순간부터 좌절을 경험한다. 엄마의 존재가 보이지 않을 때, 배가 고플 때, 잠이 올 때 등의 순간마다 자신을 보살펴 주라는 신호 곧 울음을 터트린다. 이때 양육자가 재빨리 반응하지 않으면 아이들은 원초적인 좌절과 두려움을 느낀다. 유아기 때에는 갖고 싶은 것을 가지지 못하는 것으로 인한 좌절로 가장 많이 경험된다. 위험한 물건을 비롯하여 눈에 띄는 모든 것을 입으로 가져가고 그것을 허락받지 못할 때 좌절한다. 먹고 싶은 음식에 대한 식탐으로 좌절하고 스마트 폰 영상을 보여 주지 않는 부모에게 떼를 쓰며 좌절한다.

유아가 어린이가 되어 학교라는 공간으로 이동하게 되면, 이 공간에서 필요한 여러 가지 물건들을 소유하고 구비하는 문제로 부모와 갈등한다. 친구들과 비교하여 더 좋은 것을 가지고 싶거나 친구들에게 없는 것을 자랑하기 위해 부모에게 요구한다. 아이들이 원하는 모든 것을 사 줄 수 없고 이는 교육적이지도 않다라는 판단은 아이들에게는 자신의 욕구를 좌절당하는 것으로 경험된다.

아이들의 좌절이 주로 소유에 대한 물질적인 것이라면 어른들의 좌절은 내 자녀가 충분히 뛰어나지 않음에 대한 확인 과정에서 시작된다. 끊임없이 비교하고 경쟁하며 더 많은 혹은 더 좋은 것을 제공하겠다는 열망은 좌절로 가는 지름길이다. 부모의 좌절은 자녀의 시험 성적에서부터 시작되어 등급으로 완성되고 대학입시에서 검증된다. 하지만 대학을 나와서도 좋은 직장에 취직하지 못해 좌절하고 마음에 드는 배우자를 만나지 못해 좌절한다. 부모의 좌절은 끝이 없는 시지프스의 바위를 밀어 올리게 된다.

좌절 알아차리기

학교에서 학생들이 경험하는 가장 일상적인 좌절에는 평가와 관련된 성적에 의한 좌절과 친구들과의 관계 혹은 학교폭력 등으로 인한 좌절이 있다. 교실에서 아이들이 경험하는 좌절에는 책 읽기 등 학습으로 인한 좌절이 있다. 많은 아이들이 책을 읽을 때 소리 내어 자신감을 가지고 읽지 못한다. 책의 어휘를 잘 이해하지 못하는 것과 혹시 실수를 하여 비웃음을 얻게 될 것인지 긴장한다. 아이들의 이 긴장은 이유가 있고 순수하다. 교실에서 소수의 아이들만이 자신감이 가득 찬 큰 목소리로 책을 읽을 수 있다는 것을 기억해야 한다. 자신이 읽어야 할 단락을 찾지 못하며, 떠듬거리며 책을 읽는 아이의 두려움과 좌절에 귀를 기울여야 한다. 교사와 주고받는 질문에 대한 좌절이 있다. 예측할 수 없는 교사의 질문은 아이들을 주눅 들게 할 수 있다. 교사의 질문에 이른바 정답을 찾지 못한 학생들은 좌절하게 된다. 부끄럽고 민망하며 창피함이 몰려와 좌절감이 된다. 여러 명의 학생들 앞에서 방금 가르쳐 준 교과내용을 대답하지 못할 때 좌절은 교사에게 전염된다. 여기서 교사는 아이들과 자신의 마음속에 자리 잡으려 하는 좌절을 알아차려야 한다. 하지만 살아 있는 수업은 교사의 질문이 아니라 아이들이 교사를 향해 혹은 아이들 사이에서 수업에 대한 질문들이 출렁거리는 것이 아닐까?

학교에서 대표적으로 아이들이 만나는 좌절은 친구관계와 관련된 좌절이다. "인간의 모든 문제는 관계의 문제다"라고 아들러가 간파한 것처럼 아이들의 세계에서 일어나는 미묘한 권력관계와 주도권 다툼, 무시하기 시기심, 질투와 우월감 등 청소년기의 아이들이 갖는 인간의 본성이 충돌하고 여울지며 천둥치는 곳이 교실이다. 이러한 좌절의 열매는 학교폭력 장면에서 나타난다. 학교폭력은 가해와 피해 모든 학생에게 좌절감을 준다. 관련학생(피·가해학생)의 학부모와 담임교사에게도 깊은 좌절감을 제공한다. 성공적인 학교폭력은 없다. 학교폭력 상황을 맞이하였을 때 자신이 좌절감을 느끼고 있으며 특히 당사자인 아동(학생)의 좌절감이 가장 무겁고 위험하다는 점에 주목하여야 한다. 당사자의 좌절을 교사나 부모가 자신의 것으로 역전이逆轉移[16] 되어서는 안 된다.

코로나 19시대가 되어 학교의 무용론과 교사를 로봇으로 대신할 것이라는 목소리에 '로봇이 관계를 가르칠 수는 없다'라는 말로 답한다. 로봇과 함께 공감하고 용서하면 관계를 가르치고 배울 수 있을까?

좌절 마주하기

좌절에서 벗어나는 방법은 일어난 일을 있는 그대로 인정하는 일이다. 그 다음 함께 대화를 통해 해당 아동의 감정을 공감하여야 한다. 필자의 책 "학교에 사람이 있어요" 등에서 언급한 바와 같이 학교폭력 심폐소생술인 '도-천-아'가 실행되어야 한다. 모든 좌절 상황에서 아이들의 좌절감, 부모의 좌절감, 교사 본인의 좌절한 마음을 인정해 주는 것이 출발점이다.

---

16) 「명사」 분석자의 의식적이거나 무의식적인 감정 따위가 피분석자에게 향하는 일.

정혜신 박사(2018)의 주장처럼 감정은 어떤 상황에서도 옳다(당신이 옳다). 죽을 만큼 힘이 들거나 죽이고 싶을 만큼 미운 마음이 든다고 해도 그 감정을 인정하는 것은 필요하다. 비록 그 생각과 행동이 옳지 않더라도 감정을 인정하고 수용하지 않으면 다음 대화의 단계로 마주 보고 나갈 수 없다.

아이의 좌절한 마음을 부모와 교사가 알아주고 인정하여 주는 것이 출발이 된다. 담임교사 역시 생활교육의 문제가 발생한 결과 좌절한 자신의 마음을 인정하고 위로하며 해결책을 찾아 나서야 한다.

자신의 마음이 좌절하였을 때 알아차리는 것이 중요하다. 이를 위해 다음 질문들은 매우 유용하다. 오늘 하루 나는 어떤 일로 인해 좌절하였는가? 그 일은 나에게 어떤 영향을 끼쳤는가? 그 일이 일어나는 과정에서 내가 수정하고 싶은 대처 방법은 무엇이 있는가? 하루의 좌절뿐만 아니라 한 주간, 한 달 사이에 일어난 좌절에 대해 돌이켜보고 같은 질문을 스스로 주고받는 것은 유익하다. 하지만 무엇보다 우리 자신의 삶에서 일어난 깊은 좌절에 대해 아래의 물음을 던져보라. 교사 자신이 자신의 삶에서 일어난 좌절에 대해 경험하고 체험한 선명한 상처만이 자신과 아이들을 치유할 수 있다. 교사는 상처 입은 치유자이기 때문이다. 그러나 모든 상처를 같은 방식으로 배우는 것은 아니다. 누구나 알콜중독과 폭력적인 아버지 혹은 냉소적인 어머니를 경험할 수는 없다.

질문들

△ 살면서 가장 좌절한 순간은 언제였는가?

△ 무엇 때문에 좌절하였는가?

△ 그때의 좌절은 내 삶에 어떤 영향을 끼쳤는가?

△ 그때로 돌아간다면 바꾸고 싶은 역할은 무엇인가?

나. 놀람(두 번째 주머니) – 토끼가 제 방귀에 놀란다

아이들은 세상을 향해 놀랄 준비를 하고 태어난다. 영아기의 까꿍 놀이는 아이들의 놀람과 발견의 기쁨을 잘 보여준다. 눈앞에 있었던 엄마가 안 보이면 소스라치게 놀라고 울음으로 공포를 표현한다. '까꿍'하고 엄마가 다시 나타나면 아이는 세상을 다 얻은 듯 기뻐하며 감탄의 웃음을 꺄르르르 웃는다. 이 놀람과 surprise의 기억들은 아이의 몸과 마음속에 원초적으로 새겨진 조각이 된다. 놀람은 '놀라움'의 준말로 '놀라운 느낌'이다. 기본형은 동사 '놀라다'로 '뜻밖의 일이나 무서움에 가슴이 두근거리다'라는 뜻이다.

학교에서는 날마다 놀라운 일들이 일어난다. 싸우고 다치고 갈등하고 웃고 떠들고 미워하고 사랑하고 질투한다. 설렘이 가득한 밝은 표정으로 학교에 오지만 그 기쁨이 온전한 모습으로 하교 혹은 하교 때까지 이어지는 것은 아니다. 물론 아침부터 엄마와 한 바탕 치르고 밥도 못 먹고 학교에 온 아이도 있다. 아이들의 놀라움은 이로 인한 혼란스러움, 좌절과 모멸감 등이 얽혀 복잡계[17]를 형성한다.

놀람의 영어식 표현은 surprise 혹은 shock이다. 예기치 못한 놀라움이나 즐거움으로 부정적일 수도 긍정적일 수도 있는 감정이다. 우리는 놀람에 처할 때 눈이 커지고 입이 벌어지며 숨이 턱 막힌다. 얼굴을 가리거나 가슴을 쓸어내리며 말을 더듬거리고 비명을 지르기도 한다. 숨이 멎거나 높아지고 한두 발짝 뒷걸음을 치고 자세가 굳어지며 근육이 경직되거나 발걸음을 멈추고 휘청거린다. 심장 박동이 폭주하고 숨 쉬기가 어려워지며 제대로 생각을 가다듬을 수가 없고 당혹감을 느낀다. 크게 놀랐을 때는 말을 더듬거리거나 아무 말도 입 밖으로 내지 못할 수도 있다. 놀람이 진정되지 못하면 공포감과 분노, 실망감으로 번져간다. 놀람에 처했을 때 호흡이 가빠지고 눈을 크게 뜨며 몸이 급속도로 경직된다

17) 복잡계에서는 어느 장소에서 일어난 작은 사건이 그 주변에 있는 다양한 요인에 작용을 하고, 그것이 복합되어 차츰 큰 영향력을 갖게 됨으로써 멀리 떨어진 곳에서 일어난 사건의 원인이 된다고 생각한다. 두산백과 사전, https://terms.naver.com/entry.nhn?docId=1224678&cid=40942&categoryId=32202

(Angela Ackerman · Becca Puglisi, 2016).

놀람은 예상치 못한 말과 행동에 대응하는 심리적 현상이다. 학생의 입장에서 학교에서의 놀람은 제시간에 일어나 등교하고 시간표를 잘 준비하였는지, 숙제는 챙겼는지 점검을 하면서부터 시작된다. 늦잠을 자고 일어난 놀라움은 가장 일반적인 경험이다. 갈등의 가장 일반적인 형태인 지각의 경우 학생들은 일찍 혹은 제시간에 깨워주지 않은 부모님(주로 어머니)에 대한 짜증과 원망으로 하루를 시작한다. 이때 어머니의 반응도 하루의 기분에 결정적인 영향을 끼친다. 어머니가 아이의 당황하고 놀라운 마음 자체를 받아 주면 좋겠지만 자신을 돌보기에도 빠듯한 엄마의 마음은 아이에게 받은 짜증을 반사경으로 돌려준다. '그러기에 내가 일찍 자라고 했지' 혹은 '알람을 맞추고 네가 일어났어야지' 하고 아이의 잘못을 확인하고 검증한다. 엄마와 한바탕 다툼을 하고 난 아이의 감정은 혼란스러움과 당황함, 짜증과 두려움, 걱정스러움 등이 뒤엉킨 복잡한 먹구름 덩어리가 된다.

이 상황을 알리가 없는 교사는 아이의 늦은 출현 즉 지각한 행동에 초점을 맞추고 꾸중을 한다. 교사 역시 제시간에 출석하지 못한 아이로 인해 짜증이 나거나 무시당한 기분, 지각하는 버릇을 고쳐주어야 하거나 많은 학생들에게 본보기로 강력한 훈육을 베풀어야 하는 당위 사이에서 갈등한다. 교사의 꾸지람(높임말은 꾸중)을 순순히 혹은 달게(기꺼이) 받아들이는 학생들은 매우 드물다. 이 정도의 여유와 성숙함을 가진 학생들은 지각 자체를 하지 않기 때문이다. 지각한 상황과 관련한 학생과 학부모, 교사의 당황스러움과 불편한 마음들이 이른 아침 등교에서부터 학교생활 전반에까지 영향을 끼치게 된다. 이러한 감정들이 역동적으로 주고받고 엉키는 과정에는 놀라움이 있다. 수업 시간에도 호기심 가득한 질문과 탐구심이 출렁이는 생동적인 수업은 지적인 기쁨으로 놀라움으로 전해질 수 있지만 지적인 놀라움은 호기심에 가깝다.

친구들의 예상치 못한 말과 행동은 놀라움으로 반응된다. 무엇보다 자신에 대한 공격에 놀란다. 이때의 놀람은 모든 동물들이 생존을 위해 가지는 긴장에 가깝다. 학생들은 자신을 향한 교사와 친구들의 관심과 질문, 배려와 공격에 대해 늘 긴장하고 경계한다. 이러한 경계를 넘어 훅 들어오는 공격에 대한 갑작스러운 반응이 놀라움이다. 공격이라고까지 하기 어려운 몸과 마음의 경계선을 넘어서는 모든 행동은 영역에 대한 침입 혹은 경계선 넘기를 말한다. 놀람은 설렘의 비스듬한 건너편에 위치하고 있으며 설렘이 긍정적인 함의를 조금 더 많이 가지고 있다면 놀람은 걱정스러움과 불안함이 묻어 있는 얕은 두려움에 가깝다.

학교폭력의 초기 단계에서도 자신의 자녀가 친구들에게 맞고 왔다면 부모는 많이 놀라게 된다. 거기에 상처까지 확인된다면 부모의 심정을 당황스러움과 화남을 동반한다. 하지만 기본적으로 놀라움이다. 자녀의 학교폭력 상황에 대처하는 부모의 놀람에 대한 반응이 문제 해결 과정을 지배한다. 따라서 적절하게 놀라는 것이 중요하다.

첫 단추가 잘 꿰어져야 끝이 좋을 수 있다. 먼저 부모는 자녀의 억울한 마음을 끝까지 듣고 편을 들어 주어야 한다. 그래야 자녀가 놀란 마음을 수습하고 정비할 수 있게 된다. 또한 자신을 돌아볼 수 있게 된다. 안전한 피난처에서 자신에게 일어난 놀라운 사건에 대해 자신의 편인 부모에게 보고를 하고 지지와 격려를 기다리고 있는 상황이다.

학교폭력 문제를 학생들이 교사에게 맨손으로 들고 오던 첫 순간 교사의 반응은 많은 해결의 방향키가 된다. 짜증스럽고 화가 나고 분노할 수 있는 상황에서조차 한 발자국 물러나 학생들의 이야기에 귀 기울이고 그들의 감정을 공감하며 문제 해결과정에 동참하고자 할 때 놀람은 가라앉고 유령이 되지 않는다. 이때 교사의 반응이 교육적이지 않거나 안정되고 성숙하지 못하면 다음 단계로 들어서는 갈등의 회전목마에 승차한 것이다. 오늘 필자가 겪은 두 남자 아이의 장난은 놀람의 경계를 잘 보여준다.

장 난

선생님 정우가 꼬집었어요
저런 상처가 생겼구나 아프지는 않니?(이 대목에서 놀람이 일어났다)
보건실에 가서 치료를 받아야 하지 않을까?
그 정도는 아니에요

정우야! 우진이 팔에 상처(꼬집힌 흔적)가 보인다
장난이었어요 우진이가 먼저 헤드락을 했어요
탭을 했는데 잘 안 풀려서 꼬집은 거예요
그랬구나 숨을 쉬기 힘들었겠네
(I can't breath…….)

두 사람은 이 일이 장난이라고 생각되니?
예 장난이에요
그래, 하지만 누군가 상처를 입거나 다치게 되면
의도와는 상관없이 장난이 폭력이 될 수도 있단다

예, 심한 장난치지 않을 게요
그럼, 장난은 서로에게 재미와 즐거움을 주지만
조금만 지나치면 폭력이 될 수 있음을 조심하자구나
피해자와 가해자가 순식간에 반전(反轉) 된다

학교폭력 없는 행복한 우리 반 만들기는
작은 일에도 민감한 예방주사 백신 처방으로

놀람에 대한 반응은 사물에 대한 가치관과 개인의 성숙도와 관련이 있다. 불가에서 평상심平常心이라고 부르는 담담한 마음으로 크고 작은 놀람에 대응하는 것이 성숙한 어른의 모습이다. 하지만 아이들의 놀람에는 경험적 요소가 생략되어 있고 감성적인 요소가 과도하여 어른들의 인지적, 즉물적 대응은 심리적 박탈감과 서운함을 줄 수 있다. 아이들 중에는 늘 놀랄 준비가 되어 있어 자그만 일에도 온 몸과 마음이 크게 격동하여 놀라는 아이들도 있다. 이는 그의 개인적 트라우마와 연관이 있을 수도 있다. 부모의 폭력적 행동과 언어에 상시적으로 노출된 아이가 학교에서 선생님이 고함을 치거나 손을 올리는 행위를 폭력의 예비 동작으로 오인하여 몸을 심하게 움츠리는 것도 가능하다. 아이들의 놀람 반응의 이면에 또 다른 경험 혹은 상처가 있을 수 있다는 개연성에 대한 열린 마음이 필요하다.

놀람 알아차리기

놀람은 원시시대부터 있어 온 인간의 가장 기본적인 생존 수단의 하나이다. 숲길을 가면서 혹은 갑작스러운 맹수와 적의 출현을 걱정하는 마음이다. 자신에게 위협이 되는 시도와 조짐을 알아차리는 능력이다. 놀람은 후속적인 감정인 공포와 함께 잘 놀랄 수 있어야 빨리 다음 단계의 대처를 할 수 있는 중요한 능력이 된다. 하지만 너무 놀라면 그 자리에 얼어붙는다. 따라서 적절하게 놀라야 한다. 호랑이와 늑대를 만나면 비명도 지르지 못하고 얼어붙을 수 있다. 일반적으로 호랑이를 만난 토끼와 사슴은 그 자리에서 얼어붙는다. 사람들도 그러하다. 하지만 멧돼지나 뱀을 만났을 때는 깜짝 놀라 외마디 비명을 지르고 공포에 사로잡히지만 도망을 칠 수 있다. 내가 위험하다는 것을 알아차리는 것이 놀람이다. 밤길에 고라니가 차 불빛에 놀라 도망을 가지 못하고 얼어붙어서 로드킬을 당하는 것을 보고 고라니의 가정교육 부족을 탓하기는 어렵다.

갑작스럽고 예상하지 못했던 위험 상황을 만나게 되면 신체적 심리적 즉각적 반응이 일어나는 것은 당연한 과정이다. 여기서 본질은 위급하고 심각한 정도와 반응의 비례이다. 아주 작은 일에 큰 반응을 보이면 적절한 대처가 아니다. 고양이를 보고 호랑이가 나타난 것처럼 반응을 하면 이른바 '호들갑을 떤다'라고 규정된다. 반대편으로 가서 호랑이를 보고 고양이를 본 것처럼 반응한다면 어떠한가? 아주 강심장이거나 디즈니의 슈퍼히어로라고 자신을 여기는 사람일 것이다. 부적절한 반응이며 대처이다.

놀람은 매 순간 일어나는 크고 작은 긴장 상황에 대응하는 기본감정이다. 하지만 놀람은 다음 과정을 위한 중간 정도의 감정을 자리매김할 가능성이 크다. 처리하여야 감정으로서의 놀람에 대한 대처는 자신의 마음의 안정성 회복과 함께 관계성 속에서 어떤 양식을 선택할 것인지에 대한 척도가 된다. 놀람은 많은 경우 과잉반응을 불러오게 되는데 이 경우 '호들갑'이라고 불러도 될 정도의 과잉반응이 목격된다.

놀람 마주하기

두 번째 주머니인 놀람을 열었을 때 널뛰는 심장의 두근거림을 차분하게 가라앉히는 것이 놀람을 다루는 가장 핵심적인 대처이다. 놀라면 당황하게 되고 소리 혹은 비명을 지르거나 일반적으로 물러나는 형태의 비교적 큰 신체적 반응을 보이게 된다. 하지만 이러한 말과 행동의 동작이 너무 크면 스스로에게 민망하지만 이를 지켜본 사람들에게 창피하거나 부끄러운 마음 즉 수치스러움이 더해진다.

교사의 놀람은 일상적이지 않는 상황이 일어났을 때 마주하게 된다. 교사 역시 하루 중에도 수도 없이 발생하는 크고 작은 사건들을 마주할 때 감정의 크기를 적절하게 반응하는 것이 필요하다. 놀라움은 놀라움대로, 당황함과 황당함, 어이없음과 경탄, 소스라치게 놀라움과 경악스러움에 이르기까지 놀라움의 스펙트럼도 넓고 다양하다. 당황하여야 할 때는 당황하고 황당하여야 할 때는 황당하여야 한다.

놀람은 일반적으로 예상하지 못한 일이 일어난 것에 대한 반응이다. 골목에서 갑자기 차가 튀어나오는 것을 예상하고 있다면 운전자는 침착하게 대응할 것이다. 예기치 않은 위험요소의 출현으로 인해 우리는 놀란다.

아이들과 함께 생활하는 모든 순간에 교사는 놀랄 준비가 되어 있다. 아이들은 잠시도 쉬지 않고 크고 작은 놀라움을 만들어 낸다. 이 놀라움에 대한 대처는 숲길을 산책하다가 토끼를 보았을 때의 놀라움과 고라니 혹은 멧돼지를 만났을 때의 놀라움을 구분하는 것이다. 모든 갑작스러운 외부의 위험 요소에 대한 반응은 놀라움이라고 불러도 좋다. 학교에서는 아이들의 장난이나 다툼, 교사에 대한 힘겨루기와 보복하기 등의 장면으로 다가온다. 이때 교사의 반응은 당황스러움과 함께 놀라움이 밑 마음에 존재한다. 놀람에 대한 기본적인 대처는 사물이나 사건이 내게 실재하는 것만큼 위협적이지 않음을 아는 것이다. 차분하고 침착하게 문제의 본질을 보고 위험의 정도에 적절한 대응을 하는 것이 가장 바람직하다. 하지만 기질적으로 작은 위험 요인에도 크게 위협을 받는다고 느끼거나 놀람을 넘어 공포를 경험하는 개인차가 있을 수 있다.

매 순간 작은 위협이 공포가 되면 에너지의 소모가 너무 많아진다. 교실에서 작은 거미나 벌 등이 침입하였을 때 대부분의 학생들과 교사는 놀람의 반응을 보이지만 일부는 거의 공포에 가까운 놀람을 보인다. 실제 벌 등에 대한 포비아(phobia)가 존재한다. 따라서 교사가 일방적으로 그것을 호들갑 혹은 과잉반응이라고 규정하는 것은 해당학생의 자존심에 큰 상처를 줄 수 있다.

예전에는 교실에 출현한 쥐를 직접 잡는 여학생도 목격되었다. 그 아이의 가정에서는 일상이었던 것이다. 교실에 나타난 쥐의 출현이 학급 공동체에 던진 감정의 소용돌이를 보라. 교사로부터 남학생 여학생 한 사람 한 사람에 이르기까지 저마다 놀람의 온도가 다르고 채도가 다르다. 이때 교사의 반응이 학생들의 반응에 영향을 크게 끼친다. 집에서 기르던 금붕어나 햄스터가 죽었을 때 이를 발견한 아이의 당황함과 놀라움, 속상함은 어른들의 이해의 범위를 넘어서는 깊은 고통과 통증이지만 부모에게는 가벼운 놀람일 수도 있다. 이 순간 부모는 자녀의 놀람의 온도에 대한 공감력을 발휘해서 대처해야 한다. 죽은 금붕어 혹은 햄스터에 대해 함께 애도하고 장례를 치르는 등의 애도과정을 통과의례로 공유해야 함을 제안해야 한다.

질문들

△ 살면서 가장 놀란 순간은 언제였는가?

△ 무엇 때문에 놀랐는가?

△ 그 놀라움은 내 삶에 어떤 영향을 끼쳤는가?

△ 그때로 돌아간다면 바꾸고 싶은 역할은 무엇인가?

다. 혼란(혼란스러움) (세 번째 주머니) – 고요한 연못만이 별을 비춘다

학교는 혼란의 검은 상자이다. 학교 안에서 혼란은 물 위에 떠다니고 공기 중에 날아다닌다. 복도를 뛰어다니고 급식실에서 잔반통에 버려진다. 음악실에서 울려 퍼지고 강당에서 패대기쳐진다.

혼란의 사전적 의미는 “뒤죽박죽이 되어 어지럽고 질서가 없음”이다. 어원인 혼란하다는 “마음이나 정신 따위가 어둡고 어지럽다”이다. 감정적인 측면에서는 ‘마음이나 정신이 어둡고 어지럽다’에 가깝다. 그 결과 몸과 마음이 뒤죽박죽되어 어지럽고 질서가 없어지는 것이다. 혼란스러움은 놀람과 거의 동시에 일어나지만 놀람의 결과에 가깝다.

영어식 표기는 confusion으로 정신이 혼미하거나 갈피를 잡지 못하는 상태이다. 얼굴을 찡그리거나 입술을 깨물며 눈살을 찌푸린다. 턱을 문지르거나 어깨를 으쓱하며 손으로 머릿결을 자주 쓸어 넘긴다. 말을 머뭇거리거나 버벅거리고 질문으로 받은 말을 자주 되묻는다. 어떤 일을 마무리하는 것이 어렵고 무력감에 빠진 것처럼 신체가 쳐졌다. 체열이 상승하거나 소화가 잘 안 되고 가슴에 압박감을 느낀다. 대답을 찾아내고자 마음이 다급해지고 생산성이 줄어들고 업무 성과가 미진하다. 혼란스러운 마음 상태가 해결되지 않으면 무력감과 체념, 심리적 불안정이 이어진다. 혼란스러운 상태에서는 매사에 안절부절 하지 못하고 전전긍긍하거나 주변이 통제되고 있는지 스스로 자주 확인하며 대화의 화제를 다른 쪽으로 돌린다(Angela Ackerman · Becca Puglisi, 2016).

학교에서 아이들은 교사는 학부모는 언제 어떨 때 혼란스러움을 경험하게 되는가? 교실은 날마다 무질서와 질서가 준비된 곳이다. 한 아이의 도발적 행동만으로도 교실은 혼란 속으로 최단 시간 안에 물들 수 있다. 한 아이의 소란은 창문을 넘고 복도를 건너 학교 전체를 무질서로 욱여 넣을 수 있다.

혼란은 예상하지 못한 상황에서 일어나는 당황스러움의 결과에 가깝다. 즉, 혼란스러움을 마주하면 당황하게 된다. 당황의 사전적 의미는 '「명사」 놀라거나 다급하여 어찌할 바를 모름'이다. 그 결과 혼란스러운 상황(상태)이 되는 것이다. 당황이 앞서고 혼란(스러움)이 그 뒤를 잇는다. 놀람과 당황스러움의 차이는 무엇인가? 놀람보다는 당황스러움이 감정적으로 흥분한 상태이다. 기본적인 놀람은 다소 중립적인 의미가 있지만 당황스러움은 부정적 감정에 가까운 놀람이다. 혼란스러운 마음은 당황스러움과 함께 일어난다. 이 둘은 거의 동시에 일어나는 것처럼 보이지만 당황스러움이 조금 앞에 서고 반 발짝 뒤에서 그로 인한 혼란에 빠지는 것이다.

혼란은 예상치 못한 일에 대한 인식과 대처 과정에서 만나는 감정이다. 혼란은 갈등의 전반에 걸쳐 마주하는 문제를 해결하는 전 과정에 걸쳐 나타나기도 한다. 하지만 이 혼란은 초기에 잘 대처하면 해결로 향하게 된다. 혼란의 감정은 일상생활 속에서도 흔히 목격된다.

코로나 19로 인해 아이들은 마스크를 쓰고 하루 종일 생활한다. 교사 역시 마스크를 쓰고 수업을 해야 한다. 학년을 시작한 지 100일 만에 첫 등교를 하였고 매주 월, 화요일은 등교수업, 수, 목, 금요일은 원격수업이다. 2학기에는 매주 월요일 등교수업과 화~금요일은 원격수업이다. 하지만 일정은 바뀔 것이다. 수업을 할 때에도 학생들의 목소리를 잘 알아들을 수 없어 당황스러웠고 그 원인을 생각하며 혼란스러웠다. 내가 나이가 들어 청력이 약해져서 그런 것은 아닐까? 사실상 노화의 과정에서 시력이 가장 먼저 약해지고 그 다음은 청력이 약해진다. 혼란스러웠다.

수업할 때 내 목소리를 충분하여 마이크를 사용하지 않고도 하루 종일 수업할 수 있다. 하지만 아이들의 상황은 다르다. 새로운 학년, 새로운 선생님과 코로나

19로 인한 마스크 수업에서 자신의 의견을 자신 있게 발표하는 것이 쉽지 않을 것이다. 이 고민을 학년 연구실에서 동료 선생님들께 의논하였더니 30대 전후의 교사들도 아이들의 목소리를 알아듣기 어렵다고 하여 조금 마음이 놓이기는 했다.

듣는 힘에 대하여

다시 한 번
조금 더 큰 소리로 말해 주세요

조심스레
자신의 생각을
겨우 꺼내는 너에게
예순의 교사는
듣는 힘이 부족하여
너의 용기를 청한다

마스크를 끼고 말하니
입 모양을 볼 수 없고
발음도 정확하지 않아
듣기가 어려운 당황스러운 마음

안경을 낀 것처럼
설마 보청기가 필요할까?
그토록 설레이며
기대 되던
노화의 과정에
이런 걸림돌이 있을 줄이야

귀와 함께
눈과 마음을
더욱 열어야 하네

혼란 알아차리기

태초에 혼란이 있었다. 모든 것이 뒤죽박죽 된 그 곳에 신神은 질서를 부여하였다. 학교에서 혼란과 질서는 닭과 계란의 논쟁처럼 어디가 먼저인지 애매하다. 혼란스러움은 질서에 앞서고 질서는 혼란을 다스린다. 질서가 과하면 혼란은 오히려 커진다. 적절한 혼란과 적당한 질서가 필요하다.

혼란스러움은 위험을 맞이하여 그 원인 혹은 해결과정에 대해 정확한 해결책을 찾아내지 못했을 때 일어난다. 혼란스러움이 부정적으로 머무르고 고착되면 좌절이 될 것이지만 혼란의 원인을 찾아 나름의 대처방안을 찾으면 이 일은 경험의 영역이 전환된다. 하지만 하루 중에 혼란스러움을 자주 맞이하는 사람들(이들은 혼란이 자신에게 유난히 많이 일어난다고 생각하거나 주장한다)은 혼란에 대해 심하게 당황하거나 감정적으로 대응하거나 부적절하게 대처한다. 그러나 혼란을 마주하였을 때 한 발 물러나 그 혼란을 구성하고 있는 중요 요소들을 분석하여 자신이 해결할 수 있는 것과 도움을 받아서 해결할 수 있는 것, 해결할 수 없는 것들을 분류하고 가장 쉽고 가까이 있는 것부터 해결하는 사람에게 혼란은 비교적 가벼운 도전이 된다.

학교에서 흔히 만나는 혼란은 교실의 소란스러움과 질서 없음으로 다가온다. 수업이 시작되었음에도 지속적으로 떠들고 돌아다니는 아이들이 여러 명 활약을 하고 있을 때 교실은 혼란의 초입에 접어든 것이다. 이때 혼란을 대하는 교사의 대처방식에 따라 혼란은 냉소와 힘겨루기 혹은 협박과 공포의 억압 등의 심리적 게임(줄다리기)으로 변환한다. 실상 학령기의 청소년들이 하루 종일 딱딱한 의자[18]에 앉아 매 수업 시간에 집중하기를 기대하는 것 자체가 다소 폭력적이다.

18) 교사의 의자와 비교해 보라. 이것이야 말로 가장 큰 폭력 중의 하나이다. 필자는 오래전부터 교실 책·걸상 교체 국민운동을 하여야 한다고 주장한다. 몸과 마음이 모두 공부할

크고 작은 사건이 일어났을 때 이를 대하는 아이들과 교사의 접근방식은 혼란의 또 다른 원인이 된다. 급식소에서 부딪혀 식판을 떨어뜨린 아이를 대하는 교사의 침착하고 염려하는 태도는 당사자인 아이 뿐만 아니라 주변 아이들의 마음의 혼란을 일시에 안정시킬 수 있다. 하지만 교사가 조심성 없는 행동에 대해 분노하고 꾸짖으면 당사자 아동뿐만 아니라 수많은 아이들의 마음과 식사 분위기를 혼란스럽고 불편하게 만들 수 있다.

혼란 마주하기

당황하면 혼란에 빠지게 되어 정확한 인식과 판단을 하는 것에 장애를 입게 된다. 평소라면 할 수 없었던 어리석은 말과 부적절한 행동을 하게 된다. 혼란스러움은 모래 어항을 휘저은 것과 같이 뿌옇게 감정이 흐려진 것이다. 이러한 혼란 상태를 극복하기 위해 가장 효율적인 방법은 잠시 멈추고 지켜보는 것이다. 시간이 지나면 모든 감정의 부유물들이 가라앉는다. 눈에 보여야 행동할 수 있다. 혼란은 한 발짝 물러나는 것이 대처이다. 혼란 속에서 문제를 해결하거나 길을 찾겠다고 뛰어들수록 짙은 안개 속을 헤매는 것처럼 문제 자체에 함몰될 수 있다.

감정이 혼란스러워 괴로움을 당하고 있을 때 자신의 감정을 구출하는 방법은 '알아차리며 거리두기', '명확하게 바라보기', '내려놓기'이다(린포체, 2008). '알아차리며 거리두기'의 세 요소인 '느끼기', '붙들기', '바로보기(응시하기)'로 대처해야 하지만 일단은 자신의 감정이 어지럽고 뒤죽박죽되어 질서가 없는 상황임을 느끼는 것이 출발이다. 느꼈다면 잠시 멈춤 pause 키를 누르고 그 감정을 붙들어야 한다. 그리고 그 감정을 바로 보면(응시) 된다.

기분이 나도록 제대로 된 책·걸상을 배치하여야 한다.

질문들

△ 내 삶에서 가장 혼란스러웠던 시간은 언제였는가?

△ 무엇 때문에 혼란스러웠는가?

△ 나는 그 혼란의 순간을 어떻게 견디고 이겨냈는가?

△ 당시의 혼란은 나에게 성장과 퇴보 중 어느 쪽으로 영향을 더 끼쳤는가?

라. 수치심(네 번째 주머니) - 수치심이 없는 것이 수치스러운 것이다 (성 아우구스티누스, 고백록)

초등학교 1학년 아이가 화장실에 미처 가지 못하고 옷에다 실례를 하였다면 수치심을 느껴야 하는가? 아이의 당황스러움과 이로 인한 정보처리 과정의 혼란이 총체적으로 다음 단계의 대처 방안을 선택할 수 없게 만드는 얼음땡이 될 수도 있다. 이때 주변인들의 반응이 수치심으로 향하게 하거나 자연스럽게 수습할 수 있도록 하는 갈림길이 된다. 특히 이를 지적하는 교사의 가르침이 꾸중이 될 때 아이는 수치심을 느끼게 될 것이다. 하지만 친절하고 따뜻하게 "화장실에 가야 할 시간을 놓쳤구나", "갈아입을 옷을 찾아보자" 하며 주변 친구들의 관심을 다른 곳으로 옮기게 하고 비난을 할 수 없도록 보호한다면 이 경험은 한순간의 실수에 대한 대처가 된다. 하지만 너무 늦은 대처와 친구들의 손가락질 혹은 조롱에 노출되어 버리면 초등학교 한 학년을 넘어 트라우마가 될 수도 있다.

교사의 경우에도 이 상황을 처리하면서 큰 당황함으로 인해 적절하게 처리하지 못한 것에 대한 수치심을 느낄 수 있다. 이때의 수치심은 자괴감과 자기 비하 등이 동반된 자신에 대한 비난이 앞선다. 아울러 상황을 이렇게 몰고 간 주변 사람들에 대한 원망하는 마음이 일어나면 서운한 마음과 분한 마음, 원망하는 마음이 복합적으로 일어날 수 있다.

수치심의 사전적 정의는 '「명사」 수치를 느끼는 마음'이다. 수치란 '「명사」 다른 사람들을 볼 낯이 없거나 스스로 떳떳하지 못함. 또는 그런 일'을 말한다. 수치심은 부끄러움과는 순서의 차이가 있지만 의미 자체로는 다르지 않다. 부끄럽다는 형용사로서 '일을 잘못하거나 양심에 거리끼어 볼 낯이 없거나 매우 떳떳하지 못하다'는 마음을 부끄러움이라 한다. 부끄러움이 먼저 일어나고 부끄러움의 결과 수치심이 드는 것에 가깝다.

영어식 표현은 shame으로 부끄러움, 창피함이다. 불명예나 잘못된 행동으로 몹시 곤궁한 상태를 말한다. 수처심을 느끼면 얼굴이 화끈거리고 숨을 급히 내쉬며 자기도 모르는 사이에 신음이 입 밖으로 새어 나온다. 몸을 웅크리거나 머리를 숙인다. 패쇄적인 몸가짐과 옷으로 얼굴이나 몸을 감싼다. 질병에 걸린 사람처럼 민감해지고 온몸에 힘이 빠진다. 친근한 장소를 피하고 자신감을 상실하며 아무도 없는 곳으로 도망가고 싶어진다. 이 상태가 장기간 지속되면 자기 파괴 욕망과 우울증, 불안장애, 굴욕감, 회환 등을 남기게 될 수 있다(Angela Ackerman·Becca Puglisi, 2016).

미안함과는 다르다. 미안함은 '「명사」 남에게 대하여 마음이 편치 못하고 부끄러움'을 말한다. 갓난 아기가 대소변을 가리지 못하는 것에 대해 미안하거나 부끄러움을 가지지는 않는다. 미안함과 부끄러움은 문화적·시대적 요인도 작용한다. 부끄러움 혹은 미안함, 수치심을 왜 느끼지 못하고 표현하지 못하느냐고 지적하는 것은 공감을 불러 오지 못할 수도 있다.

수치심은 동양적·유교적 관점에서는 중요한 덕목이다. 수치를 아는 것이 선비의 도리 중 상위 덕목에 위치한다. 인간과 98% 이상 유전자를 공유하는 침팬지는 약간의 부끄러움을 느끼는 것으로 관찰되었다(김찬호, 2014:48). 신화연(2010)은 「부끄러움 코드」에서 수치심을 "내면화된 사회적 기대에 부응하지 못하는 자신을 발견하면서, 동시에 갑작스럽게 느껴지는 다른 사람들과의 심리적 거리를 인식할 때 일어나는 감정"이라고 설명한다. 김찬호는 수치심을 모멸로 가는 방아쇠라고 표현하였다.

학교에서 수치심은 어떤 방식으로 찾아오고 마주하며 대처하는가? 아이의 수치심과 교사의 수치심, 그 부모의 수치심의 씨줄과 날줄은 어떻게 연결되고 부딪히며 충돌하는가?

너무나 폭력적인 하루

사실상 그것은 폭력이었다.
100일 만에 학교에 온 학생들에게

입을 가리고 하고 싶은 말을 자제시키고
함께 어울리지 말고 서로 가까이 하지도 말고

하루 종일 선을 긋고 경계의 벽을 살았던 등교 첫 날
이 무거운 부끄러움과 폭력을 어찌할거나…….

코로나 19 자연의 역습에 대처하는
국가와 학교의 허가 받은 매뉴얼화 된 폭력들

자율과 언어마저 식사시간마저 제한하고
포장되고 규격화 된 이 폭력에 너는 얼마나 상처를 받았을까?

오늘은 그 대칭점에 서서
어제 베푼 폭력의 중화제가 되어야 할 터인데

2020. 6. 9 - 등교수업 둘째 날 새벽

나는 아이들에게 부끄럽고 미안했다. 후회와 수치스러움이 목구멍까지 올라왔지만 모멸감에 이르지는 않았다. 수치심은 개인차가 많다. 너무나 큰 잘못을 저지르고도 뻔뻔스럽게도 부끄러워하지 않거나 미안해하지 않는 사회 지도층 혹은 범죄자들을 보는 것은 흔한 일이다. 수치심의 온도계는 개인마다 반응점이

다르다. 똑같은 온도에 물이 얼거나 끓는 것이 아니다. 놀라운 일이다.

아이는 언제, 어떤 상황에서 수치심을 느끼게 되는가? 필자의 생각은 수치심의 영역은 어른의 것으로 남겨 두고 아이에게는 유보되어야 한다. 아이가 자신의 잘못된 말이나 행동에 대해 부끄러움을 느끼고 후회하고 반성을 하면 될 뿐, 수치심을 느껴야 한다고 강조할 수는 없다. 또한 아이가 어떤 잘못을 하였다 하더라도 아이를 수치스럽게 여겨서는 안 된다.

수치심 알아차리기

수치를 모르는 것은 병이다. 하지만 너무 민감한 것도 병이다. 수치심을 느껴야 하는 곳에서 적절하게 알아차리는 것이 필요하다. 교사의 일상 속에서 수치심은 어떤 방식으로 나타날까? 모르는 것을 모른다고 하지 않고 아는 척하는 것은 부끄러운 일이다. 실수 혹은 잘못으로 저지른 말과 행동을 인정하지 않고 변명을 하는 것은 부끄러운 일이다. 이러한 일을 하였을 때 변명보다는 사과를 하는 것이 중요하다. 이것을 알아차리지 못한다면 연습이 필요하다.

수치심은 다소 문화적인 요소를 포함하고 있다. 아마존의 원주민 조에 족은 상의를 드러내고 아이에게 젖을 물리는 행동을 부끄러워하지 않는다. 의복문화에 대한 인식에도 차이가 있지만 소유의 개념 혹은 명예의 범위에 대해서도 문화적인 차이는 크게 존재한다.

이슬람 문화권에서 드물게 명예살인이 일어나는 것은 경악할 일이다. 하지만 그들은 이를 가족의 명예를 지키기 위한 것이라고 믿고 있는 것에 대해 깊이 절망하며 개인뿐만 아니라 문화적 인식의 변화를 간절하게 촉구한다.

교실에서 수치심은 어떻게 일어나는가? 부끄러움과 창피함 그리고 수치심은 어떻게 다를까? 수치심은 부끄러움과 창피함의 결과로 일어나는 감정처럼 여겨진다. 수치심 혹은 부끄러움은 어떤 일에 대한 도덕적 판단의 결과이다. 즉, 잘못된 일을 하였다는 느낌이 일어난 것을 수치심이라고 할 수 있다. 또래 괴롭힘을 가해하는 학생들 사이에서 친구들을 괴롭히는 말과 행동을 하는 것에 대해 수치스럽기보다 오히려 자랑스럽게 생각하는 학생도 있다. 거짓말을 하고도 부끄럽거나 수치심을 느끼기보다 성공에 대한 쾌감을 경험하는 학생도 있다. 문제는 잘못된 행동에 대한 양심의 잣대이다. 따라서 수치심을 정확하게 알아차리기 위해서는 민감한 양심의 잣대가 있어야 한다.

수치심 마주하기

교실에서 학생들은 얼마나 자주 스스로에 대해 자랑스러워하거나 부끄러워할까? 그 비율은 얼마나 될까? 자존감이 강한 아이는 비교적 같은 어려움 속에서도 수치심을 느끼고 뒤로 후퇴하기보다는 자존감을 붙들고 넘어진 곳에서 일어서려는 경향을 보인다.

속이 울렁거리고 매스꺼워 구토를 하게 된 학생도 이 일을 어떻게 해석할 것인지에 대한 가장 큰 결정은 본인이 스스로 하게 된다. 어려움을 당한 친구들 도와주지 못해 부끄러워할 수도 있고 수업 시간에 딴생각을 하다가 선생님의 지적을 받고 엉뚱한 대답을 할 수도 있다. 부끄러움과 민망함, 그로 인한 수치심을 알아차리고 마주하는 방식의 차이는 자존감의 강도(튼튼함)와 연관이 커 보인다.

학교폭력을 만났을 때 아이는 좌절하고 놀라며 혼란에 빠진다. 그즈음에 일어나는 감정이 수치심이다. 실상 어린이가 수치심을 느낀다 혹은 가진다라는 개념은 조심스럽다. 아이의 자존감이 크게 상처를 입고 쌓여진 낙인烙印(labeling)이 되면 경험은 수치스러운 기억으로 새겨지게 된다. 학교폭력을 마주한 아이를 대하게 될 때 부모의 태도는 어린이로 하여금 부모가 자신의 존재 자체를 부끄러워한다고 받아들일 수 있다. 즉 "너 때문에 창피해서 얼굴을 들 수가 없다"는 류의 판단적 평가를 듣게 되면 아이는 자신의 행위뿐만 아니라 존재 자체에 대해서도 부끄러움을 넘어 수치심을 가지게 될 수 있다. 따라서 존재와 행위를 분리하는 것이 중요하다.

아이가 겪은 경험(가해 혹은 피해)을 교육적으로 어떻게 해결할 것인가?에 대한 과제를 존재에 대한 평가로 치환해서는 안 된다는 점이다. '네가 한 행동은 적절하지 못했지만 너는 여전히 소중하고 중요한 존재이다'라는 메시지를 전달하여야 한다. 존재 자체를 향한 수치심은 문제 해결에 아무런 도움이 되지 못한다. 자신이 한 행동에 대해 부끄러워하고 후회하며 다시는 그러한 행동(가해)을 하지 않거나, 적절한 대처(피해)를 하고자 하는 통찰은 필요하다. 학교폭력 문제를 처리하는 과정에서 교사도 수치심을 느낄 수 있다.

질문들

△ 내 삶에서 가장 수치스러웠던 경험은 언제였는가?

△ 무엇 때문에 수치심을 느꼈는가?

△ 나는 그 수치스러움을 어떻게 견디고 이겨냈는가?

△ 당시의 수치심은 나에게 성장과 퇴보 중 어느 쪽으로 영향을 더 끼쳤는가?

마. 모멸감(다섯 번째 주머니) – 모독을 잊는 것보다 복수하는 데에 더 많은 비용이 든다(토마스 윌슨, 경건함과 도덕에 관한 잠언)

2005년 개봉한 김지운 감독, 이병헌 주연의 영화『달콤한 인생』에서 조직의 보스인 강사장(김영철 역)은 선우(이병헌 역)에게 이렇게 말한다. "너는 나에게 모욕감 줬어" 이때 보스가 느낀 감정이 모멸감에 가깝다. 강사장의 어린 내연녀 희수(신민아 역)를 부하인 선우가 빼앗았다는 것이다. 이렇듯 모멸감은 상당히 주관적인 감정이다.

모멸의 사전적 의미는 '「명사」 업신여기고 얕잡아 봄'이고 모멸감은 '모멸스러운 느낌'이다. 평생에 걸쳐 폭력 행동의 심리적 매커니즘과 폭력예방책을 연구한 정신의학자인 제임스 길리건 박사(2015)는 강력범죄의 원인이 분노가 아니라 모멸감, 수치심이라고 간파하였다. 김우창 교수는 한국사회를 '오만과 모멸'의 구조로 파악하였다. 우리 사회는 "승자의 터무니없는 오만과 패자의 모멸감"이 내면화된 사회라고 진단하였다.

패자로서의 모멸감은 학교라는 공간에서 비교적 자주 만나는 감정 혹은 인식이 된다. 모멸감의 결정체는 수능이라는 괴물이다. 스무 살 전후에 치르는 한 번의 시험(몇 번의 기회를 더 가진다고 하더라도 구조적으로는 1회의 시험)인 대학입시가 이후 신분을 결정하고 평생을 따라다니는 낙인이 되기도 한다. 경쟁사회에서 그럴 수밖에 없지 않느냐?라고 강변하지만, 김누리 교수의 주장처럼 대학을 프랑스처럼 국립대학 네트워크로 평준화하면 될 일이다. 그리고 등록금을 없애면 된다. 한 학기는 서울에서 다음 학기는 제주에서 그 다음 학기는 특정 영역의 전문성이 있는 대전에서 다닐 수 있다면 다양하고 풍성한 경험을 얻을 수 있다. 지역감정을 극복하게 하고 균형 발전에 대한 필요성도 더 깊이 인식하게 될 것이다. 특히 지방의 국립대학의 경우 지역 공공기관 공무원을 선발할 때 적절한 인원을 배정하는 것도 필요하다. 사립대학은 국립대학이 할 수 없는 혹은 굳이 하지 않아도 되는 영역에서 돈이 많이 들어도 감당할 수 있는 이들이 진학을 하게 될 것이다. 하지만 대부분의 사립대학들도 국가의 재정 지원을 받는 한 일정 부분 장학금 제도를 통해 배움의 기회를 열고 사회적 책임을 감당해야 한다.

문제는 악착같이 대학을 진학하는 목표가 임금의 차이다. 하지만 지금과 같은 직업의 위계가 존재할 수 있을까? 이미 다가온 미래사회는 사회적 안전망을 통해 기본소득 혹은 전 국민을 대상으로 하는 최저 생계비 보장 등의 제도적 보완을 통해 대학은 공부의 재질이 있고 공부를 좋아하는 사람이 진학을 하는 곳으로 바뀌어야 한다. 이미 서구 선진국들이나 유럽의 국가들의 현실이다. 우리나라의 재정과 사회적 발달 수준에 비추어 못할 이유가 전혀 없다.

무엇보다 초등학교 시절부터 치르게 되는 수많은 평가들은 대부분의 학생들에게 자신감보다는 깊은 좌절감, 모멸감을 가슴과 머리에 조각처럼 새기게 한다. 상대평가는 이러한 모멸감은 제도화하여 각인한다. 요즘은 초등학교와 중학교에서 상대평가를 하지는 않는다. 하지만 필자가 학교에 다니던 시절 시험이 끝나면 누가 무슨 과목에서 몇 점을 얻었는지 등수가 몇 등인지 모든 사람이 의무적으로 알아야 했다. 심지어 전교 1등부터 50등까지 대자보를 붙이기도 했다.

이후 평생을 평가받거나 평가하면서 살아왔다. 평가 중에서 가장 기분이 더러운 평가는 성과급 평가이다. 필자는 대부분의 교직생활 중에서 최하위 등급인 B등급을 받았다. 전입을 했거나 파견 중이거나 신규 장학관인 까닭이었으리라. 하지만 모든 사람이 가장 싫어하고 어려워하는 역할을 할 때조차 B를 받았다. 무엇보다 내게는 상사들의 평가에 좋은 인상을 남길 수 있는 말과 행동을 포장하는 DNA가 매우 부족하다. 나의 자부심 중의 하나는 교직 생활을 하는 동안 내 스스로는 교육감 상은 고사하고 교육장 상도 추천하지 않고 늘 동료에게 양보하는 것을 선택하려고 노력했다는 점이다.

학교폭력에 대해 많은 책을 쓰고 강의를 하였으며 우리 교실에서는 학교폭력 자체를 예방하여 문제가 될 상황으로 만들지 않았지만 예방은 눈에 보이지 않기에 평가 대상이 될 수 없다. 최고의 전문가 중의 한 사람이라고 자부하지만 나에게는 단 한 번도 학교폭력 가산점이 없었다. 이렇듯 스스로 평가받는 것을 사양할 때는 모멸감을 가지지 않는다. 하지만 일방적으로 판단된 평가에는 모멸감을 느끼게 된다. 교직사회에서 상대평가를 하고 성과급을 주는 발상은 야만적이고 기만적이다. 협업을 가로막고 동료를 경쟁자로 만드는 이간책이다.

교사들이 이토록 경멸하는 모멸감을 학생들에게 부여하는 경우는 없을까? 학생들의 자존감을 깎아내리고 그들의 의욕을 꺾는 일은 다반사로 일어난다. 공부를 못하거나 평소 문제 행동을 많이 하는 학생들에게 교사들의 말과 행동은 친절하지 않다. 이른바 토큰제의 다양한 형태는 상·벌을 통해 학생들을 통제하고 조정하려는 의도가 밑바탕에 깔려 있다. 합법적임을 가장한 가장 손쉬운 조정 방법이지만 장기적으로 학생들의 발달에 해롭다. 상을 받지 못하는 학생들의 좌절감은 상을 받지 못하도록 원인을 제공한 동료인 친구들을 향한 폭력적 시선과 공격적 불평을 통해 전달되어 당사자는 모멸감을 느끼게 된다. 소위 의도하지 않는 부수적 피해가 발생하는 것이다. 이 부분에 대해 많은 교사들이 모르거나 의도적으로 외면할 수 있다.

학교폭력 상황에 노출된 관련학생들, 특별히 가해학생들에 대해 교사들이 베푸는 질문과 감정으로 인해 학생들은 모멸감을 느끼기도 한다. 일단 모멸감을 느끼면 교육적인 훈계나 충고조차도 적개심으로 반응하며 힘겨루기와 보복하기로 대응한다. 도교육청에 근무할 때 필자가 지역의 대학 등에서 강의를 하는 것에 대해 민원을 받게 되었다.

정치와 교육

정치하지 마시고
교육을 하세요

정치는 우리 같은 정치인이
선생님은 아이들 곁에

행정감사 와중에
충고하여 주신 것

미처 저지를지도 모르는 잘못을
미리 지적하신 신박神博한 권고

감사하는 마음으로 한지 곱게 싸서
일기장에 올려 놓고 날마다 바라 본다

이때 내가 느낀 감정이 모멸감이었다. 교육정책으로 박사학위를 받은 사람이 정책에 대해 강의하는 것이 정치인가? 당시 필자가 가르치던 과목은 지역 교육대학 4학년을 대상으로 한 "생활지도와 상담"과 필자가 학위를 받은 한국교원대학교 교육정책전문대학원에서의 "학교폭력 정책과 위(Wee) 프로젝트 정책"이었다.

물론 전문직은 온갖 모멸감을 견뎌 내는 자리이다. 국회 의정 단상에서 정부 관료들을 향한 여야 의원들의 공격을 볼 때면 말로서 사람을 죽이는 것이 가능하겠다는 생각이 든다. 모두가 전직 총리처럼 유연하게 여유 있게 답을 할 역량은 가지지 못한다. 그런 분조차도 지나친 요구에 대해서는 항변을 하지 않는가? 어떤 질문과 말은 상대방에게 모멸감을 주는 것 자체가 목표로 보이기도 하다. 하지만 의도치 않게 질문을 받은 이가 모멸감을 느끼게 되는 경우도 많다. 어떤 의도였던 그 상황을 받아들이는 태도는 오롯이 나의 선택이다. 나의 성장을 위한 충고라고 받아들이면 된다.

모멸감 알아차리기

학교에서 우리는 언제 모멸감을 만나는가? 모멸감을 겪거나 주는가? 학생들로부터 모멸감을 받았다는 교사보다 교사로부터 모멸감을 받았다는 학생이 더 많은 것은 분명하다. 모멸감은 일반적으로 약자가 강자로부터 부당한 대우에 의해 느끼는 것이라고 보여지지만 강자 역시 자신의 부하로부터 모욕감 혹은 모멸감을 느낀다면 쌍방향으로 보아야 한다.

최근에는 일부 학부모로부터 모멸에 가까운 대우를 받았으며 그 감정을 무엇이라고 불러야 적당한지 호소하는 젊은 교사들을 쉽게 만날 수 있다. 그러나 기본적으로 학교라는 공간에서 아이들의 경우 일상적으로 교사들로부터 무시되고 비하되며 이때 학생들은 수치심을 넘어 모멸감은 느낀다. 과제물을 제대로 완성하거나 제때에 제출하지 못하는 행동, 수업 시간을 방해하는 행동, 교우들과의 다툼 등 다양한 문제행동에 대해 교사로부터 꾸중을 들으며 자신의 잘못을 반성하기보다는 모멸감을 느끼는 경우를 보고하고 있다.

학부모들의 교사에 대한 모멸의 방식은 주로 부富의 과시 혹은 남편과 집안 자랑 등의 형태로 자신의 영향력을 과시하는 방향으로 가장 많이 표현된다. 이러한 과시의 최종적인 목적은 자신의 자녀에 대한 더 많은 관심과 배려이지만 그 방법이 겸손하지 못할 때 눈살을 찌푸리게 된다. 오히려 역효과가 기대 당한다.

영화 친구(곽경택 감독, 2001년, 주연: 유오성, 장동건)에서 교사인 김광규가 준석(유오성 분)과 동수(장동건 분)에게 "느그 아부지 뭐하시노?" 하고 물으며 빰을 때릴 때 조직폭력배 혹은 장의사라고 대답하는 학생의 마음속에는 어떠한 감정이 가득 차게 되는가? 모멸감을 가장 극명하게 보여주는 장면이다.

교사로 살면서 내 교과의 가르침이 부족하였던 것은 그리 큰 죄는 아닐 것이지만 나로 인해 모멸감을 느꼈다는 학생이 한 사람이라도 있다면 이는 큰 잘못이 아닐 수 없다. 유명한 도둑이었던 신○○는 중학교 미술 시간에 준비물을 가지고 오지 않았던 자신에게 선생님이 하신 말씀으로 인해 "그때 악마가 내 마음속으로 들어왔다"라고 회상하였다.

어떤 경우에도 아이들의 인격을 모독해서는 안 된다. 잘못된 행동이 있을 뿐 인격적으로 모욕을 받아도 될 만큼 나쁜 학생은 없다. 교사는 학생들에게 모멸감을 주어서는 안 된다. 마찬가지로 학생과 학부모도 교사에게 모멸감을 주는 말과 행동을 해서는 안 된다. 모멸감의 상처는 깊고 선명해서 오랫동안 광범위하게 영향을 끼칠 수 있다. 매우 유독有毒하고 위험하여 다루기 어려운 감정이다.

모멸감 마주하기

모멸감으로 인해 상처를 받았다는 주장에 근거하여 상처를 준 사람에게 물어보면 대부분 그러한 의도는 없었다고 한다. 그렇게 심하게 자존감이 상했을 것이라고는 짐작하지 못했다고 한다. 더욱이 자신의 말과 행동으로 인해 수치심을 넘어 모욕감, 모멸감을 느낀 줄은 상상도 못했다고 강변한다.

살인 등 중범죄의 원인 중 공통으로 나오는 말이 있다. "그 자식이 나를 무시했어요". 어쩌면 수치심이 폭력을 낳는 가장 중요한 요인이다(제임스 길리건, 2015).

모멸감이 다가왔을 때 모멸감의 강도와 농도를 한 단계 낮추어서 반응하는 것이 필요하다. 모멸감을 확인하는 과정에서 상대방의 의도에 대해 극단적인 생각과 짐작을 희석하는 것이 중요하다. 모멸감은 독소와 같아 약간의 분량으로도 치사량이 될 수 있는 유독한 감정이다. 따라서 상대방의 의사를 다시 한 번 확인하는 절차를 거치지 않으면 돌이킬 수 없는 감정소모와 피해를 초래하게 된다.

모멸감을 느꼈다면 당사자에게 찾아가서 당신의 이러한 말과 행동 때문에 내가 매우 자존심 혹은 수치심, 모멸감마저 느꼈다고 말하는 것이 좋다. 그러나 상대방이 그러한 대화를 할 만한 상황이 아닐 때 이를 글로 쓰거나 혼자서라도 말로 표현하라. 그러면 그 감정이 좀 가라앉는다. 감정이 가라앉으면 위험한 고비는 넘긴 것이다.

질문들

△ 살면서 내가 가장 모멸감은 느낀 순간은 언제였는가?

△ 나에게 모멸감을 준 사람은 누구인가?

△ 그분과의 관계는 어떠한가?

△ 나는 그를 용서하거나 극복하였는가?

MEMO

Ⅱ

봄 | 공감의 문 앞에서

공감의 범위

내가 신神이라면
인간을 다시 창조한다면
공감의 범위를 손 보겠다*

나는 기도 드렸지
제 공감의 범위를
좀 더 넓고 깊게
민감하게 해 주시기를

다큐를 보면서 울고
태풍에 쓰러진 간판만 봐도 눈물 나니
이젠 공감의 괄약근이 필요하여
그냥 원래대로 해 주세요

공감의 범위는
퇴계와 간디처럼
이준석 신부神父처럼
삶으로 보여주었으니

공감의 범위를
선택하는 자유의지
실천과 책임으로
나의 공감의 범위를

매 순간 선택하라

---

* 프란 스 드발(2017), 공감의 시대, 최재천·안재하 옮김, 김영사

Ⅱ 봄 - 공감의 문 앞에서

1 설렘(여섯 번째 주머니)
– 나는 매일 아침 거울을 보며 가슴이 뛰는지 묻는다(스티브 잡스)

학교라는 공간에는 수많은 마음들이 출렁거린다. 아이들과 교사(교직원을 포함하여), 학부모들의 마음의 밑바닥에는 어떤 것이 있을까? 이 마음의 가장 근본적이고 기초적인 감정은 무엇인가? 학교 하면 생각하는 감정의 첫 번째가 설렘이라는 말은 합의된 이론은 아니다. 인간의 기본감정 혹은 매슬로우의 욕구체계와 같이 나름대로 일반화된 이론도 아니다. 다만 30여년을 학교에 교직원으로, 그전 20여년은 학생으로 학교라는 공간에 거의 평생을(군대 생활 등의 짧은 여백 공간 외에는) 머무르면서 내가 가진 가장 큰 근본적인 마음은 무엇이었을까? 생각해 본다.

봄은 설레임의 계절이다. 모든 생명이 움트고 약동하는 시간이다. 설레임을 사전에서 찾으면 동사인 설레다를 만날 수 있다. 설레다의 뜻은 "마음이 가라앉지 아니하고 들떠서 두근거리다"[1]이다. 연결된 말로서 설렘은 「명사」 마음이 가

1) 국립국어원표준어대사전, https://stdict.korean.go.kr/search/searchResult.do?pageSize=10&searchKeyword=%EC%84%A4%EB%A0%88%EB%8B%A4, 검색

라앉지 아니하고 들떠서 두근거림 또는 그런 느낌이다. 설레-임은 '설렘'의 비규범적 표기이다. 마음이 가라앉지 않고 들떠서 두근거리는 느낌은 대부분 좋은 느낌으로 다가온다. 무언가 긍정적이고 밝은 일에 대한 기다림이라는 느낌이다.

설렘의 영어식 표현은 anticipation에 가깝다. 기대하고 희망을 품은 것으로 간절하게 바라는 상태로 갈망하여 기다리는 것을 말한다. 갈망에 비해서는 조금 가벼운 느낌이다. 설렘은 손으로 얼굴을 감싸고 손가락 틈새로 엿보는 그림처럼 파스텔톤 엽서로 다가온다. 땀에 젖은 손바닥이며 다리를 반복해서 꼬았다 풀었다 하는 모습이다. 다른 것을 생각할 마음의 여유가 없으며 붕 떠 있는 느낌과 무슨 일이 일어날지 상상하는 것이다. 설렘이 지나치면 실망감이나 과도한 흥분이 될 수 있다(Angela Ackerman · Becca Puglisi, 2016).

학교라는 말을 들으면 당신은 무슨 감정이 떠오르는가? 학교에 대해 밝고 긍정적인 추억 혹은 분위기를 묘사하는 한국 사람은 드물다. 김누리 교수(2020)는 근대 100년의 교육을 되돌아보면서 일제 식민시대 30년은 황국신민교육, 군사정부와 그 연장선에 서 있는 40년은 산업전사 · 반공전사를 기르기 위한 교육, 문민정부 이후의 30년은 인적자원양성을 위한 교육 즉 총체적으로 반교육反教育이었다고 회상한다. 그 과정에 언제 한번 우리 학생들이 학교에 오는 것이 행복하고 즐거웠던 적이 있었던가? 최근 혁신학교 바람이 불면서 일부 학교에서 학교에 오는 것이 즐겁고 행복하다는 말도 들린다. 그러나 여전히 한국사회에서 학교와 청소년들은 우울하고 무기력하고 죽음의 그림자마저 드리워져 있음이 통계적으로 증명된다.

그럼에도 불구하고 모든 사람들이 경험하는 첫 번째 학교 혹은 공교육으로서의 학교를 맞이하는 감정은 무엇인가? 맞벌이 부부 혹은 영 · 유아기의 부모가 자녀를 보육시설에 보내고 직장으로 향할 때 자녀의 감정과 그 부모의 감정의 실체는 무엇인가? 아이의 자지러지는 울음 속에는 버림받는 것에 대한 공포가

2020. 6. 12.

있고, 아이를 심리적으로 분리하기 어려운 부모의 애끓는 마음에는 삶에 대한 고단함과 치열함, 생존에 대한 연민이 엉켜있을 것이다.

그러나 필자에게는 이 모든 감정들을 총체적으로 모아 학교에 대한 각 주체들의 감정을 통칭하면 그 첫 번째 마음은 설렘이다. 어린이집과 유치원이 아닌 적어도 공교육 기관인 초등학교의 정문을 들어서는 아이와 부모의 마음에는 설렘이 있다. 교사 역시 어떤 아이들을 만날 것인가에 대한 설렘이 있다. 설렘의 마음을 로또라는 시로 표현해 보았다.

로 또

우리 선생님은 어떤 분일까?
무서운 분이면 어쩌지?
친절한 분이면 좋을 텐데……
남자일까? 여자일까?
젊은 분일까? 아니면…
수업 시간이 재미없으면 어쩌지?

설레이는 맘 가득
궁금해서 잠이 안 온다.
내일이면 선생님 만날 수 있네

하느님, 부처님, 조상님
로또처럼
좋은 선생님 만나게 해 주세요

명수는 어떤 아이일까?

수미는 어떤 학생일까?
너의 이름 부르며 기도 드린다

너와 함께 살아 낼 이 한 해가
너의 삶 속에
어떤 음악으로 그림으로 조각으로 빚어질까?

설레는 맘 가득
기도하며 잠을 못 이룬다
우리 서로에게 로또가 되기를

설레임의 동전으로
조급함과 편견을 긁어내고
함께 행복한 시간
가꾸어 가자

2020. 6. 7. 등교개학 하루 전

대학교수는 두 종류가 있는데 '조금 이상한 교수와 많이 이상한 교수'라 한다. 하지만 인품과 학문을 함께 지닌 많은 교수님들도 목격하였다. 이것을 과학적인 용어로는 "보기 드문 현상"이라고 한다. 학교에도 두 종류의 교사가 있다. '좋은 선생님과 좋아져야 할 선생님' 두 종류이다. 좋은 선생님의 정의는 무엇인가? 예전에는 "때려서라도 가르쳐 주세요" 하였다지만 요즘에는 큰일 날 일이다. 퇴직금도 못 받고 퇴출될 수도 있다. 문제는 좋은 선생님을 만날 확률이다. 당신의 경험은 어떠한가? 지금까지 학교라는 공간에서 만난 선생님들 중 누가 가장 기억에 남는가? 그 이유는 무엇인가? 자녀를 학교에 보낸 경험이 있다면 가장 고맙고 또 만나고 싶은 교사는 누구인가? 교사의 덕목 중에 어떤 요소가 훌륭한 교사를 만드는가?

학교의 마음 첫 문을 열면 설렘이 있다. 미팅에서 잘 생기고 예쁜 이성을 만날 확률이 적은 것은 크게 문제가 아니다. 다음 미팅이 멀지 않기 때문이다. 하지만 선생님을 잘못 만나면 이사를 가지 않는 한 1년이 고통이다. 다행스러운 일은 독일이나 유럽처럼 몇 년씩 같은 담임이 아니라 매년 로또를 긁을 기회가 있다는 점이다.

필자가 초임 학교에서 11월 발령을 받고 다음 해 학년을 결정할 때의 일이다. 당시 우리 학교 대외 시상의 반을 가져오는 한 아이의 학부모가 전학을 가지 않기 위한 조건으로 "아이 담임이 이동갑 선생님이 될 수 있다면 시내로 전학을 보내지 않겠습니다"라고 낙점하였다. 학년도 담임도 선택 당했다. 물론 그 아이뿐만 아니라 모든 아이들과 가장 행복한 한 해를 보냈다. 돌이켜보면 11월에 발령받는 서른 셋 늦깎이 교사와 겨우 두어 달 지낸 경험을 바탕으로 그 학부모는 왜 자식을 맡기고 싶었을까? 학부모의 기대에는 어떤 마음이 있었을까?

교사의 입장에서도 새로운 학년과 학급을 선택하는 일은 큰 농사이다. 모든 학교 혹은 학년에는 이른바 "지옥에서 온 아이"가 있기 때문이다. 모든 교사들이 다 피하고 싶은 "폭탄"이 있다. 여러 명의 폭탄이 몰리는 교실은 지뢰밭이 된다. 작은 학교에서 폭탄이 여러 명이 있는 학급 혹은 학년은 기피 학년이 된다. 아주 강력한 폭탄이라면 그 아이 한 사람 때문에 학교는 큰 어려움을 맞이하게 된다. 심지어 전근을 가는 원인이 되기도 한다. 담임이 학기 중에 몇 번을 바뀌거나 병가와 휴직까지 선택하도록 하는 괴물 학부모가 있다면 교사들은 눈치 전쟁을 하게 된다.

드물게 그 학년 그 학급 그 아이를 제가 한 번 맡아서 지도해 보겠다고 자원하는 교사가 있다. 무엇이 그것을 가능하게 할까? 그해 교사는 어떤 마음이 들까? 자신의 학급에 이른바 폭탄이 있을 때 혹은 지옥에서 온 아이와 마주보며 하루 종일 지낼 때 교사는 성공적으로 자신의 표정과 속마음을 숨길 수 있을까? 그것은 최종적으로 불가능하다. 며칠 동안은 가능할 수 있다. 내공에 따라 몇 주도 가능하다. 하지만 어떤 교사도 가면을 쓰고 한 학기를 버티기는 어렵다. 폭탄의 뇌관을 사랑으로 제거하기 전에는.

학교에는 학생들의 기대보다 더 큰 학부모의 기대라는 대기권이 존재한다. 이것은 오존층과 같다. 가끔씩 뚫려 있다. 그 구멍이 너무 크지 않으면 좋겠지만 때로 맨살에 노출되면 피부암을 불러올 만큼 강력하다. 학부모의 설렘은 교문 위에 담벼락에 걸쳐 있고 학교 홈페이지와 가정통신문에 묻어 있다. 혹시라도 정보를 더 얻고 싶을 때 교사들의 SNS 계정을 기웃거리기도 한다. 드물게 서운함의 발길질도 마다하지 않는다. 이때는 전혀 다른 사람이 된다.

학부모의 설렘은 자녀의 설렘과 결이 다르다. 주로 지적 영역, 즉 공부에 초점을 맞추고 집에서는 지도하지 못하는 악역(bad cop)을 해 주기를 바란다. 선생님이 너무 착한 분이어서 자녀가 숙제를 하지 않는 것을 두려워하지 않을까 안달한다. 공부는 학원에서 시킬 터이니 학교에서는 생활지도를 요구하기도 한다.

설렘은 에너지이다. 교직의 장점 중의 하나는 내년이면 새로운 학생들과 새로운 교실에서 이미지 세탁을 하고 좋은 교사가 될 수 있는 가능성의 문이 열려 있다는 점이다. 물론 작은 학교에서 평판이 따라다니기도 하지만 새로운 마음으로 학급을 운영하고 행복한 한 해를 보내는 것은 해마다 다시 태어나는 것과 같은 축복이다.

그러할 때 교사의 마음에 설렘이 있어야 한다. 필자는 삶을 돌아보며 한 단어만 남길 수 있다고 한다면 설렘을 선택하고 싶다. 모든 문자 메시지와 메일 첫머리에 쓰는 심지어는 묘비명으로 쓰고 싶어 하던 평화라는 단어보다도 설렘이 먼저이다. 필자는 인생 자체를 설렘으로 대한다. 때로는 경이로움에 이르기까지 설렘의 깊이는 다양하다. 설렘은 기대가 되고 기대는 기다림과 흥분과 희망으로 부풀려진다. 기대는 수많은 상상으로 나래를 펴고 집을 짓는다. 사실상 설렘은 강도의 문제라기보다는 빈도의 문제에 가깝다. 얼마나 자주 설레는가?

필자의 경우 아침 일찍 (보통 새벽 3시, 늦으면 4시경) 일어나면 설렘이 가득해진다. 오늘 하루가 주어진 것에 대한 설렘이다. 오늘 복음은 어떤 장면을 만날까? 오늘 아침에 읽을 책들에는 어떤 깨우침이 있을까? 베란다 앞에 앉아 명상을 할 때 들릴 벌레 소리와 새벽 새소리는 어떤 음악으로 화음을 이룰까?

깨어나서 맨 먼저 뱉은 나의 몸짓과 언어인 "성부와 성자와 성령의 이름으로 아멘" 아내에게 건네는 첫 말 "찬미 예수"는 얼마나 하루를 찬란하게 열어주는 열쇠인가?

첫 번째 마시는 물은 뜨거운 물 120cc와 냉수 120cc를 부어 만든 음양탕이다. 이 물이 내 몸에 어떤 영향을 미칠까? 아침 독서와 글쓰기를 마치고 샤워를 할 때면 오늘 하루가 충만하게 주어지는 것에 대한 경이로움과 다가올 하루에 대한 설렘이 가득해진다.

설렘 알아차리기

학교는 설렘이 넘치는 공간이다. 만남이 있고 배움이 있고 친구가 있기 때문이다. 아이들에게 학교는 가슴 뛰는 설렘 못지않게 두려움에 물들어 있기도 하다. 소풍날 운동회 날 학예회 날을 얼마나 설레며 기다리는가? 만국기 펄럭이는 운동회의 추억은 어린 시절의 행복한 기억의 정점으로 기억되어야 하지만 미세먼지로 인해 운동회는 축소되고 연기된다. 모든 즐거움은 이벤트 대행회사를 통해 하청되고 위탁된다. 과정이 사라진 즐거움의 열매에는 준비와 기대의 설렘이 온전히 작동하지 못한다.

그럼에도 불구하고 설렘은 학교 가는 즐거움이다. 친구들과 만나는 기대이다. 오늘을 어떤 놀이를 하고 어떤 재미있는 일이 벌어질까? 호기심 천국이다. 아이들의 설레는 눈동자 속에서 교사가 자신의 모습을 찾아 눈부처[2]가 되어야 한다. 교사 자신이 교과 속에서 새로운 내용을 가르치는 설렘이 쏟아나야 한다. 샘처럼 콸콸 쏟아지지는 못해도 마르지 않는 산속 옹달샘처럼 조그만 퐁퐁 소리 내며 끊임없이 방울 거려야 한다. 가르치는 일에 대한 호기심을 교사가 놓은 순간 아이들에게도 배움에 대한 호기심이 사라진다. 설렘도 함께 사라진다. 특히 배

2) 눈-부처「명사」눈동자에 비치어 나타난 사람의 형상. 국립국어원표준국어대사전

우는 아이들에 대한 호기심과 설렘이 살아 있어야 한다. 아이들 한 사람, 한 사람이 각각의 개성 있는 우주로 행성으로 다가와 저마다 자신의 궤도를 돌며 교사 주변에서 은하계를 만들어야 한다. 각각의 행성은 그 궤도와 구성 성분 즉 특성이 다르다. 서로 다른 행성들이 모여 태양계와 은하계를 이루듯이 아이들과 적절한 거리를 유지하되 한 생태계 안에 존재해야 한다.

무엇보다 교사는 자신에 대해 호기심과 설렘이 있어야 한다. 필자는 날마다 새로운 하루를 시작하는 것이 경이롭기만 하다. 어제보다 더 나은 내가 될 수 있는 가능성이 오늘 새벽 새로운 하루에 주어지는 것이 신기하고 놀랍기만 하다. 자신에 대한 기대와 설렘이 모든 설렘의 출발점이다. 하루 동안 매 순간 깨어 있기를. 자신을 발견하고 알아차리고 성장하려는 시도 속에서 충만하고 성숙한 하루를 채워가기를 열망해야 한다.

설렘 마주하기

우리는 언제 설렘과 마주하는가? 나는 매일 아침 일어나는 그 순간 설렌다. 몸의 알람과 시계 소리의 알람 사이의 간격에서 설렌다. 핸드폰 알람음이 울리기 직전에 나를 깨우는 몸의 알람에서 놀라운 경이로움을 느낀다. 침대 위에서 스트레칭을 하며 내 몸에 특별한 이상이 없이 오늘 하루를 시작할 수 있다는 것에 감사하고 설렌다. 오늘 복음에서는 어떤 말씀이 있을까? 매일 복음을 묵상하며 새로운 깨달음에 설레고 명상을 하며 설렌다. 아침에 쓰는 글과 읽는 책에 설레고 오늘 할 일을 수첩에 적으며 설렌다. 샤워를 하며 면도를 하면서 나의 건강함에 감사하고 설렌다. 간단한 과일과 감자 한 알 식사하고 출근을 위해 옷을 입을 때 설렌다.

시동을 켜고 잠시 우리 반 아이들의 이름을 천천히 부르며 기도하면서 설렌다. 아무 사고 없이 제일 먼저 교실에 도착하여 환기하고 아이들을 기다리며 설렌다. 교실을 들어서는 한 사람 한 사람 아이들의 모습을 보며 말을 건넨다. 첫째 시간 시작하기 전 아이들과 하는 10분간의 명상은 감미롭고 평화롭고 은혜롭다. 수업 시간 아이들과 나 사이에 출렁거리며 배움이 여울지는 모습에 놀라고 이를 견디기 어려워하고 지루해하는 너의 태도에 바른 자세를 요구하는 내 모습에 화들짝 놀란다. 화장실에 가는 것도 잊어버린 하루가 지나면 텅 빈 교실에서 나를 발견하고 놀란다.

순간순간 일어나는 몸과 과제의 불편함들 사이로 지루한 수업이 베틀처럼 끊임없이 지나가고 너의 배움은 얼마나 자랐는지 모르지만 너는 바삐 학원으로 향한다. 일주일에 이틀 월요일과 화요일에 바삐 나와 잠깐 만나고 돌아가면 너의 담임은 수행평가 채점과 결과 입력, 방학 중 부진아 지도 계획 수립으로 뛰어든다. 금방 돌아보면 벌써 퇴근 시간이 되었구나.

저녁 식사하고 잠깐 쉬다 보면 벌써 아홉 시 잠자리에 들 시간이다. 시간이 그렇게 아까울 수가 없다. 매 순간 매 시간이 소중하고 무겁기만 하다. 읽어야 할 책은 많고 써야 할 책도 많은데 하루가 짧기만 하다. 주말에는 밀린 작업을 해야지. 언제 내 몸은 휴식을 누릴까? 내 몸에게 미안한 시간이다. 내 몸이 설레는 휴식을 주어야 한다.

질문들

△ 살면서 가장 설레인 순간은 언제였는가?

△ 나에게 설렘을 준 사람은 누구였는가?

△ 설레게 하던 그 순간으로 돌아간다면?

△ 살면서 나는 누군가에게 설렘을 준 적이 있었는가?

2 슬픔(일곱 번째 주머니)

– 슬픔이라는 새가 당신 머리 위에서 날지 못하게 할 수는 없지만, 당신의 머리에 둥지를 틀지 못하게는 할 수 있다(중국 속담)

모든 슬픔은 치료약이다. 슬픔은 인간을 정화淨化한다. 슬픔에는 작은 슬픔과 큰 슬픔, 중간 슬픔이 있다. 마치 붉은색이 새빨간 색과 검붉은 색, 불그스레한 붉음과 여린 붉은 색 등 다양한 붉음이 있는 것처럼 슬픔도 다양하다. 깊은 슬픔, 진한 슬픔, 아픈 슬픔, 가슴이 타들어 가는 슬픔, 목이 메이는 슬픔, 숨이 막히는 슬픔, 끊이지 않는 슬픔, 영혼이 타들어 가는 슬픔까지 슬픔은 다양하기만 하다.

어떤 슬픔은 너무 강력하여 어떠한 것으로도 대처하거나 치료될 수 없는 슬픔처럼 보이고 어떠한 슬픔은 기쁨과 함께 오기도 한다. 짧은 슬픔, 긴 슬픔, 스쳐가는 슬픔, 흔적을 남기는 슬픔, 상처 자국을 남기는 슬픔, 추억을 남기는 슬픔, 때만 되면 찾아오는 슬픔, 계절과 함께 찾아오는 슬픔, 공간과 함께 시간과 함께 슬픔의 짝꿍과 연인들은 다양하게 무리 지어 찾아온다.

모든 슬픔은 무뎌지고 잊히고 옅어진다. 슬픔은 망각되고 시간이 지남에 따라 흐려지기에 대부분의 슬픔에는 '시간이 약이다'라는 말이 통용된다. 하지만 어떤 슬픔은 시간이 지날수록 더욱 사무치고 억울하고 고통스럽고 깊이 파고든다. 이번 생애를 넘어 다음 생애에 까지 미칠 것 같은 한恨이 되고 응어리져 화석이 되고 망부석이 되어버린 슬픔도 있다. 어떤 슬픔은 주변이 평온하거나 행복하면 그 평화로움이 불씨가 되어 더욱 복받친다. 세상의 모든 슬픔들이 저마다의 사연을 꺼내 놓으며 경연을 하듯이 펼쳐지지만, 그 어떤 슬픔도 나의 슬픔만할 수 없고 나의 슬픔을 대신할 수 없다. 그 어떤 기쁨도 행복도 나의 슬픔을 지우지도 위로하지도 못한다. 슬픔은 그렇게 철저하게 개인의 것이다. 모든 슬픔은 개인적이며 은밀하고 사사로운 것이다. 이때 슬픔은 내 온몸과 마음, 영혼의 밑바닥까지 훑으며 관통한다.

물론 공적인 슬픔, 공동체 모두의 슬픔도 있다. 나라를 잃은 슬픔이나 사회적 재앙 혹은 전염병이나 전쟁 등의 사건들은 공동체가 함께 슬픔을 공유하고 기억한다. 우리는 전직 대통령과 의원의 안타까운 죽음에 대해 추억하고 기억하며 슬픔의 강을 함께 건너기도 하였다. 기쁨은 짧고 슬픔은 길게 마련이다. 월드컵 4강의 기억은 짧고 선명하지만 세월호의 기억은 오랫동안 시대를 관통하며 세대를 넘나들면서 영혼의 깊은 단전을 울리며 메아리친다.

작은 슬픔과 작은 슬픔들이 모여도 중간 슬픔이 되지 않고 여러 중간 슬픔이 모여도 큰 슬픔은 되지 못한다. 모든 슬픔은 융합할 수 없는 고유의 원소기호를 가지고 융해되지도 통섭되지도 않은 채 모였다가 흩어지고 흩여졌다가 다시 모인다. 때로는 슬픔은 무리지어 다니며 무리에서 떨어져 살그머니 도둑고양이처럼 혼자서 다가온다. 슬픔은 유령이 되고 안개가 되어 일상을 지배하고 스며들고 흔들고 마취시킨다.

세상의 모든 슬픔의 이유는 다 저마다의 모습과 빛깔로 다가온다. 어떤 슬픔도 중복되거나 유전자가 일치하는 슬픔은 없다. 같은 슬픔은 지구상에 누구를 대상으로도 반복되지 않는다. 같은 사람이 겪는 같은 모양의 슬픔이 비록 닮은 것처럼 보일지라도 시간의 간섭은 다른 슬픔의 유전자 지도를 만든다.

슬픔은 「명사」로서 슬픈 마음이나 느낌이다. 슬픔은 일상생활 속에서 자주 만나는 감정이다. 슬픔의 형용사형인 슬프다는 “원통한 일을 겪거나 불쌍한 일을 보고 마음이 아프고 괴롭다”라는 뜻이다. 우리는 다양한 이유로 슬픔을 느낀다. 슬픔의 스펙트럼은 매우 넓고 깊다. 특히 가슴형들에게는 근원적인 감정이 슬픔이다. 흔히 슬픔의 결과가 눈물이라고 알고 있지만 기뻐서 흘리는 눈물도 있으니 눈물을 흘리는 상황을 보고 슬픔의 결과라고만 할 수는 없다. 기본적으로 슬픔은 마음이 아프고 괴로움으로 인해 느끼는 감정이다.

슬 픔

퇴계 선생님
생후 7개월 부친을 여의고

장가간 지 3년 만에
부인을 잃고
그 소생인 갓 장가가 간
둘째 아들을 먼저 보내고

마흔 중반에
둘째 부인마저 앞세우고
가장 가까운 형님
사화史禍로 잃었으며

가난과 시기 속에
일흔 삶을 살아내며

한 평생 슬픔이
당신의 스승인 것을

슬픔 알아차리기

학교에서 학생들은 언제 어떤 상황에서 슬픔을 느끼는가? 교사들의 슬픔은 어디에서 오는가? Angela Ackerman · Becca Puglisi(2016)는 슬픔을 "고민이나 불행한 일 등에서 비롯된 감정상태"라고 정의하였다. 슬픈 감정에 접할 때 얼굴의 모습은 눈이 붉어지고 표정이 어두워지며 멍한 상태가 된다. 손으로 얼굴을 가리거나 팔은 양옆으로 축 늘어지며 양팔 사이에 고개를 파묻는다. 목소리는 울먹이거나 생기가 없고 단조로워진다. 자세가 굳어지고 힘없어 보이며 몸을 축 늘어뜨린다. 생체반응으로는 가슴이 아파서 견디지 못할 정도이며 눈자위 부뜰근이 뜨겁게 부풀어 오른다. 에너지가 소진되고 시야가 흐려진다. 심리적 반응은 혼자 있고 싶고 대답하거나 질문하기가 어려워진다. 이런 상태가 장기간 지속되면 자신도 모르는 사이에 눈물이 자꾸만 흘러내리고 식욕이 저하되며 호흡이 가빠지고 절망과 체념, 낙담에 이르기도 한다. 이 슬픔이 적절한 상황에서 멈추지 못하면 우울증이나 깊은 고독감에 빠질 수 있다. 슬픔을 지속적으로 억압하면 심호흡을 하거나 세상에서 멀어지려고 한다.

슬픔이 다가왔을 때 내가 슬픔에게 다가갈 때 슬픔을 알아차리는 것이 필요하다. 슬픔이 노크할 때 문을 제때 열어주고 맞아들이지 않으면 슬픔은 다른 문을 통해 폭력적으로 밀려온다.

학생들은 학교에서 자존감이 상했을 때, 교사에게 꾸중을 듣거나 친구들에게 이해받지 못할 때 슬픔을 느낀다. 슬픔을 느낄 준비가 철저한 학생에게는 모든 상황에서 사건에서 슬픔의 모습을 발견하고 우울해질 준비가 되어 있다. 아이들의 슬픔은 교사에게서 오기보다는 가정에서 묻어오는 경우가 더 많다. 하지만 교사가 그 슬픔을 증폭시키거나 매개 역할을 하지 않는 것이 필요하다.

슬픔 마주하기

학교에서 아이들의 슬픔은 쉽게 만날 수 있다. 슬픔을 마주할 때의 자세가 중요하다. 슬픔이라는 감정 자체를 받아들이되 정확하게 어떤 모양의 슬픔인지 이름을 붙여 주어야 한다. 내 슬픔이 억울함에서 오는 슬픔인지 답답함, 혹은 소외, 실망, 무서움, 두려움 등 어떤 모양의 슬픔인지 정확하게 이름을 찾아서 부르면 슬픔 뒤에 따라붙은 유령이 사라진다.

슬픔을 만났을 때 그 슬픔을 부인하지 말라. 없다고 말하고 생각하며 내 것이 아니라고 소리 질러도 소용이 없다. 이미 찾아온 슬픔은 그것이 정확하게 어떤 형태의 슬픔인지, 어느 정도의 강도와 빈도에 따른 슬픔인지 알아야 한다. 이 과정에서 깊은 슬픔, 옹이가 된 슬픔, 아직 딱지도 아물지 않은 슬픔들을 마주하고 제대로 된 진단과 치료를 제공해야 한다.

슬픔을 마주하는 일을 두려워하지 마라. 모든 슬픔에는 적절한 강도와 빈도, 분량의 처방이 존재한다. 자신의 슬픔이 어디에서 발생하였는지 그 씨앗의 이름을 알고 뿌려진 장소를 알면 쉽게 풀어지고 놓인다. 그 슬픔과 대화하면 대부분의 문제가 해결된다. 본래 문제가 없었거나 잘못 이해한 것이 대부분이다. 슬픔의 실체를 정확히 알고 측량하였다면 그만큼의 에너지를 배치하여 슬픔을 만나야 한다. 슬픔은 슬픔으로만 치유된다. 슬픔을 대처하는 기쁨과 위로는 없다. 그 슬픔에 그 처방이 있다.

질문들

△ 살면서 가장 슬펐던 순간은 언제였는가?

△ 무엇 때문에 슬펐으며 나에게 슬픔을 준 사람은 누구였는가?

△ 가장 슬펐던 그 순간으로 돌아간다면 바꾸고 싶은 것은 무엇인가?

△ 살면서 나는 누군가에게 슬픔을 준 적이 있었는가?

3 두려움(여덟 번째 주머니)

– 악에 두려움을 양보하면, 두려운 데에서 먼저 악을 보게 된다 (보마르셰, 세비야의 이발사)

두려움은 원시의 감정이다. 모든 인간에게 두려움만큼 본능적이며 오래된 감정은 없을 것이다. 두려움은 살아남기 위한 생존의 본능이다. 두려움을 느껴야 위험에서 벗어날 수 있다. 진화심리학에 따르면 사람은 많든 적든 어느 정도의 고소 공포증을 가지고 태어나는데 높은 곳에서의 생활은 그 공포를 오히려 극복하는 역할을 한다는 것이다. 고소공포는 인간이 나무 위에서 살던 시대에 진화한 것이라고 여겨진다. 폐쇄공포와 광장공포처럼 모순된 공포도 있다. 폐쇄공포는 좁은 곳에서 습격을 당했을 때 도망가기 힘든 상황에서 유래된 공포이다. 광장공포는 반대로 넓은 곳에서 공격을 받으면 숨을 곳이 없다는 공포에 대한 감정이 몸에 배인 것이다(이사카와 마사토, 2016)

두려움은 「명사」로서 두려운 느낌이다. 두렵다는 「형용사」는 “어떤 대상을 무서워하여 마음이 불안한 것”을 말한다. 영어로는 dread, fear이다. 앞으로 직면할 일을 매우 걱정하면서 피하고 싶은 강렬한 욕구이다. 두려움을 느낄 때 우리의 몸은 움츠러들고 손을 떨거나 목소리는 기어들어 간다. 땀을 흘리거나 몸을 자주 움찔하며 식은땀이 난다. 마음은 숨고 싶어지며 시간이 빨리 지나가기를 바라고 오로지 이 상황에서 탈출하고 싶다는 생각이 가득 차게 된다. 이 상태가 계속되면 어떤 조그만 소리를 들어도 기겁하고 공격당하지 않을까 하는 걱정이 앞선다. 이 상태를 억압하면 잠자코 침묵을 지키거나 공포가 꼬리를 물고 퍼져나가는 것을 막기 위해 딴생각에 몰두하게 된다(Angela Ackerman·Becca Puglisi, 2016).

젊은 시절 꿈을 꾸다가 가위를 눌리거나 화들짝 놀라 깨어나는 경우는 대개 내가 입고 있던 옷이 없어지고 밖에서는 군중이 몰려드는 꿈이었다. 때로는 화장실에서 변을 온몸에 뒤집어쓰고 깨어나는 꿈이다. 이 꿈에 대한 해석은 오랫동안 수수께끼였다. 나중에 스스로 해석하기를 나는 내가 실력이 없는 것이 백일하에 드러나게 될까 조마조마하였던 것이다. 실력보다 더 많이 인정받고 존중받는 것은 아닌가? 마침내 내가 실력이 없고 그렇게 도덕적인 사람이 아닌 것이 드러나게 될 것을 두려워했다. 교사로 살면서도 내 학생들이 내가 실력 없는 교사라는 사실을 알아차릴까 봐 조마조마했다. 이제는 그러한 형태의 꿈을 거의 꾸지 않지만 그렇다고 나의 실력 없음에 대해 자유로워진 것은 아니다.

이를 극복하기 위한 나의 방법은 더 많이 공부하고 다양한 경우의 수를 대비하여 준비하는 것이다. 그런 점에서 온라인 연수를 통해 교사 혹은 학부모들의 예측불가의 질문들에 대해 나름대로 만족스러운 대답을 할 때 보람을 느낀다. 그러나 그 대답이 부족하였을 때 다시 자료를 찾아보고 공부를 하여 보충한다. 가능하면 피드백을 제공하지만 그렇지 않아도 다음 번 연수에서 반영하면 되지 하고 여유를 갖게 되었다.

놀라고 두려워 함

뉴스 속보로 박원순 시장의 실종 소식을 듣고
크게 놀라며 두려움에 사로잡혔다
또, 한 사람의 거인을 잃게 될까봐 두려웠다

아버지를 실종 신고하던
딸의 당혹과 염려와 공포가
이를 지켜보는 어머니의 절망과
실 낱 같은 희망이 엇갈리며
여울치고 천둥처럼 퍼졌다

옷을 입고 나서던
박시장의 마음
외로움과 혼란스러움
살아온 시간과 마주할 시간의 무게를
천칭저울에 올려 놓고
고독한 결단으로 집을 나서는 순간

그 뒷모습과 어깨 위에

눌러 쓴 모자와 운동화 위에
짊어진 민주주의와 역사의 무게보다
실종으로 이끌었던 가시와 비늘은 무엇이었을까?

그의 반대편에
4년 간 고통을 받았다는
비서의 절망과 슬픔
안희정과 오거돈까지

권력의 정점에서
진보의 아이콘으로
개혁의 아이돌로 조명 받으며
차기 대선주자 환호하던 시간 속에서

자신을 다스리는 일에
엄격하지 못한
겸손하지 못한
거인의 어깨 위에
두려움은
죽음보다 더 무겁구나

두려움 알아차리기

학교에서 두려움은 어떤 순간에 다가오는가? 두려움은 정면으로 마주하면 그 실체가 과장되거나 부풀어져 있는 경우가 대부분이다. 삶에서 걱정하던 일이 실제로 일어날 확률은 단 4%이다. 고민의 40%는 실제 일어나지 않는 일, 30%는 이미 일어난 일이 또 일어날까 미리 하는 걱정, 22%는 쓸데없고 사소한 근심 걱정이다. 오직 고민의 4%만이 바꿀 수 없는 일이거나 어쩔 수 없이 직면해야 하는 것이다. 걱정의 4%만 우리가 바꿀 수 있는 일이라고 정신과 의사 조지 월튼(2005)이 Why Worry에서 말한다.

두려움 역시 일어날 가능성이 거의 없거나 과거에 일어난 일 혹은 사소한 일에 대한 걱정이 두려움이 되어 그를 사로잡고 완벽한 포로로 인질로 만든다. 티벳 속담에서 "걱정을 해서 걱정이 없어진다면 걱정이 없겠네"라는 표현이 있다고 한다. 걱정을 많이 할수록 줄어드는 것이 아니라 오히려 더 커지는 것이 아이러니다.

학교에서 두려움은 학생들의 입장에서는 선생님 혹은 친구들로부터 오는 두려움이 있다. 물론 자신이 만든 두려움도 있다. 먼저 선생님께 과제를 해 오지 않았거나 잘못을 하였을 때 망신당하거나 심한 꾸중을 들을 것에 대한 두려움이 있다. 발표를 잘하지 못하거나 책을 읽을 때 큰 소리로 또박또박 틀리지 않고 읽을 수 없는 자신에 대한 교사의 지적과 망신 주기는 현실적인 두려움이 된다. 그러나 이러한 일들은 실제로는 잘 일어나지 않는다. 교사가 그 학생 한 사람만을 타깃으로 공격할 만큼 비교육적인 선택을 하는 것은 확률적으로 드물다. 또한 위험한 선택이기도 하다. 그럼에도 불구하고 그런 일들이 일어나는 것이 문제이기는 하다. 결국 학생 자신의 상상과 두려움이 이러한 상황을 확률적으로 과도하게 염려하는 것일 가능성이 가장 크다. 친구들에게 무시당하거나 망신당하는 것에 대한 두려움 혹은 공격받거나 따돌림 받는 것에 대한 두려움도 실제적이다. 학교폭력에 노출된 학생의 경우 일부 친구들로부터 지속적인 괴롭힘을 당하게 되고 이로 인한 두려움이 클 수 있다. 학교에서 학생들이 경험하는 두려움 중에서 가장 시급하고 심각한 두려움이 학교폭력으로 인한 피해를 염려하는 두려움이다.

교사 역시 자주 두려움을 만난다. 아이들과의 관계 속에서 오는 두려움이 크다. 자신의 무능함이 드러나게 될 것이라는 두려움이 있다. 아이들을 잘 통제하거나 생활지도를 하지 못하는 교사로 낙인될 것이라는 두려움이다. 교실에서 아이들과의 힘겨루기에서 기선이 제압되거나 의도한 통제가 반발과 복수심으로 돌아올 때 이를 적절하게 대처하지 못하는 자신에 대한 두려움이 크다. 동료교사와의 비교에서 오는 두려움도 있다. 옆 반 선생님은 짧은 시간 안에 아이들을 잘 잡고 질서를 유지하고 있는데 왜 나는 우리 반은 잘 되지 않을까? 하는 자괴감이 두려움으로 다가온다. 이로 인해 학생들과 학부모들이 나를 무능한 교사라고 여기지는 않을지 걱정이 된다. 나의 부족함으로 인해 우리 반이 우리 학년 혹은 학교에서 공부를 잘 하지 못하는 반이 되거나 학년말이 되었을 때 부진아가 많아지면 어떡하지?라는 두려움이 있다. 이러한 두려움은 보직교사와 학교행정가(교감, 교장)에게도 해당된다.

두려움 마주하기

두려움을 마주하는 가장 확실한 방법은 정면으로 바라보는 것이다. 물론 두려움을 정면으로 마주하는 것은 쉽지 않다. 하지만 두려움의 실체는 어두운 밤길에서 마주하는 나무에 걸린 비닐이 유령처럼 오해되는 경우가 많다.

두려움의 40%를 차지하는 일어나지 않을 것에 대한 두려움은 준비성이라기보다는 스트레스로 작용한다. 전쟁이 일어날까 걱정하고 내가 먹는 음식에 독이 있을까 걱정한다. 차를 타고 가는데 갑자기 덤프트럭이 덮치거나 싱크홀로 차가 빠지는 일을 걱정한다. 30%를 차지하는 과거에 일어난 일에 되풀이되지 않을까 하는 두려움도 과거의 경험에 비추어 자신의 반응에 따른 실제적 효과에 대해 비교하여 선택하여야 한다. 과거에 일어난 일은 과거와 모든 것의 환경조건이 동일할 경우 일어날 수 있다. 하지만 시간이 흘렀고 주변 환경이 달라졌으며 사람들이 바뀌었다. 특히 자신이 바뀌었다. 골목을 지나가는데 갑자기 어린이가 튀어나올 것을 예상한다면 부딪침은 피할 수 있다. 특히 22%에 해당하는 쓸데없고 소소한 걱정들을 자신을 하루 종일 걱정 더미에 밀어 넣는 것과 같다. 부정적인 생각으로 중무장하여 자신에게 안 좋은 일이 일어날 것이라는 예상을 확인하기 위해 하루 종일 증거를 찾으러 다니는 사람은 비슷한 일만 만나도 자신의 예상이 맞았노라고 자신은 재수가 없고 불행을 몰고 다니는 사람이라고 스스로를 규정하기도 한다. 하지만 이는 세상에서 가장 못난 짓이다.

설령 자신이 염려하던 그 일이 일어난다 하더라도 예전과 다른 자신이 그 일을 마주하고 있다고 생각하면 된다. 예상하던 일이 일어났군. 예전처럼 그렇게 무방비 상태에서 바보처럼 당하지는 않을 거야. 그래. 어려움이여 어서 오너라. 한꺼번에 몰려오너라. 내가 보기 좋게 너희들을 물리치고 요리할 것이다.

질문들

△ 살면서 가장 두려웠던 순간은 언제였는가?

△ 무엇 때문에 두려웠으며 그 이유는 무엇인가?

△ 가장 두려웠던 그 순간으로 돌아간다면 바꾸고 싶은 것은 무엇인가?

△ 살면서 나는 누군가에게 두려움을 안겨 준 적이 있었는가?

4 분노(화)(아홉 번째 주머니)

– 분노의 결과가 그 원인보다 더 심각하다(마르쿠스 아우렐리우스, 명상록)

분노는 「명사」로 분개하여 몹시 성을 냄. 또는 그렇게 내는 성을 뜻한다. 영어 표현은 anger이다. 미국 영화를 보다보면 "anger management" 프로그램에 참여할 것을 판결로 받는 장면을 볼 수 있다. 요사이 주변에서 분노조절이 잘 안 되는 성인 혹은 아동을 만나는 것도 어려운 일이 아니다. 분노는 "심하게 언짢은 상태로 큰 실수나 갑작스러운 실패를 불러온 국면"을 말하는데 진 애크만의 여섯 가지 기본감정과 유교문화권의 희로애락이나 칠정에 속하는 가장 기본적이고 공통적인 감정이다. 즉 기쁨, 슬픔, 공포(두려움), 분노의 네 가지 감정을 가장 기본적인 감정이라고 할 때 분노는 인간의 가장 기본적 감정의 모습이다. 이 분노는 에니어그램의 장형들이 자신의 영역을 침범당했다고 생각할 때 주로 나타내는 반응이기도 하다.

분노의 모습은 낯빛에 긴장이 가득하거나 얼굴에 핏기가 오르며 숨소리가 거세어지는 것이다. 서 있거나 걷는 모습이 경직되고 근육의 경련이 일어나거나 땀을 흘린다. 다른 사람의 말이 귀에 들어오지 않으며 매사에 다급하며 작은 일에 집착하고 합리적이지 않는 행동을 하게 된다. 이런 상태가 지속되면 사소한 일에 쉽게 폭발하고 애꿎은 사람에게 화풀이 한다. 이를 잘 제어하지 못하면 격분에 이르게 되어 크게 실수를 할 수도 있다(Angela Ackerman · Becca Puglisi, 2016).

교직생활을 하는 동안 크게 다투거나 분노를 참지 못해 격분한 경우는 거의 없었지만 첫 학교에서 A 교장과의 만남은 참으로 어려웠다. 그분은 취임 후 며칠 만에 학교 백엽상을 갈아엎고 주차장을 만들더니(물론 교사들과는 일체의 상의도 없었지만) 수업 중인 교사들에게 나무를 뽑아서 옮기기 위해 자주 호출하였다. 필자가 시지정 연구부장을 할 때 발표회를 앞두고 점심 식사를 하러간 교장선생님이 연락이 두절되었다. 기다리다가 참관 교사들과 장학사, 학생들을 계속 기다리게 할 수 없어 시작을 하였다. 노발대발하였다. 학교장이 오지 않았는데 어떻게 시작할 수가 있느냐며 심하게 꾸짖었다. 연락처를 남기고 가지 않은 분이 교장선생님이 아니시냐며 교무실에서 크게 다투었다. 징계를 하겠다는 말에 나도 매우 화가 나서 지금까지 교장선생님께서 학교에 부임하여 한 문제가 될 행동들에 대해 공개적으로 사과하시지 않으면 언론기관과 인권위에 다음 날 11시 정각에 내용증명으로 성명서를 보내겠다고 선언하였다. 공개 사과는 없었다. 하지만 개별적으로 사과하며 이후로는 조심하는 모습을 보였다.

그 후에도 교무실에서 언성을 높이며 다투는 일이 두어 번 있었다. 그분 역시 교장이 되어 타지에 왔는데 교대 출신도 아닌 듣보잡 후배에게 망신을 당한 것이 못내 분하였을 것이다. 그해 교장실 청소 당번이 우리 학년이었다. 나는 학생들에게 9개의 담당 구역을 매주 골고루 순환하여 경험하게 하느라 당번이 계속 바뀌었다. 교장실 청소는 좀 똘똘한 학생으로 고정하여 주기를 부탁하였지만 그럴 수가 없었다. 출근하는 내내 교장선생의 따가운 시선을 의식하며 책잡히지 않으려고 노력하는 것도 쉽지가 않았다. 한 가지 선택을 하면 책임도 따르는

법, 버티고 또 버텼다. 마침내 인사 발령이 나자 교장선생이 나를 새로운 학교로 인사시키기 위해 함께 가겠다는 것이었다. 나와 함께 오전, 오후 두 번을 방문하여 인수인계하였다. 후일담으로 “나쁜 놈”이라고 하더라고 전해 들었다.

카나리아

아이들은 갱도의 카나리아가 아니다.
학교는 방역의 실험실이 아니다.

학교는 방역의 최일선이 아니다
방역의 마지막 마지노선이다.

35분 수업, 5분간 휴식
식사시간 10분, 해병대 훈련이냐?

종일 마스크 끼고 틈나면 발열 체크
친구끼리 모이지 말고 손도 잡지 말고
소리 내어 웃지 마라 침 튄다

얼굴을 마주 보아야 친구 눈동자에 비친
내 모습 눈부처를 볼 수 있거늘

저마다 섬에 고립되니 한려수도 따로 없네
진단평가 수행평가 진도가 바쁘다

아이들은 갱도의 카나리아가 아니다
학교를 숨 쉬게 하라

아이들 웃음소리 마스크에 가려
입김인지 눈물인지 뿌연 너와 나의 교실

2020. 6. 11. 원격수업 첫 날

분노 알아차리기

내가 화가 났구나. 그것도 아주 많이 화가 나서 더 이상 악셀레이터를 밟으면 사고가 날 수도 있다는 것을 알아차리는 일은 매우 중요하다. 학교에서 교사를 분노하게 하는 요소는 차고 넘친다. 숙제를 해 오지 않는 아이, 수업 중 떠들어서 방해하는 아이, 친구를 괴롭히거나 거짓말을 하는 아이, 선생님에게 불손한 태도로 대드는 아이 등 아이들과의 관계 속에서 교사는 화를 낼 일들이 많다. 아이들뿐이랴? 수업 중 갑자기 오전 중으로 제출하라는 의회 요구사항이나 갑작스러운 교감 선생님의 호출, 예의 없는 학부모의 항의 전화나 방문 등 교사의 평정심을 흔들고 혼란에 빠뜨리는 다양한 시도는 차고 넘친다.

이러한 상황을 만났을 때 첫 번째 할 일은 내가 화가 났구나. 화를 내고 있구나를 알아차리는 일이다. 화의 늪 속으로 계속 빠져들면서 제동장치가 없다면 큰 사고가 날 수 있다. 요즘은 어렵게 합격한 교사의 직을 잃어버리는 경우마저 위협받을 수 있다.

그해 우리 교실에 "아, 예"가 있었다. 무슨 말을 하면 어깨를 실룩거리며 "아, 예"를 후렴구처럼 연 타석으로 발사하였다. 금요일 과학 수업 중에 실험관찰을 정리하는데 바로 턱 밑에서 계속하여 그림을 그리고 있는 것이었다. 그림의 내용은 일본 만화 "Death Note"에 나오는 사신死神 중 하나를 너무 정교하게 그리고 있었다. 처음에는 우아하게 "나중에 하세요. 집어 넣으세요" 하고 타일렀지만 "아, 예"만 연발하고 계속 그림을 그렸다. 마침내 "영진이, 너 저기 앞에 있는 책상에 가서 실험관찰 완성하세요" 했더니 "야!" 하고 두 손으로 만세를 부르는 시늉을 했다. 화가 나서 "오늘 점심 식사 시간에 제일 늦게 가도록 하세요"

했더니 다시 한 번 "야!" 하고 만세를 불렀다. 화가 더 커져서 "오늘 뿐만 아니라 다음 한 주간 점심 식사하러 가장 늦게 가세요" 했더니 또 다시 "야!" 하고 만세를 불렀다. 이 쓰리 콤보에 무너졌다. 선생님께 꾸중을 들을 때의 바람직한 자세에 대해 학급 전체 학생들에게 화를 내었다. 거의 5분 동안. 그랬더니 제일 앞에 앉은 정운이가 귀를 막고 있었다. 이유를 물었더니 선생님이 화를 내는 것이 너무 시끄럽고 무서웠다는 답이다. 주말 내내 부끄럽고 민망하고 고통스러웠다. 월요일 아침 정운이를 비롯하여 모든 학생들에게 사과를 하였다. 내가 하지 않은 잘못 때문에 단체로 선생님께 꾸중을 듣는 것의 부당함에 대해 사과하였다. 앞으로도 혹시 내가 하지 않은 잘못에 대해 선생님이 꾸중할 때 혹은 잘못한 분량에 비해 너무 과하게 꾸중할 때 손을 들고 "STOP"이라고 외치면 멈추겠다고 약속하였다. 그 후에는 이런 일들이 더 없었지만 분노는 위험한 불길과 같다. 자칫하면 자신을 태우고 교실을 태우고 잿더미 위에서 후회를 하게 될 수도 있다.

분노 마주하기

분노를 마주하는 첫 번째 태도는 분노한 나를 인정하는 것이다. 지금 내가 화가 났으며 화를 내고 있다는 것을 인정하는 것이다. 이 상태로 계속 화를 낸다면 나 자신뿐만 아니라 다른 사람도 다치게 할 수 있다는 점을 인식하는 일이다. 그리고 멈춤을 해야 한다.

잠시 멈추는 것은 의외로 간단하다. 내가 지금 화가 나서 더 이상 너를 꾸중하기가 힘들다고 말로 인정하는 것이다. 화를 제공한 사람이 학부모이거나 학교 행정가 혹은 부장교사나 동료교사인 경우에도 마찬가지다. 제가 지금 화가 많이 나서 더 이상 대화를 계속한다면 사고가 날 위험이 있으니 잠깐 멈추고 냉각기를 가지자고 선언하여야 한다.

잠깐 멈추어서 자신에게 말을 걸고 돌아보아야 한다. 내가 지금 이렇게 화를 낼 필요가 있는가? 내가 이 감정 즉 분노를 지속적으로 표현하고 그 표현을 완성하였을 경우 내가 얻을 수 있는 것과 잃을 수 있는 것에 대해 비교해 보고 선택을 하여야 한다.

아이들의 경우 자신이 너무나 화가 나 있다는 표현으로 벽에 머리를 찧거나 손목을 긋는 자해 행동을 하기도 한다. 이 경우 감정표현이 솔직하다거나 진실하다고 하지 않는다. 미숙하고 어리석은 행동일 뿐이다. 나는 지금 성숙하고 지혜로운 대처와 미숙하고 어리석은 대처 사이에 서 있다. 어떤 선택을 할 것인지? 나에게 물어보는 것이다.

프로이트는 억압된 분노가 압력솥의 증기처럼 축적되면 히스테리가 되거나 건드리면 폭발하는 공격성으로 발전한다고 생각하였습니다. 간디는 "혹독한 체험을 통해서 분노를 모아 두는 한 가지 숭고한 교훈을 터득했다고 고백합니다. 즉 마치 보존된 열이 에너지를 내놓듯이 우리의 분노가 다스려지기만 한다면 세계를 움직일 힘을 쏟아낼 수 있는 에너지"라고 본 것입니다(최현석, 2011).

질문들

△ 살면서 가장 분노했던 순간은 언제였는가?

△ 무엇 때문에 분노하였으며 나를 분노하게 한 사람은 누구였는가?

△ 가장 분노했던 그 순간으로 돌아간다면 바꾸고 싶은 것은 무엇인가?

△ 살면서 나는 누군가에게 분노할 만한 일을 한 적이 있었는가?

5 원망스러움(열 번째 주머니)
– 여든에 죽어도 구들 동티에 죽었다지(속담)

원망은 「명사」로 "못마땅하게 여기어 탓하거나 불평을 품고 미워하는 마음"이다. 원망은 1차적인 감정이라기보다는 기대 혹은 욕망이 이루어지지 못했을 때 핑계거리를 찾아 책임을 지우려는 일종의 방어기제에 가깝다. 원망은 명사로서 보다 「동사」로 작용할 때 "못마땅하게 여기어 탓하거나 불평을 품고 미워하다"가 되어 보다 선명한 모습으로 나타난다. 결국 원망의 전제 조건은 '불평하는 마음' 곧 '못마땅하게 여기는 마음'이 선행된다. '못마땅하다'는 '마음에 들지 않아서 좋지 않다'는 뜻이다. 즉, 자신의 마음속에서 어떤 일이나 사람을 평가하는 일이 선행되어 그 결과 마음에 들지 않는 것이다.

필자가 장학관직을 벗고 평교사로 돌아온다고 하니 혹시 무슨 잘못을 하여 징계를 받았거나 팽烹당한 것이 아니냐?는 걱정스러운 눈초리와 질문을 받게 되었다. 나는 지금껏 살아오면서 누구를 원망해본 적이 없다. 한 번도 없는 것은 아니지만 원망하는 마음을 지속적으로 가지고 있지는 않다는 것이 더 정직한 고백일 것이다.

가난한 부모님을 만난 것도 내가 선택한 일이 아니기에 가난을 원망하거나 가난을 물려준 부모님을 원망할 일이 아니다. 더욱이 나를 교육감의 측근이라고 하는 이들은 완전히 오해한 것이다. 나는 자봉(자원봉사자)이었을 뿐 한 번도 측근이었던 적이 없다. 측근이란 본래 불러서 의견을 묻고 대화를 하며 소통을 하는 사이가 아닌가? 그런 점에서 나는 측근은커녕 수많은 자원봉사자의 한 사람이었을 뿐이다. 사정이 이러한데 내가 원망할 것이 무엇이 있겠는가? 시민단체에서 활동을 한 것은 나의 호기심과 사명감일 뿐 특정인을 위한 행동이 아니었다. 그 행동이 교육에 도움이 되었다면 결과적으로 그리된 것일 뿐 내가 한 선택에 대해 대가를 바라거나 곁불을 쬐고 싶은 마음은 전혀 없다.

공부를 하는 과정도 그러하였다. 석사과정의 지도교수님은 내게 박사과정에 진학하라고 세 번을 권고하였고 세 번을 불합격시켰다. 한때는 원망하는 마음이 컸지만 우리의 인연이 거기까지이며 나는 그 과정을 통해 성장하였으니 불편한 마음을 가질 일은 아니다. 그분 역시 그러한 선택을 하신 것에는 나름대로 합당한 이유가 있었을 것이다. 내가 그 기대에 못 미친 것일 뿐이다.

원 망

박사과정 진학하라
시험 치라 이르시고

세 번이나
저를 떨어뜨리셨을 때
한 번도 원망하진 않았지요.
우리의 인연이 거기까지인 것을

같은 하늘 아래
숨 쉬기가 어려워
피해 다니며
외국에서 살기까지 했지만

그때 박사가 되고
교수가 되었다면

저는 선생님의
정신적 노예가 되었겠지요

미쳐 준비되지 못한
저를 불합격시켜 주신 것

감사드리며
원망 대신 평화를 빕니다

원망 알아차리기

상처받음은 '상처받다'라는 동사에 근거한 명사가 된다. 원망하는 마음을 가지고 있으면 하루하루가 지옥이 따로 없다. 학창 시절 나보다 공부를 못하고 잘 나가지도 못하던 찌질한 동창생이 어느 날 좋은 차와 직업으로 동창회에 나타나면 그날은 잠을 못 이루기도 한다. 이런 마음은 질투심이다. 나는 왜 그 동창생처럼 기회를 잡지 못했는지? 그때 그 주변에 있었던 사람들을 원망하면서 자신의 신세를 한탄하는 것은 가장 못난 일이다.

돌이켜보면 직장 생활 초기 나에게 보증을 서게 하고 대신 갚도록 한두 사람이 있었다. 그중에 한 사람은 대학 새내기 시절 가장 가까운 친구였다. 그것도 신학대학에서 만난 목사 아들 친구였다. 친구를 잃은 것이 못내 안타깝고 속이 아프다. 돈 때문에 그 친구를 원망해 본 적은 없다. 그의 부인과 가족, 부모님은 얼마나 마음이 아팠을까 생각하면 그를 위해 기도드릴 뿐 나는 그 돈이 없어도 지금 잘 살아가고 있다. 다만 아내에게 쪽팔릴 뿐이다. 학창 시절 가장 가까운 친구에게 사기를 당하는 모습을 보여주는 내 모습이 창피하였다. 빚을 대신 갚고 돌아오는 차 안에서 아내에게 물었다. "왜 바가지를 긁지 않냐고?", "삼세판이라는 말이 있으니 아직 한 번 기회가 남았다"라고 아내가 대답하였다. 그 일 이후 모든 재산을 아내 명의로 하였다. 누군가 보증을 서 달라고 할 때 "나는 보증을 설 수 있는 지위에 있지 않다"라고 대답할 수 있었다. 30년이 더 지난 일이지만 현생現生에서 자신의 잘못을 사과하고 용서하여 서로의 관계가 회복되기를 기대한다.

내가 누군가를 원망하고 있구나 하고 알아차리는 일은 매우 중요하다. 나의 건강이 승진이 혹은 평판이 누군가로 인해 폄훼되고 왜곡되었다 하더라도 아무도 원망하지 말 것이다. 사기를 당하지 않는 가장 좋은 방법은 욕심을 내지 않는 것이다. "소금 먹은 사람이 물을 찾는다"는 속담처럼 욕심이 눈앞을 가리는 것이다. 내가 아직 미처 저지르지도 않은 혹은 장차 저지를지도 모를 잘못에 대해 미리 꾸짖어 주신 것에 감사하라.

우리는 살면서 원망할 일이 참 많다. 첫째(맏이)라고 지워진 과중한 짐이나 첫째에 비해 덜 배려된 옷과 용돈에 대해 부모를 원망할 수 있다. 나를 이해해주고 사랑해 주기보다는 자신만 봐 달라고 떼를 쓰던 헤어진 연인을 원망할 수 있다. 잘못된 물 관리로 농사를 망치고 폐허가 된 집을 복구하며 망연자실하는 모습에서 정부와 수자원공사 혹은 잘못된 정책(행정) 담당자들에게 책임을 묻고자 하는 것은 인지상정일 수 있다. 더욱이 이 모든 일의 최종 책임은 대통령에게 있으니 물러나야 한다며 생계를 뒤로 하고 열정적으로 태극기를 흔들며 자신의 나라 사랑하는 마음을 몰라주는 자식들을 원망하는 마음도 있다. 하지만 원망하는 모든 마음에는 자신의 기대가 선행된다는 것을 알아야 한다. 내가 기대하지 않으면 원망할 일도 없다. 내 기대 수준을 낮게 잡으면 만족은 그 만큼 빨리 만날 수 있다.

마을 뒤 암자에 고승이 있었다. 덕德이 높다는 그에게 혼전에 아기를 낳은 처자가 말하였다. "사실 아기 아버지는 스님"이라고. 마을 사람들이 몰려와 몽둥이를 들고 항의하자 스님은 아기를 맡았다. 몇 년이 지난 뒤 양심의 가책을 느낀 처자와 애기 아버지는 사실을 고하였다. 마을 사람들이 몰려와 사과를 하자 스님은 아무 말 없이 아기를 돌려주었다. 무슨 말이 필요하겠는가?

원망 마주하기

원망에 마주하며 자신의 부족함을 찾아보는 일은 매우 성숙한 대처이지만 드물게 만날 수 있다. 원망스러운 마음이 들 때 나의 기대를 먼저 만나보라. 내가 이 일로 인해 이 사람에게 기대하는 것은 무엇이었는지? 그가 정말 그 일을 해야 할 의무가 있었는지? 아니면 내가 설정한 기준을 상대방이 지키지 못한 것으로 인해 나 혼자 원망을 하고 있는 일은 아닌지?

나의 기대에 상대방이 부응하지 않았다고 해서 그것이 상대방의 잘못이 되는 것은 아니다. 흔히 새로운 사업을 하는 사람들은 창업 계획을 세운다. 음식점을 창업하고자 하는 사람들은 창업 계획을 세워야 한다. 더욱이 유동인구를 감안하여 하루에 손님이 몇 사람이 올 것이며 순이익이 얼마가 될 것인지 기대한다. 하지만 그 기대가 다 이루어지는 것은 아니다. 갑자기 경쟁 업체가 아주 가까운 주변에 생길 수도 있다. 때로는 우리 집이 아닌 옆집으로 몰려가는 손님들의 수준 낮은 미각을 탓할 수도 있다. 그러나 그것이 어찌 손님 탓이겠는가?

원망을 마주하는 일은 곧 자신의 과한 기대를 마주하는 일이다. 그래서 아프다. 하지만 정직하게 자신의 실력을 돌아보면 기대가 적으면 실망도 적어지고 원망도 할 필요가 없음을 만날 수 있다. 원망하는 마음은 자신과 그 대상을 함께 상처를 주는 일이다. 원망은 공격당하는 사람보다 몽둥이를 쥔 그 사람을 공격한다. 원망하는 마음을 내려놓고 자유를 얻으라.

희망가

이 풍진 세상을 만났으니
너의 희망이 무엇이냐
부귀와 영화를 누렸으면
희망이 족할까

푸른 하늘 밝은 달 아래
곰곰이 생각하니
세상만사가 춘몽 중에
또 다시 꿈같구나.

이 희망가는 1921년에 발표되어 1930년대에 크게 유행한 대중가요이다. 식민지 시대의 암울한 사회를 반영하는 한탄조의 현실 도피적 염세적 색체가 있는 이 노래는 1970~80년대 현실이 암울할 때 다시 주목받았다. 하지만 이 노래가 절망가가 아니라 희망가인 것에 주목할 필요가 있다. 찬송가에서 유래한 이 노래를 〈서로 사랑하자〉로 바꾸어 부르기도 했다.[3] 너의 원망을 조금만 비틀면 희망이 될 수 있다.

질문들

△ 살면서 가장 원망스러웠던 일은 무엇인가?

△ 무엇 때문에 원망하는 마음을 가졌으며 나에게 원망하는 마음을 가지도록 한 사람은 누구였는가?

△ 가장 원망스러웠던 그 순간으로 돌아간다면 바꾸고 싶은 것은 무엇인가?

△ 살면서 나는 누군가에게 원망스러운 마음을 품게 해 준 적이 있었는가?

3) https://namu.wiki/w/%ED%9D%AC%EB%A7%9D%EA%B0%80 나무위키

MEMO

Ⅲ

여름 – 용서의 정원에서

충·조·평·판*

충고 조언 평가 판단
도움 안 되네

어머, 파일이 날아갔어요
박사 논문 쓰던 아내
비명을 지른다

저런 저장을 해 놓지 그랬어요
아마 임시 화일이 있을 거예요
찾아봐도 없어요
그러게 평소 저장하는 습관이 필요하다고
나는 자주 카톡 방에 저장해요

침묵하는 아내

차라리 속상하겠군요
공감만 했어야 했거늘
깨달음을 가로채고
충고조언평가판단으로

도움보다는 상처를 주네

가까운 사이일수록
공감하고 용서하길
서로를 회복하고
성장의 숲으로
손 마주 잡고
발걸음을 나란히 하길

---

* 정혜신(2018), 당신이 옳다

Ⅲ 여름 - 용서의 정원에서

1 상처받음(열한 번째 주머니)

– 상처가 아물더라도 흉터는 남는다(푸블릴리우스 시루스, 격언집)

상처는 명사로서 '다쳐서 부상을 입은 자리' 혹은 '피해를 입은 흔적'이다. 따라서 상처받음은 감정이라기보다는 감정으로 인한 상태라고 볼 수 있다. 부정적인 감정을 경험하고 나면 마음속에는 상처가 남는다. 그 자리가 상처받음이다. 상처받는 것은 "비애나 정신적 고통으로 인해 괴로운 상태 혹은 마음에 금이 가거나 심한 타격을 입은 느낌"이다. 상처를 받았을 때 우리는 머리를 떨구고 말을 더듬거리며 자꾸만 뒤로 물러나게 된다. 어깨가 축 처지거나 시간이 멈춰버린 느낌이 들고 내부가 허물어진 느낌이 든다. 이런 상태가 장기간 지속되면 자포자기 혹은 비애나 분노에 사로잡힐 수도 있다(Angela Ackerman · Becca Puglisi, 2016).

우리는 매일 매 순간 상처를 받고 상처를 입힌다. 말로써 행동으로써 상처받고 상처를 준다. 대부분 상처를 싸매고 치료하는 일보다는 상처를 주고받는 일에 몰두한다. 내 편에서 상처를 준 일은 생각이 잘 나지 않을 뿐만 아니라 내 의도는 그것이 아니었으므로 상처를 받은 이가 잘못 생각한 것이라고 말할 수 있다. 하지만 내가 받은 상처는 항상 더 크고 아프게 인식된다. 그러나 나로 인해 상대방이 받는 상처는 보이지 않거나 인식되지 못하기도 한다.

박찬욱 감독의 영화 올드보이(2003)는 일본 영화를 리메이크한 것이다. 나중에 할리우드에서 다시 리메이크가 되었지만 한국 영화 올드보이가 가장 수작이다. 이 영화에서 주인공인 오대수(최민식 분)는 어릴 때 무심코 한 말로 인해 우진(유지태 분)에게 15년간 감금당한다. 대수의 말 한마디로 인해 우진의 누나는 자살을 하게 된다.

태국에서는 퇴역한 해군 장교인 학교폭력 피해자가 53년 만에 만난 가해자를 살해하였다. 학창 시절 자신을 괴롭힌 친구를 동창회에서 만나 "왜 그렇게 나를 괴롭혔냐?"라고 물었다. 하지만 가해자는 "기억이 안 난다"며 거듭된 사과 요구에 "과거 일은 잊어라"며 사과를 거부하였다. 53년 만에 만난 동창을 향해 총을 쏜 것이다. 가해자는 술만 마시면 학창시절 괴롭힘을 당한 이야기를 했지만 가해자는 기억하지 못하였다. 아니 기억은 하였지만 상대방이 그렇게 고통을 받은 줄 인식하지 못한 것일 수도 있다. 기억은 이렇게 두 당사자에게 깊이와 넓이가 다르게 인식된다. 고통의 무게도 심각함도 두 사람에게는 그 빛깔이나 모양이 전혀 다르다.

짜증

등교수업 6교시 정신이 없다
학교생활 수칙 2차 개정안 통계 제출
오늘 중으로…….

수학 4단원 평가지 배부 중에
같은 질문을 여기서 묻고 저기서 또 묻고
평가지가 없어요
찢어 버렸어요

짜증이 폭발하여
몇 번을 알려 줘야 하겠니?
집중해서 좀 들으세요

"웬 짜증이냐, C"

차라리 안 들렸더라면 좋았을 것을
아니, 모두의 마음속에 눈빛 속에
번개처럼 천둥처럼 퍼져가는 짜증의 향기

한숨 몰아쉬고 마음을 진정하여
애들아 미안해 선생님이 짜증을 내었구나
조금 더 참았으면 좋았을 것을
후회가 밀려오네
너희들도 힘들 텐데

상처받음 알아차리기

실상 학교에선 가장 쉽게 혹은 자주 상처를 받는 이는 학생들이다. 상대적으로 약자이기 때문이다. 교사들이 무심코 던진 의미 없는 말 한마디에 깊은 상처를 받고 고통을 겪는다. 아이들이 상처를 받는 대부분의 경우는 교사들의 일상적인 학급운영과 수업장면에서 일어난다. 지각을 하였거나 떠들거나 수업을 방해하는 행동 혹은 친구와 싸우거나 문제행동을 하였을 경우 교사로부터 꾸지람을 듣는다. 이때 학생들은 상처를 받는다. 일상적인 교육행위가 진행되는 과정에서도 교사의 칭찬과 지적, 피드백은 일부 학생들에게는 자랑스러움과 과시의 경험이 되지만 반대편에 있는 학생들에게는 상처가 되는 것이다.

실상 모든 교사들이 내가 이 말과 행동을 하였을 경우 당사자뿐만 아니라 누군가 상처를 받을 수 있다는 가능성까지 고려하여 말하는 것이 바람직하지만 이는 이상적이다. 말 한마디 매 순간의 행동에 알아차림과 깨어있음으로 통찰하며 교육하는 성숙하고 균형 있는 교사를 지향하지만 통계적으로 보기 드물다.

학교라는 공간은 규칙으로 가득 찬 사각형 인형의 집이다. 뮤지컬 무대이자 경극의 무대이다. 저마다의 역할을 연기하는 동안 누군가는 환호받고 주목받지만 대부분의 사람들은 묵묵히 무대를 준비하고 때로는 악역을 감당하며 조연으로 출연한다. 많은 사람들이 주연으로 조명을 받기 원하지만 무대의 중앙에는 늘 소수의 사람들만이 차지할 수 있다.

상처 받음 마주하기

상처를 받았다고 말하는 사람은 많지만 내가 상처를 주었다고 기억하는 사람은 많지 않다. 똑같은 일을 겪고도 서로 피해를 받았다고 상처를 받았다고 주장할 수 있다. 상처받음은 주관적인 감정인 동시에 인식체계이다.

내가 상처를 받았다고 생각할 때 가장 중요한 것은 상처의 원인을 파악하는 것이라기보다는 상처에 대한 대처이다. 밀림을 탐험하다가 독화살을 맞은 탐험가가 어느 부족이 쏜 독화살인지, 이 독이 어떤 성분의 독인지 알기 전에는 치료를 받을 수 없다고 버티는 것은 매우 위험하다. 일단 치료를 받는 것이 시급하다. 그런 다음 독의 성분과 독을 쏜 부족을 찾아도 늦지 않다. 독에 대한 대처처럼 독의 양과 성분에 따라 대처 방법이 달라야 하듯이 상처의 크기와 원인에 따라 대처도 달라야 할 것이다.

큰 상처라면 큰 병원에 입원하여 수술을 받아야 할 것이다. 작은 상처라면 가까운 약국에서 상처를 소독하고 약을 바르면 될 일이다. 중간 상처라면 가까운 병원에서 통원치료를 할 수 있다. 큰 슬픔은 크게 슬퍼하고 작은 슬픔은 작게 슬퍼하며 중간 슬픔은 중간만큼 슬퍼해야 한다. 자신이 받은 상처와 끼친 상처의 크기와 심각성에 대해 정확하게 진단하는 것이 가장 우선되어야 할 일이다. 무릎이 까진 정도의 찰과상과 타박상을 가지고 큰 병원에 입원하여 수술을 받겠노라고 고집을 해서도 안 되지만 교통사고로 심각한 부상을 입은 환자가 동네 약국에서 자가 치료를 할 수 있다고 주장해서도 안 될 일이다.

자신의 상처에 대한 크기와 심각성을 알아차리는 일이 삶의 통찰력이자 성숙의 정도이다. 모든 상처에는 치료 기간이 필요하다. 모든 슬픔에는 애도기간이 필요하다. 자신의 상처를 진단하고 치료하는 동안 상처의 원인과 대처 과정을 통해 건강을 회복하는 경험은 한 사람을 성장하게 할 수 있다.

질문들

△ 살면서 내가 받은 가장 큰 상처는 무엇인가?

△ 나에게 상처를 준 사람은 누구였는가?

△ 가장 크게 상처 받았던 그 순간으로 돌아간다면 바꾸고 싶은 것은 무엇인가?

△ 살면서 나는 누군가에게 상처를 준 적이 있었는가?

2 후회(열두 번째 주머니)

– 뉘우치지 않으면 용서받지 못한다(단테, 신곡, 지옥편)

후회의 사전적 의미는 「명사」로서 "이전의 잘못을 깨치고 뉘우침"이다. 즉 잘못된 말이나 행동이 선행된다. 잘못된 행동에 대해 괴로워하는 상태 혹은 안타까워하는 심정이 후회이다. 후회하는 사람은 무엇을 숨기거나 억누르며 눈물이 난다. 시선을 아래로 떨어뜨리며 손으로 얼굴을 파묻거나 축 처져 있다. 침묵하거나 지난 일을 자주 돌아보며 잔뜩 움츠리고 위축되어 있다. 자신을 질책하고 보상 방법을 찾는다. 이 상태가 심화되면 죄책감과 가책이 된다(Angela Ackerman · Becca Puglisi, 2016).

모든 후회는 잘못된 행동이 선행되지만 그것이 잘못이라고 규정할 수 없어도 후회는 선택의 결과로 주어지기도 한다. 다음 생애가 있다면 주저 없이 트라피스트의 수도자가 될 것이다. 아무도 알아주지 않는. 그러나 이번 생에는 그러하지 못했다. 가난한 집안의 장남으로 두 분 부모님 모두 병석에서 오랜 병치레를 하시다가 돌아가셨다. 아버지는 치매로 말년에 고생하셨다. 만약 이 짐을 동생들에게 떠넘긴 것이 되었다면 내 동생들의 가정도 신앙도 온전하게 존재하지 못했을 것이라는 위로를 스스로 하였다.

그러나 수도생활을 추구하면서도 토마스 머튼처럼 헨리 나웬처럼 글을 쓰고 강연을 하는 것을 지향한다면 이 또한 허영심에 다름 아니다. "하늘의 너희 아버지께서 완전하신 것처럼 너희도 완전하게 되어라"라는 거룩한 삶에 대한 열망이 아니라 내가 이렇게 거룩한 삶의 모양을 하고 있음을 알아 달라고 투쟁하는 것이라면 그것은 허영심이다.

카르투시오(트라피스트)

세상 끝의 집 카르투시오[5] 봉쇄수도원
서른이 될 때까지 한 번도 의심해 보지 못한
나의 꿈 나의 열망 내 영혼의 안식처를
30년 만에 TV에서 만나니 목이 멘다

스승을 따르지 못하고 세속에 주저앉아
정신없이 허둥대며 살아 온 지난 30년
결혼 생활 1녀1남 현실과 이상 사이
칼날 위를 걸으며 순례자로 살아 온 세월들

예순을 맞으며 다시 수도승이 되어
몸은 세속에 있지만

5) 2019년 12월 29~31일. KBS TV.

마음은 카르투시오로
토마스 머튼의 트라피스트 수도원 문을 두드린다

다음 생에는 주저 없이
트라피스트 수도자가 되어
가장 처절하고 단순하게
살기를 소망하지만
내 선택을 후회해 본 적은 없다
(그러나 후회 된다)

교직생활 30년을 돌아보며 가장 후회할 만한 일은 초임학교 때 있었던 일이다. 숙제검사를 할 때마다 숙제한 것을 집에 두고 왔다는 정훈에게 “선생님은 너의 말을 믿는다. 하지만 자주 잊어버리는 습관 때문에 숙제를 하지 않았다고 오해 받을 수도 있으니 집에 가서 가지고 오느라”라고 했다. 분교생 정훈이는 아침 9시 반에 출발하여 오후 3시경 겨우, 분교 버스가 떠나기 직전에 도착했다. 정훈이 급식을 남겨서 두었다가 옆에서 함께 먹었거나 먹은 것을 지켜보았을 것이다. 그 식은 밥의 빛깔과 정훈이의 수저가 오가는 모습이 눈에 가득하다. 그날 이후 정훈이는 숙제를 한 번도 집에 두고 오지 않았다. 나는 그것이 그를 돕는 일이라고 여겼다. 그러나 돌이켜보면 갓길도 제대로 없는 그 위험한 도로를 초등학교 3, 4학년 학생에게 걸어가라고 시키는 교사는 제정신인가? 얼마나 폭력적이며 잔인한 것이었는가? 내가 증명하려고 했던 것은 과연 정훈이의 잘못된 습관을 고쳐주려고 한 것인가? 아니면 다른 아이들에게도 너희 반 담임이 결코 녹록하지 않으니 숙제를 집에 두고 왔다는 핑계를 댈 생각은 아예 하지 않는 것이 좋겠다는 협박이었을까?

정훈이의 부모는 왜 항의를 하지 않았을까? 담임 선생님에 대한 신뢰가 충분히 컸기 때문이었을까? 혹은 그 아이가 늘 그런 방식으로 숙제를 미루는 것에 대해 ‘이번 학년에는 주인을 만났구나’ 하고 마음의 여유를 가졌던 것일까? 설마 앞으로 남은 학교생활 동안 젊은 담임교사와 척隻(반대편이 되어)을 지고 자녀를 학교에 보내는 것이 두려워서였을까? 만약 첫 번째와 두 번째 이유였다면 나중에라도 고맙다고 하였거나 학년을 마친 후 간단한 소감이라도 전달하였을 것인데 특별한 메시지를 받은 기억이 없으니 세 번째가 아니었을까? 이 경우 교사의 폭력은 얼마나 크고 무거운가? 나는 글을 멈추고 그 길을 정훈이와 함께 그 초여름의 길을 다시 걷는다. 얼마나 무서웠을까? 얼마나 힘들었을까? 얼마나 두려웠을까? 벌써 30년이 다 되어가는 그 폭력에 대해 나는 무릎 꿇고 용서를 빈다. 내 교직 생활 중에서 가장 부끄럽고 후회스러운 선택이었다.

두 번째의 후회스러운 선택은 역시 초임학교에서 여름 방학을 빼앗아 버린 사건이다. 미희는 밝고 명랑한 아이였다. 다만 공부가 느렸다. 4학년이 되었지만 받아 올림이 있는 한 자리 덧셈을 하지 못했다. 뺄셈은 더 어려웠다. 물론 글씨도 알아보기 힘들고 모든 과목에서 부진하였다. 그의 어머니는 학교에 열심히 봉사하였고 자식의 부진함에 어쩔 줄 모르고 민망해 하였다. 첫 번째 여름 방학을 온전히 부진아 지도라는 제단에 나를 바치기로 결심하였다. 단 나흘을 제외하고 출근하여 1학년 교과서부터 국어, 수학을 함께 공부하였다. 여름방학이 다 끝날 무렵 우리는 3학년 1학기 마감 무렵에 함께 서 있었다. 칭찬과 칭송이 학교 물받이를 콩 볶듯이 흔들었다. 내 그럴 줄 미리 알았지.

서른셋에 교사가 된 후 방송대 출신 준교사인 나는 첫 번째 여름방학을 맞아 나의 성실함과 교육에 대한 열의를 보여주고자 희생양을 찾았던 것은 아니었을까? 나의 성실함과 교육에 대한 열정을 증명하는 데 미희의 동의는 필요하지 않았다. 누가 감히 초등학교 시절 열두 번의 방학 중 한 번을 온전히 빼앗을 권리를 교사에게 주었던가? 나는 부끄럽고 민망하기 이를 데 없다. 나는 공부를 할 때 선생님의 말을 잘 알아듣지 못하는 아이의 그 답답한 마음에 주목하지 못했고 방학 때 집에서 놀고 싶다는 그 아이의 말문을 너를 위해서라는 교리로 미리 막아 버렸다. 자신의 부족함이 드러날까 두려움에 빠진 교사가 베푸는 전형적인 선제공격의 형태이었다. 너의 여름방학을 빼앗은 위선적인 교사였던 나를 용서하지 마라. 나는 부끄럽고 또 부끄럽다. 너의 그 여름방학을 생각하며 기도드린다. 이제 어언 30여 년이 지났으니 만약 결혼을 하였다면 너의 자녀가 당시 너의 나이가 되었겠구나. 나와 같은 무지하고 폭력적인 교사를 만나지 않기를…….

내 삶을 통해 또 다른 후회 하나는 한국교원대학교 교육정책전문대학원에 진학하여 박사학위를 받은 것이다. 국민의 세금으로 잘 공부하고 나서 웬 ×소리냐고 하실 수 있겠지만 이 후회는 청주교대 박성희 교수님의 지도를 받지 못하는 것을 선택한 것임에 유래한다. 상담논문이 아니라 정책논문을 쓴 것은 내게 치명적인 악수였다. 청주라는 지방 도시에서 동양東洋 상담이라는 새로운 세계를 연 박성희 교수는 직접 배운 적은 없지만, 그분의 저서들을 통해 사숙한 스승이다. 그는 퇴계 선생님의 자손인 내가 모 대학교에서 박사논문으로 쓰고자 하던 무렵 "퇴계의 교육관과 상담자로서의 덕목"을 공부하기를 제안하셨다. 교육상담으로 퇴계로 학위를 받았더라면 내 삶은 많은 부분이 달라져 있을 것이다. 무엇보다 상담자로서 한 우물을 파고 깊이 있는 상담자의 길에 우뚝 서 있을 수도 있었을 텐데 그만 세상에 눈을 돌려 세상을 바꾸고자 하는 열정에 불나방처럼 뛰어 든 것이다. 나는 결국 아무것도 바꾸지 못했고 스승은 멀어지고 퇴계선생님은 언제 다시 만날 수 있을지 기약이 없다. 하지만 교원대학교 교육정책전문대학원에서 학위를 받고 스승을 만난 것은 나의 운명이었다.

내 후회의 바닥을 내려가면 깊은 열등감을 만난다. 학력 콤플렉스와 세상을 바꾸고자 하는 선지자, 개혁자 콤플렉스가 그것이다. 진성이씨 상계파上系派, 퇴계 선생님 직계 15대 손孫이라는 가엾은 자존감은 찢어지게 가난한 가정의 장남에게 너무 무겁고 힘에 겨운 것이었다. 공부로는 기대할 수 없는 세상을 향한 개혁과 분노를 종교 뒤에 숨어서 예언자 코스프레로 핑계대면서 살아 왔던 것은 아니었을까?

신앙심이라는 영역은 빈부의 격차도 견줄 수 없는 경쟁의 빈틈이 있었다. 즉 신앙심의 바로 미터인 금식禁食을 나만큼 자주 할 수 있는 사람은 극히 드물었다. 나만큼 기도에 전념하고 성서를 분철分綴하여 달달 외울 지경에 이른 비정상적인 고등학생은 극히 드물었다.

방송대 출신 준교사는 늘 학력 콤플렉스에 시달렸고 능력을 증명하는 일에 매달렸다. 그것이 마침내 박사학위를 받고 장학관의 지위를 빌어 열등감을 감추고 스스로를 속이려는 허영심에 빠지게 하였다. 이제 남은 시간만이라도 후회할 일을 만들지 말아야 한다. 지금까지 후회할 일들을 수습하고 아름답게 마무리하기 위해 노력해야 한다.

후회 알아차리기

"후회는 아무리 빨라도 늦은 법이다"라는 말이 있지만 내 생각은 다르다. 너무 늦은 후회는 없다. 후회조차 하지 않는 것이 더 문제이다. 즉, 후회를 알아차리지 못하는 것이 문제이다. 후회의 전제가 잘못된 행동이라고 한다면 잘못의 정도가 후회라는 반응에 영향을 끼친다. 즉 조금 서두르지 못해 지각을 할 뻔했거나 차라리 짬뽕을 시킬 걸 하고 후회하거나 야식은 참았어야 했는데 하는 후회 때문에 머리를 쥐어뜯을 것까지는 없다.

하지만 오늘 해서는 안 되는 마지막 말까지 뱉어 버렸거나 절교를 선언하거나 골목길을 천천히 운전했어야 했다면 이는 심각한 문제이다. 잘못된 말과 행동이 순간적으로 혹은 우발적으로 튀어나왔거나 자신도 모르는 사이에 저질러졌다고 말하는 것은 결과에 대한 핑계가 될 가능성 크다. 천천히 운전하는 습관을 몸에 배이지 못한 것은 누구의 탓도 아니다. 해서는 안 되는 마지막 말을 참아서 억누르고 공감의 말로 바꾸어 I-메세지를 해야 하는 것도 관계를 관리하는 소중한 덕목이다. 아무리 가까운 부부나 가족 사이에서도 해서는 안 되는 말이 있고 행동이 있다. 이 선을 넘는 것은 평소 그 선 가까이에 자주 드나드는 습관을 제어하지 못했기 때문이다. 절교(이혼) 선언은 한순간 실수로 입에서 뱉어지는 말이라기보다는 수많은 머릿속의 연습이 통제받지 못하고 터져 나온 외마디 비명이다. 머릿속으로 생각하지 않는 말을 입으로 뱉어낼 수는 없다.

마음에 가득 찬 생각들이 때가 되어 입으로 뱉어지게 마련이다. 무의식중에 이성으로부터 미쳐 제어당하지 못하고 터져 나오는 외마디 비명이 된다. 머릿속으로 생각지 않는 말을 입으로 뱉어낼 수는 없다. "언어의 한계가 그 사람의 한계"라는 비트겐슈타인의 말이 아니더라도 그 사람의 언어가 바로 그 사람이다. 자신의 말 즉 언어에 책임을 지는 것이 성숙한 사람의 표시이다. 자신의 말을 혀를 잘 훈련하는 것이야 말로 성인의 기준이 된다.

후회 마주하기

후회할 일들은 매 순간 선택의 결과로 주어진다. 다만 후회가 가벼운 실수일 때는 사과를 하면 될 것이고 무거운 실수라면 용서를 빌어야 한다. 매우 심각한 잘못을 하였다면 용서로는 부족하다. 사죄를 하여야 한다.

자신의 잘못된 행동에 대해 뉘우치는 것을 후회라고 한다면 후회에 대한 답은 용서 구하기이다. 필자는 학교폭력의 해결과정에서 공감·용서·회복·성장의 모델을 제안하였다(2020, 2019, 2017). 자신의 잘못된 행동에 대해 진심으로 부끄러워하며 뉘우치는 것을 후회라고 한다. 용서의 전제 조건은 가해 즉 피해를 끼친 사람이 상대방(피해자)에게 진심으로 용서를 구하는 것이다. 이러한 용서 구하기는 상대방으로 하여금 용서를 수용할 것인지 선택하게 하고 그 결과, 용서 베풀기를 선택하게 한다.

우리 사회에서 가장 보기 힘든 일이 진심어린 용서 구하기이다. 지금 우리 사회는 두 명의 전직 대통령이 동시에 감옥의 언저리에서 법의 심판을 받고 있는 기막힌 상황을 지켜보고 있다. 장래 희망이 대통령이라면 감옥에 가는 것도 옵션이 될 수 있음을 알려 주어야 한다. 전직 대통령 중에 감옥에 가지도 않고 온전히 임기를 마친 뒤 평온한 퇴임 시기를 국민과 함께 보내는 것을 지켜보고 싶다.

자신의 잘못을 뉘우치지 않는 사람 즉 후회하지 않는 사람에게는 발전이 없다. 옛 선비들은 하루에 세 번 자신을 돌아보아야 한다고 경계하였다. 일상 중에서도 우리는 얼마나 자주 실수하고 실패하는가? 실수와 실패 자체가 부끄러운 일은 아니다. 다만 그것으로부터 어떤 교훈을 얻고 어떤 선택으로 대처를 하였는지가 중요하다.

인자함의 대명사이던 교황님조차 연도에서 자신의 손을 강하게 잡아당기는 여인의 손을 뿌리치면서 화를 내었다. 하지만 곧 후회하고 사과를 하였다. 어떠한 성인聖人도 잘못을 하지 않고 살 수는 없다. 좋은 후회를 몸에 습관으로 익히는 것이 필요하다. 작은 잘못은 즉시 사과를 큰 잘못은 용서 구하기를 매우 심각한 잘못은 사죄하기를 선택하는 용기가 필요하다.

질문들

△ 살면서 가장 후회되는 순간은 언제였는가?

△ 무엇 때문에 후회되는지 나에게 후회하는 마음을 준 사람은 누구였는가?

△ 가장 후회되는 그 순간으로 돌아간다면 바꾸고 싶은 것은 무엇인가?

△ 살면서 나는 누군가에게 후회할 만한 선택을 하도록 한 적이 있었는가?

3 갈등(열세 번째 주머니)
– 비 온 뒤에 땅이 굳어진다(한국 속담)

갈등葛藤은 명사로 칡과 등나무가 서로 얽히는 것과 같이, 개인이나 집단 사이에 목표나 이해관계가 달라 서로 적대시하거나 충돌함 또는 그런 상태를 말한다. 영어의 conflict에 해당하며 관계가 불편한 상태를 뜻한다(한국표준어대사전).

갈등은 모든 문학과 연극 혹은 예술의 소재이며 일상생활 속에서 누구나 경험하는 마음의 역동(dynamics)이다. 갈등은 여러 사람이 공동으로 생활하는 단체 혹은 조직에서 필연적으로 발생한다. 내 이익과 타인의 이익이 충돌하기 때문이다. 갈등의 어원에서 나온 칡나무와 등나무는 칡 나무가 왼쪽으로 등나무는 오른쪽으로 감는 성질에서 유래한다. 인간은 기본적으로 생존하고자 하며 자신을 보존하기 위해 자신의 이익을 추구하는 것이 본능이다. 이러한 본능이 공동체 속에서는 필연적으로 충돌하거나 합의 혹은 조정된다.

공동체뿐만 아니라 개인 유기체 안에서도 일어난다. 즉 아침에 일어나 세수를 먼저 할 것인지 물을 한 잔 마실 것인지 갈등할 수 있다. 아니 그 이전에 침대에서 일어날 것인지 좀 더 잠을 잘 것인지를 갈등한다. 침대에서 일어나 욕실에 가서 거울을 보며 오늘 하루를 계획하고 잠을 깨우면서부터 수많은 갈등을 마주하게 된다. 이를 선택의 문제라고 할 수도 있지만 그것이 이해 혹은 이익의 문제와 연결되어 통증을 유발한다면 단순한 선택을 넘어 갈등이라고 불러도 좋다.

갈등을 하게 되면 우리의 몸은 미간을 찌푸리게 되고 불안하고 시선은 아래로 향한다. 자신의 목이나 뺨을 긁적거리거나 손으로 머리를 헝클어트리기도 한다. 정확한 단어를 고르려고 매번 고심하고 숨을 깊게 들이마신 뒤 느리게 내뱉는다. 점점 조용해지고 활동이 줄어들며 착잡한 마음이 들고 다른 사람은 이럴 때 어떻게 했을까 궁금해 한다. 신체의 반응은 두통이나 몸이 무거운 느낌, 위장이 내려앉는 느낌, 식욕상실 등이 일어난다. 내적 갈등을 표현하고 싶고 생각을 정리할 수 있는 조용한 곳에 혼자 있고 싶다. 장기간 이런 상태가 계속 되면 실마리를 찾기 위한 정보수집에 집착하고 스트레스와 만성두통, 수면장애 등을 겪기도 한다. 자신감이 상실되고 결정을 내려야 할 상황을 자꾸만 회피한다. 이 경우 혼란과 무력감, 좌절감과 불안이 심화될 수 있다. 이런 상태를 억압하게 되면 상황을 회피할 수 있는 구실을 꾸며대거나 긴장을 완화하거나 분위기를 가볍게 하고자 하는 농담을 남발하기도 한다(Angela Ackerman·Becca Puglisi, 2016).

대부분의 갈등은 갈등을 해석하는 선택으로 귀결된다. 어떤 갈등은 내 선택으로 인해 심각한 결과가 초래되지 않지만 어떤 갈등은 그 파급효과가 클 수도 있다. 세수를 하고 양치질을 할 것인지 양치질을 하고 세수를 할 것인지를 갈등한다고 해서 나의 오늘 하루에 심각한 영향을 끼치는 것은 아니다. 하지만 침대에서 일어날 때 잠이 덜 깨어 한 시간만 더 자겠다고 선택한다면 그것은 다른 결과를 초래할 수도 있다. 즉 한 시간 후에 정확하게 일어나면 좋겠지만 지난밤의 피로가 해소되지 못하여 잠깐 동안의 잠이 두어 시간이 되었다면 하루를 송두리째 흔들어 놓거나 중요한 약속에 늦거나 준비가 부족한 사태를 맞게 될 수도 있다. 바쁜 출근길에 지름길을 선택한다는 것이 공사 중이거나 접촉 사고로 길이 막힌 곳을 선택한 것일 때 일상은 혼란 속으로 빠져들 수도 있다.

아들러에 의하면 갈등을 선택할 때 많은 사람들이 자신의 이익을 개인적으로 추구하지만(private logic), 공동체의 이익 즉 사회적 이익(social interest)에 주목하고 이를 선택하는 사람들이 있다. 이들은 성숙한 인간이며 인류 공동체의 행복을 위해 바람직한 선택을 한 사람들이다. 우리는 자주 개인의 이익과 공동체의 이익이 충돌하는 상황을 마주한다. 공동체 안에서 감당해야 할 궂은(힘든) 일과 과제, 혹은 자신의 희생으로 인해 공동체가 도움을 받을 수 있는 상황 등이다. 도로에서 구급차나 소방차에 양보하는 일을 비롯해서 학급에서 어려움에 처한 우리 반 아동을 시간을 내어 상담을 할 것인지 갈등한다. 상담을 하는 과정에서도 근본적인 문제 해결과 치유에 다가서기 위해 교사 자신이 좀 더 많은 시간과 노력을 기울여야 할 것이라는 판단을 마주하였을 때의 나의 선택은 갈등 상황이다. 학년 연구실을 청소하는 일부터 옆 반 가정통신문 혹은 택배를 함께 가져오는 일, 옆 반 아이가 복도에서 다투거나 문제를 일으켰을 때 관여의 범위를 결정하는 일 등도 학교에서 교사가 내려야 할 갈등이다.

모든 갈등을 해결하는 과정은 어느 정도의 스트레스를 동반한다. 갈등에도 긍정적 갈등이 있고 부정적 갈등도 있다. 갈등의 양상 중에서는 생일 선물 혹은 식사 장소를 선택하거나 함께 식사를 할 대상을 선택하는 일은 쾌快의 영역에서 일어나는 갈등이다. 하지만 대부분의 갈등은 할 것인지 말 것인지, 둘 중의 하나를 선택하면 나머지 하나는 선택할 수 없는 것에 대한 아쉬움과 미련이 큰 경우 선택에 대한 부담과 책임감은 더 커진다.

갈 등

문득 책을 소포로 보내고
돌아오는 길에
이것은 인정투쟁은 아니었을까?
갈등한다
더 정확하게는
인정구걸은 아니었을까?

두꺼운 책을 받고 당황하고 감탄할
당신의 놀라움과 부러움에 던지는
선물이라는 포장지에 싼
내 열등감은 아니었을까?

오만 원짜리 책을
쌩돈으로 사서 증정하고
서청주 우체국을
돌아 나오는 길

어쩌면 이것은
버림받은 연인의 넋두리
한바탕 굿판, 진혼곡
인정투쟁은 아니었을까

그렇다면 갈등의 해결방안은 무엇인가? 갈등 다루기를 연습하는 것이 중요하다. 갈등을 마주하였을 때 이것을 해석하는 것이 내 몫이라는 인식이 필요하다.

아울러 갈등의 원인(소재)에 대한 판단이 중요하다. 즉, 이것은 내 문제인가? 이 문제와 관련된 주요 당사자의 문제인가?를 구분하여야 한다. 내가 하지 않는 행동에 대해 오해를 하고 책임을 묻는 사람을 만났을 때 이것은 그 사람의 문제이다. 나의 억울함을 호소하며 같은 크기의 혹은 그 양과 질에 있어 비교적 적은 대응을 선택하였다 하더라도 불필요한 에너지를 소비한 것임은 분명하다. 이 문제가 처음부터 오해한 사람의 문제라고 판단되면 "이것은 당신의 문제입니다. 저는 관여하지 않겠습니다." 하고 선택을 하면 된다. 하지만 이 문제가 본질적으로 나의 문제이거나 내가 해결 과정에 대한 책임이 있음에도 불구하고 문제를 외면하는 것은 더 커다란 갈등의 원인을 씨 뿌리는 것이다. 문제 소재와 원인에 대한 정확한 판단이 중요하다.

평교사인 내가 장학관이 된 것은 교직문화라는 놀이터에 던져진 갈등의 수류탄이었다. 교육감의 측근이라고 불리며 교육감직 인수위원회 인수위원으로 정책분과의 간사로서 활동하였다는 이유로 평교사 출신 장학관이 되었으니 많은 사람들과 언론의 먹잇감이 되기에 충분하였다. 하지만 관련법에 근거하여 공모를 통해 인재를 발탁하는 것이라는 교육감의 의지가 분명했고 교육감 측근이라고 오히려 역차별을 받아서는 안 된다고까지 결심한 결단이 있었다.

처음으로 발령받은 ○○학생특수교육지원센터장은 전임자들이 반년을 채우는 일도 드물게 일어나는 기피업무였다. 그곳에 발령을 받는 모든 사람들은 재수가 없거나 잠깐 거쳐 가는 곳으로 여겨졌다. 가장 약한 재료들로 최일선의 방어진지를 만든 것이다. 조직 개편이 시급했다. 행정직 역시 가장 일을 잘하는 몸과 마음이 건강한 사람으로 배치될 필요가 있었다. 무엇보다 업무에 비해 터무니없는 열악한 환경을 개선하고 적정한 인원을 배치하는 것이 중요하였다. 특히 전문상담교사와 전문상담사들 간의 갈등은 위험 수위를 넘어 조직의 근간을 흔들고 있었다. 전문상담사 열 분의 동의를 받아 학교현장을 방문하도록 개편하였다. 당사자들과 전문상담교사 모두 만족하였다. 교육장님도 숙원사업을 해결하였다고 하셨다. 무엇보다 새벽 두세 시도 모자라 6시에도 퇴근을 해야 하는 전문직의 증원과 이를 보완하는 파견교사 증원을 요청하였다. 충북 학생의 거의 60%를 담당하는 청주에 최고의 전문가들을 배치하여야 한다고 주장하였다. 이제 이 일들은 어느 정도 마무리가 되고 자리를 잡았다. 내가 떠난 다음 해 청주 위(Wee)센터가 전국 위(Wee)센터 중 대상을 받았다고 들었다. 이 과정에서 이해 당사자들의 갈등이 늘 충돌하였다. 저마다 자신의 입장을 반영하여 주기를 요청하였다. 상담전문가로서의 내 정체성이 이 일을 해결하는 데 도움이 되었다. 현직 교사 중 상담 관련 메이저 학회[6]의 슈퍼바이저 자격을 가진 사람이 드문 상황에서 필자는 10여년 이상 상담전문가로서 오랫동안 학회에서 활동하였고 현장에서 가르친 전문가이기에 상담인력 모두가 인정을 하는 상황이었다.

오랫동안 물이 고이고 정체된 조직에 변화를 일으키기 위해서는 갈등이 필연적이다. 새로운 시대 새 술을 새 부대에 담는 일에 모든 사람의 칭찬을 받으면서 변화와 개혁을 하기를 바라는 것은 욕심이다. 공자께서도 어떤 사람이 훌륭한 사람입니까?라는 자로의 질문에 "마을의 착한 사람들에게는 칭찬을, 나쁜 사람들에게는 욕을 먹는 사람"이라고 답했다. 때로는 욕을 먹을 각오도 필요하다. 하지만 이 일은 내 품성으로는 쉽지 않아 늘 망설이고 그 표현 방법이 여리기만 했을 것이다. 나중에 이곳에서 내가 겪은 일들도 갈등을 잘 조절하지 못하고 오히려 문제를 일으키는 사람이라고 평가되기도 하였다. 감사한 일이다. 잘못된 옛 조직과 문화를 바꾸는데 이 정도의 갈등과 평가를 두려워한다면 어찌 지도자라고 할 수 있겠는가?

이 기간 동안 학교폭력의 심각성을 온몸으로 체험하고 근본적인 해결책을 만들고자 충북교육청 정책연구로 한국형 학교폭력 모델을 만들 것을 제안하였다. 학교폭력의 새로운 패러다임인 공감·용서·회복·성장이라는 한국형 학교폭력 예방 모델은 그것에 이론적 배경을 제공해 주었다. 이 책은 2017년 "학교에 사람이 있어요"라는 제목으로 출판되었다. 후에 도교육청에서 근무할 때 공보관이 내게 물었다. "내가 궁금한 것은 아니고 기자들 중에서 묻는 이들이 있어서 답을 해야 하겠기에 말씀을 주시라"고 물었다. "책을 쓰면 수입이 생길 터인데 외

6) 한국상담학회와 한국상담심리학회

부강의로 신고하셨느냐? 혹시 이 책을 교육청 예산으로 만든 것은 아니냐?"라는 질문이 있다는 것이다. "책이란 얼마가 팔릴지도 모르고 강의가 아니기에 외부강의 신고 대상은 아닙니다. 아시는 바와 같이 제가 책을 쓰고 제 돈으로 구입하여 많은 담당자들에게 참고하시라고 드리느라 허리가 휠 지경입니다" 학교폭력 업무를 담당한 현직 전문가에게 그 책의 제작 배경과 내용을 질문하기보다 혹시 인세를 받거나 세금을 탈루하지 않았을까? 염려하는 그 놀라운 사고에 경탄하였다.

학교폭력 담당자에게 선물한 책이 창고 서재에 꽂혀 있는 것을 보고는 다음부터 책 선물은 하지 않아야 하겠다고 결심하였다. 선물 받은 책이 서재에 꽂히고 심지어 라면을 끓일 때 냄비 받침으로 쓰인다 하여도 그것을 원망할 일은 아니다. 선물의 용도는 그것을 받은 사람이 결정하는 것이다. 버리는 것보다는 낫지 않느냐? 그래도 가까이에 두고 식탁 위에 얹어 둔다면 고마운 일이다. 이 경험 이후 꼭 필요한 경우 외에는 책을 선물하지 않기로 결심하였는데 이는 내 경제 영역에 매우 중요한 결정이다. 부디 결심이 잘 유지되기를 소망한다.

○○학생특수교육지원센터의 경험은 내게 아주 중요한 체험이었다. 관료들의 생태계와 전문직의 세계를 무엇보다 지도자의 자리에서 체험한 좋은 경험이었다. 그곳에서 만난 모든 헌신적이고 성실한 동료와 선·후배 직원들에게 감사한 마음이 가득하다. 하지만 부임해서 첫 번째로 한 일이 한 직원의 사직서를 받는 일이었다. 자세한 내용은 쓰기가 어렵지만 필요한 결단이었다. 매 순간 갈등하고 결정하고 책임지는 일을 선택하는 시간들이었다.

갈등 알아차리기

학교폭력 장면에서는 다양한 형태의 갈등을 만난다. 먼저 피해자와 가해자가 갈등한다. 가해자는 자신의 잘못된 말과 행동에 대한 기억과 설명을 정확하게 하지 못하거나 의도적으로 축소하려고 한다. 피해자는 자신이 입은 피해에 대해 과도하게 축소와 확대를 하려고 할 때 모두 위험하다. 주로 피해를 확대하고 과장하여 기억하며 설명한다. 이러한 설명의 대척점에 자신에 대한 무결점·무오류성이 강화되어 자신도 마침내 혼란스럽게 된다. 상대방이 잘못한 것만큼의 정확한 자기 억울함에 대한 방어는 매우 어려운 영역이다. 자신의 억울한 처지와 상황을 알아주지 못하는 것에 대한 서운함과 억울함이 균형점을 넘으면 사안을 인식하고 결정하는 전반적인 과정에서 건강한 선택을 할 수 없게 된다.

이 과정에서 보호자의 역할이 중요하다. 자신의 부모가 학교폭력에 대해 인식하고 판단하는 온도에 따라 자녀의 반응이 표현 가능한 음역대를 만들어 낸다. 부모의 심리적 건강상태에 따라 자녀의 학교폭력을 인식하고 대응하는 양상이 달라진다. 이때 대표적인 갈등의 양상은 두 부모 사이에서 일어나는 폭력에 대한 인식의 차이 및 분노의 온도차로 인한 갈등이다. 대부분의 경우 한쪽 부모의 분노가 배우자에 비해 강렬하고 폭발적이거나 지속적이 된다. 이때 상대방에 대해 "당신의 왜 나 만큼 분노하지 않느냐?", "이 모습은 자녀에 대한 사랑과 관심의 부족이 아닌가?" 하고 책망한다. 이러한 인식과 발언은 불쏘시개가 되어 서로 분노의 질주를 향한 에스컬레이터에 시간차로 동승하게 된다. 두 부모의 갈등은 자신의 자녀들의 적극적 참여 혹은 분노의 전염(전이)을 통해 공동전선을 형성한다. 상대방 가족을 적敵으로 규정하는 공동전선이 형성된다. 이 단계에 접어들면 전시상황이 선포되고 일상적인 이해와 양보, 배려와 여유는 가족의 일원으로서의 가족애(충성심 혹은 공동체 의식)의 결여로 간주될 수 있다. 이러한 갈등의 양상은 학교 측과 함께 문제를 해결하는 과정에서도 크고 작은 갈등 상황 속에서 간헐적 폭발의 형태 혹은 준비된 "조리 있는 체계적 분노 쏟아 내기"의 형태로 발산된다. 돌이켜보면 그 시작이 너무나 어처구니없게도 작은 담뱃불과 같은 불씨가 온 산을 태워버린다는 것이다.

갈등 마주하기

갈등을 마주하면서 그 원인에 대해 정확한 파악을 하는 것은 쉽지 않다. 자기보존의 본능이 강력한 자기장을 일으키며 작동하기 때문이다. 이 자기장은 너무나 강력하여 기억체계와 감정체계 등을 혼란의 소용돌이 속으로 끌어들일 만큼 영향이 크다.

따라서 갈등을 마주보며 처리하는 과정에서 객관적이란 말은 성립하지 않는다. 아주 작은 접촉 사고마저도 내가 잘못한 부분 위주로 풀어 가기보다는 상대방에게서 원인을 찾는 것은 인지상정이다. 이 과정에서 예전에는 목소리 큰 사람이 유리하였지만 지금은 블랙박스가 상황을 설명해 주는 역할을 한다. 하지만 블랙박스의 영상을 내가 유리한 쪽으로 해석하려는 처절한 노력과 학문적 해석은 늘 경이롭다.

갈등을 마주하고 풀어가는 노력은 무엇보다 먼저 이 갈등이 나에게서 왔는지 상대방에게서 시작되었는지 상호작용에 관한 방정식을 구성하는 것이다. 갈등의 원인과 과정, 결과 못지않게 상호 영향을 끼치고 받은 turning point를 지적하고 보고하는 일은 매우 어렵다. 따라서 갈등을 마주하였을 때 가장 바람직한 자세는 솔직해지는 것이다. 갈등의 원인에 대해 내가 기여한(영향을 미친) 부분과 상대방이 기여한 부분을 정확하게 구별(분별)할 수 있으면 문제의 반이 해결된 것이다. 그 다음은 갈등을 풀어가는 과정에서 어떤 방식을 선택하느냐의 문제가 되기 때문이다.

커뮤니케이션의 메시지는 두 가지 영역에서 결정된다. 무엇을 말할지가 반이고 어떻게 말할지가 나머지 반이다. 메시지가 옳더라도 공감과 설득을 하게 만들려면 어떻게 말하느냐가 중요하다(이원흥, 2020:101). 여기에서 많은 사람들이 걸려서 넘어진다.

질문들

△ 살면서 가장 갈등하였던 순간은 언제였는가?

△ 무엇 때문에 갈등 하였으며 갈등의 원인은 분석되었는가?

△ 지금 그 순간으로 돌아간다면 바꾸고 싶은 것은 무엇인가?

△ 살면서 나는 누군가에게 갈등의 원인을 제공해 준 적이 있었는가?

4 고통(열네 번째 주머니)

– 동시에 일어난 두 가지 고통 가운데 가장 큰 고통은 다른 고통을 흐린다 (히포크라테스, 격언집)

고통은 통증이다. 사전적 의미로 "몸이나 마음의 괴로움과 아픔"이다. 고통은 삶의 본질이다. 고통 없는 삶이 어디 있으랴? 고통은 상처받음을 전제로 한다. 몸의 상처는 시간이 지나면 아물고 특별한 약을 쓰지 않아도 치유된다. 물론 약물의 도움을 받고 전문가의 진료를 통해 더 빨리 치유된다. 하지만 마음의 상처도 시간이 지나면 치유될까? 마음의 상처는 잊혀진 것처럼 보이지만 언제가 비슷한 상황에서 회복되지 못한 상처는 새로운 상처에 영향을 끼친다.

살면서 우리는 매일 상처 받고 상처를 준다. 대부분의 사람들은 "나는 누구로부터 상처를 받아서 아프다"라고 말한다. 그러면 상대방은 "너도 아프냐? 나는 더 아프다" 하면서 자신의 상처를 자랑한다. 어떤 상처는 깊고 심각하여 몸과 마음을 움직일 수 없도록 묶어 놓는다. 어떤 상처는 눈에 잘 보이지 않고 마음에만 새겨져 있다. 상처의 모양도 다양하고 상처의 치료법도 다 다르다. 주변을 둘러보면 상처 없이 살아가는 사람은 없는 듯하다.

어릴 때 부모의 돌봄을 제대로 받지 못해 애착관계가 불안정하게 형성되었거나 시험에 떨어져서 상처받고, 연인에게 버림받아서 상처받고, 승진에 누락되어 상처받고, 마음을 몰라주는 것 때문에 날마다 상처 받는다. 친구가 나만 생일잔치 명단에서 제외하였음을 뒤늦게 알았을 때 상처받고, 연인이 양다리를 걸쳤다는 것을 가장 친한 친구에게 들었을 때 상처 받는다. 내 수업을 비평하고 내 외모를 품평하는 학부모 때문에 상처받고 성과급 B 통보를 문자 메시지로 확인하고 상처받는다.

지난 시절의 상처는 늘 차고 넘친다. 초등학교 6학년 무렵의 일이다. 방과 후 축구를 하기 위해 남학생들이 편을 가르고 있었다. 각 팀의 주장이 실력대로 혹은 약간의 평소 인간관계를 바탕으로 자기편을 뽑다가 혼자 남아 있는 나를 보자 서로 양보를 하였다. 한두 번만 양보의 미덕을 발휘하면 좋았을 텐데 계속되는 겸손함의 경쟁에 나는 그만 집으로 돌아왔다. 교사가 된 이후 가끔씩 가위바위 보로 팀원들을 선발하는 장면을 목격하면 쫓아가서 이 일이 얼마나 잔인한 일인지 설명하다. 이 일은 아동기를 통 털어 내 자존감에 가장 큰 스크레치를 낸 사건이다.

C·C·C에서 버림받은 이야기는 다음에 하기로 하고 모태신앙이라는 말은 있어도 모태개종이라는 말은 없을 것이다. 나는 3대째 개종을 한 집안이다. 우리 할머니도 아버지도 나도 개신교에서 천주교로 개종을 하였다. 각기 다른 이유와 장면에서 개종을 하였는데 내 개종은 가장 극적이다. 개신교 군종사병을 하다가 그 건물에서 종교를 바꾼 것이다. 살면서 내 영혼이 온통 고통의 터널을 한 해 동안 지나온 것은 1983년 육군통신학교에서 군대생활을 할 때이다. 후반기 교육을 받고 조교가 되어 근무하던 나는 신학대학(총신)을 잠깐 다녔다는 이유로 군종사병이 되었다. 작은 부대에서 개신교와 천주교가 같은 건물을 사용하던 중에 천주교에 대해 공부하는 것도 나쁘지 않겠다고 여겨 도움을 청했다. 신부님과 수녀님들께 받는 "교부들의 신앙"과 "종교박람회"라는 두 권의 책은 군대를 복음화하고자 의욕에 가득 찬 젊은이를 개종하게 하고 수도원으로 가도록 방향을 바꾸게 하였다. 지금도 내 개신교 친구들 중의 한 사람인 A목사는 '회개하고 돌아오라'고 하지만 나는 행복하다. 실상 내가 신학교를 다니지 않았더라면 개종까지 할 필요는 없었을 것이다. 교회의 전도사로서 설교하던 그 자리에서 나는 연옥의 교리 등이 성서에 더 기초한다고 믿었고 수도원이라는 삶의 방식에 매료되었다. 하지만 이를 결정하는 과정은 끝없는 고통의 터널을 낮은 포복으로 지나가는 것이었다. 목사(선교사)가 되겠다던 신학생이 개종하였으니 더 이상 내가 발 딛을 터전이 사라진 것이었다.

개종을 결심하고 실행하던 그 당시 내 친구들에게 했던 말은 "내가 지금 한 선택이 옳았다는 것은 30년 후의 내 삶을 보고 판단하기를 바란다". 나는 내 개종을 한 번도 후회해 본 적은 없지만 개신교나 천주교 모두 문제가 있는 사람들의 집합체인 것은 분명하다. 중요한 것은 내가 살아가는 방식일 것이다. 나는 매일 성서를 읽고 기도하는 것으로 하루를 시작하고 잠자리에 든다. 나의 개종은 나를 더 이상 사람 때문에 혼란스럽지 않도록 해 준 것이다. 천주교 신자가 된 이후에도 나는 늘 신심이 부족하고 훌륭한 종교인이 되기에는 턱없이 부실하다. 하지만 평안하다. 무엇보다 돌아가신 내 할머니와 아버지, 어머니의 영혼을 위해 기도 드릴 수 있는 연옥이라는 교리가 있어서 다행스럽다. 나는 그분들의 영혼이 연옥에서 고통을 면하고 천국에 들기를 기도드린다. 내 자식들도 나를 위해 그렇게 기도할 것이다.

상처 받은 아이들

내 교실에
말없이 앉아 있는
상처받은 아이

비에 젖은 병아리처럼
몸도 마음도 다치고
닫혀 버린 저 아이
어른들로부터
온갖 폭력과 학대에
온몸과 마음으로 노출된 아이

말없이 앉아서
울분과 분노를
삭히는 사이

규칙과 정의와
학습을 강조하는
교사의 공허한 외침

나에겐 진심이 가득 담긴
위로와 격려
사랑이 필요해요
상처를 씻고 이겨낼 수 있도록
선생님의 사랑을 주세요

고통 알아차리기

내가 고통 받고 있다는 것을 어떻게 알아차리지 못할 수 있을까? 문제는 무엇 때문에 고통을 받는지 모르는 것이다. 이 고통이 언제 끝날지 그 지점을 모르는 것 때문에 더욱 고통스럽다. 내 고통의 고리가 어디로 연결되어 있으며 어디를 풀고 매듭지어야 이 고통이 나에게 성장의 기회가 될지 가늠하는 것이 어렵다.

넘어지기만 해도 무릎이 까지고 깨지고 아프다. 나는 매우 쉽게 균형을 잃고 넘어지는 이른바 "꽈당 씨"에 속한다. 내 몸과 마음의 평형은 늘 거리가 있어 군대에서는 고문관이 되었고 훈련을 통해서도 좀처럼 좋아지지 않았다. 나를 닮아 아들·딸도 자주 넘어지고 상처를 입는 것을 볼 때 속상하고 미안하다.

몸에 생긴 멍 자국도 한참을 생각해야 어디에서 부딪힌 상처인지 짐작할 수 있지만 마음에 생긴 상처는 보이지 않으니 더욱더 치료 시기를 놓치거나 자주 잊어버린다. 누군가 나에게 상처를 주는 말을 하였음에도 알아차리지 못하는 눈치 없음은 장점이 되기도 한다. 나를 향한 경멸과 무시를 내가 알아듣지 못하고 함께 웃으며 집으로 돌아온 것이 어찌 한 번 두 번의 일이랴! 그것이 나중에 깨달아지면 아프겠지만 나중에도 기억이 나지 않을 때 나는 이를 장점이라고 부른다.

하지만 마음의 상처를 헤아리는 바늘은 매우 민감하여 50.01과 49.99 사이를 움직일 때도 반응하는 경우가 많다. 다행히 이 바늘은 누군가 나에게 상처를 주기 위해서 한 말에는 둔감하지만 내가 상처를 주거나 상처 받은 사람의 근처에 가면 방사능 측정기보다 더 예민하게 반응한다. 그래서 나는 상처받는 사람의 고통에 대해 유난히 아프고 민감하다.

한때는 이 바늘이 온통 내 자신이 상처를 받을 때만 민감하게 작동하더니 이제 내 상처를 측정하는 데는 매우 둔해지고 다른 사람의 상처에는 민감해졌다. 뉴스를 들을 때 특히 태풍으로 홍수로 사고로 죽음을 당한 이들의 소식을 들으면 그 가족들의 고통과 통증이 전해지기도 한다. 이런 통증의 범위를 공감이라고 하고 이는 상담자에게 중요한 덕목이 된다.

고통 마주하기

고통에 민감한 것은 매우 피곤한 삶을 의미한다. 늘 고통을 인식하고 느끼는 것은 아무런 통증을 느끼지 못하는 것만큼이나 고통스럽다. 그래서 의도적으로 고통을 마주할 때만 고통의 통증을 느끼면 좋겠다. 고통의 통증을 느끼는 스위치가 있어서 전원을 켤 때만 바늘이 예민하게 작동하고 평소에는 둔감하면 좋겠다. 하지만 그것이 잘 안 된다. 언제 통증을 전달하는 상황이 일어날지 모르는 일이라 이 전원은 24시간 켜져 있다. 또한 통증의 범위를 민감하게 느끼는 촉수가 있고 이 촉수가 민감하게 작동하는 방식을 근육이라고 부를 때 고통을 느끼는 능력은 또 하나의 재앙이 되기도 한다.

고통을 마주하는 것이란 무엇을 뜻하는가? 콜럼바인 고등학교의 무자비한 학살의 두 가해자 중 한 학생의 어머니인 수는 일이 일어난 16년 후에 "나는 가해자의 엄마였다"고 고백하면서 그 일들을 설명한다. 이는 말로 설명될 수 없지만 결국은 말과 글로 설명되어야 겨우 인간이 이해할 수 있는 범주의 주파수 안에 들어오게 된다. 가해자의 어머니가 되는 일은 어떤 느낌일까? 그것도 온 나라가 저주하고 돌을 던지는 희대의 싸이코패스의 부모가 되어 죽은 이들과 사회를 향해 말과 글을 쓰는 마음은 어떠한 것인가?

어떤 고통도 정면으로 마주하지 않으면 고통으로부터의 교훈인 성장이 일어나지 않는다. 필자는 학교폭력후성장(PTGS: Post Traumatic Growth in School)을 주장하였다. 아들러의 말처럼 "어떤 경험도 경험 그 자체가 아니라, 경험에 대한 해석이 영향을 끼치듯이" 경험을 해석하는 방법에 대해 묻는다. 나는 다시 인류 역사 최초의 살인사건인 인간의 태를 끊고 나온 맏아들 카인에 의해 살해된 동생 아벨의 죽음에 대해 그 부모에게 심정을 묻는다. 성서 어디에도 아담과 하와의 절망과 고통에 대해 나와 있지 않지만 선악과를 따 먹은 것에 대한 최대의 징벌은 이 사건이 아니었을까?

질문들

△ 살면서 겪은 가장 고통스러웠던 순간은 언제였는가?

△ 무엇 때문에 고통스러웠으며 나에게 고통을 준 사람은 누구였는가?

△ 가장 고통스러웠던 그 순간으로 돌아간다면 바꾸고 싶은 것은 무엇인가?

△ 살면서 나는 누군가에게 고통을 준 적이 있었는가?

5 방어(열다섯 번째 주머니)

– 세상은 고통으로 가득하지만 한편 그것을 이겨내는 일로도 가득 차 있다 (헬렌 켈러)

방어防禦의 사전적 의미는 "상대편의 공격을 막음"이다. 파생된 용어인 방어기제는 "두렵거나 불쾌한 정황이나 욕구 불만에 직면하였을 때 스스로를 방어하기 위하여 자동적으로 취하는 적응 행위. 도피, 억압, 동일시, 보상, 투사 따위가 있다"(국립표준국어대사전). 여기서는 방어심리학적 해석인 방어(defence) 애정 대상의 상실, 대상의 애정 상실, 거세 그리고 초자아의 비난과 같은 위험하고 불쾌한 정동으로부터 자신을 보호하기 위해 애쓰는 자아의 분투를 일컫는 용어로 이해하기로 한다. 따라서 개인은 자신이 위험스러운 욕망이나 소망을 피하기 위해 방어 기제를 사용한다는 사실을 깨닫지 못한다. 방어 기제가 작용하면 현실적인 측면은 삭제되거나 왜곡된다.

방어라는 용어는 프로이트가 "방어의 신경-정신증"(The Neuro- Psychoses of Defense, 1894)이라는 논문에서 처음 사용했는데, 그는 수년 동안 억압과 방어를 같은 의미로 사용했다. 방어 기제라는 용어는 안나 프로이트가 자신의 저서인 『자아와 방어 기제』(The Ego and the Mechanisms of Defense, 1936)에서 처음 사용했다[네이버 지식백과] 방어 [DEFENSE] (정신분석용어사전, 2002. 8. 10., 미국정신분석학회, 이재훈). 방어(defensiveness)는 외부의 공격을 막고 위협이나 위험에 맞서 대응하려는 상태를 말한다.

방어를 하고 있는 사람의 특징은 자꾸만 곁눈질을 하고 눈을 깜빡이며 눈알을 굴리거나 침을 많이 삼킨다. 더듬거리며 말하거나 다른 사람과의 논쟁에서 갑자기 목소리가 격앙된다. 뒷걸음치거나 움찔하며 뒤로 피하려는 움직임을 보이고 행동에 유연성이 부족하다. 자기는 아니라고 손가락을 내젓는 행동을 하며 살짝 떨어져 비스듬한 자세를 취한다. 책임을 다른 사람에게 전가하고 눈에 띄게 땀을 많이 흘린다. 혈압이 상승하고 갈증이 심해지며 심장이 쿵쾅거리고 입안이 자주 바짝 마른다. 이런 상태가 지속되면 소리를 지르거나 자기와 맞선 이의 약점을 걸고넘어지며, 울화를 못 이기고 바깥으로 뛰쳐나간다. 추후 심화될 수도 있는 감정의 단계는 분노와 공포이다. 방어가 억압되면 억지로 평온한 모습을 가장하고 평소의 어투를 유지하려고 애쓴다. 거짓 미소를 흘리고 다니거나 대상을 바꾼다(Angela Ackerman·Becca Puglisi, 2016).

콩 깍 지

권위에 고분고분 할 줄 알면
콩깍지 따위나 먹고 살까[7]

콩깍지를 먹고 살줄 알면
비루먹은 권력에 빌붙어 살까?

곁불 쬐려는 마음 없으며
그물에 걸리지 않는 바람이 되지

학교폭력과 관련한 가해자와 피해자 혹은 그 부모로, 담임교사로 발을 딛게 되는 일은 예외적인 상황을 맞이한 것이라는 인식이 크다. 학교 폭력은 창과 방패의 싸움이라기보다는 방패와 방패의 싸움이다. 난감하고 만났을 때 아이는 좌절하고 놀라며 혼란에 빠진다.

○○교육연수원에 파견교사로서 1년간 근무를 할 때의 일이다. 내가 맡은 임무는 전국에서 가장 만족도가 낮은 연수원 중의 하나였던 연수원의 30주년 발전계획을 세우는 일이었다. 혼자서 이 일을 하기는 어려웠다. 학습연수원 교사 중 초등과 중등 각각 두 분을 함께 연구할 수 있도록 청하였고 팀이 이루어졌다. 전국의 우수 연수원들을 방문하여 배우고, 우리 연수원의 부족한 점과 개선점에 대해 분석하였다. 하지만 이 일은 연수원에 근무하던 직원들 입장에서는 참으로 불편한 일이었을 것이다. 평교사가 "30주년 발전 계획"의 책임을 맡는다고 하니 "도대체 정체가 무엇인가?"라고 따지며 절차를 밟으라고 꾸짖었다. 발전계획이라는 것은 당연히 문제점과 개선점을 동반하기 마련이다. 연수원의 전문직 입장에서는 연수에 관한 한 우리가 가장 전문가인데 감히 평교사 주제에 연수의 철

7) 철학자 디오게네스에게 왕궁에서 호의호식하던 동료 아리스토포스가 한 말

학과 방향에 대해 평가를 하는 것이 용납하기 어려운 일이었을 것이다. 하지만 이 일은 교육감의 지시에 의해 충북교육의 발전을 위해 연수의 품격을 높이는 것이 중요한 일이었기에 내린 특별한 처방이었다. 상반기에만 2~3번 교육감 보고가 이루어졌다.

무엇보다 전국 최하 수준의 연수원 예산이 문제였다. 냉·난방조차 들어오지 않은 구관의 시설의 열악함과 본관 역시 크고 어두운 고동색 책상으로 가득 찬 교실의 집기를 두고는 연수의 내용을 아무리 개선하여도 교직원들의 몸이 연수의 내용을 받아들이지 못할 것이었다. 교육감께서 특별히 예산을 반영하여 숙원 사업을 해결해 주셨다. 그제야 연수원직원들의 냉랭한 분위기가 바뀌었다. 몇 년 동안의 숙원 사업이 해결되었기 때문이다. 그 과정에서 가장 선임자인 두 분의 연구사님들은 나를 불러 이렇게 충고하였다. "이제 그만하면 족하니 여기서 멈추시라. 지금 교육감 선거를 다시 한다면 이 연수원에서 현 교육감을 찍을 분이 한 사람 밖에 없을 것이다. 정말 개혁을 하고 싶다면 연구사나 연구관이 되어 오셔서 개혁을 하시라"고 충고하였다. 나는 내가 파견받아서 하고자 하는 일은 그동안 연구사님들이 개선하고자 하였지만 바빠서 할 수 없는 일들을 돕는 일이라고 말씀 드리며 마음을 얻어 연수원의 체질을 개선하고자 하였다. 파견 기간을 마치고 복귀할 때 "처음에는 오해를 하였지만 정말 중요한 일을 해 주셨고 진심으로 고맙다"라는 말을 들었다. 그것으로 되었다.

하지만 후일담으로 전해지는 말은 내가 연수원에 가서 직원들과 갈등을 일으켰다는 것이다. 실상 이 일에 대해 설명하고 싶어 하는 마음이 든다. 그것이 방어이다. 하지만 나는 그 마음을 내려놓았다. 내가 다른 사람과 달라야 하는 것은 무엇인가? 왜 나는 교육감 상은 물론 어떤 상도 스스로 추천하는 일은 하지 않았던가? 아니 못했던가? 내가 당연히 할 일을 했을 뿐이고 그 가운데 부족한 일들도 있었을 터인데 상을 추천할 때는 이를 잘한 것을 중심으로 편집하고 포장하게 될 것이니 이는 선비에게는 부끄러운 일이 아닐 수 없다.

나는 내가 연수원의 30주년을 맞아 조그마한 변화의 마중물 역할을 한 것에 대해 포장하거나 과장하고자 하는 것이 아니다. 다만 그때 그 직원들과의 갈등이 나의 품성과 자질의 부족으로 여겨지는 것에 대해 처음에는 마음이 적잖이 당황하고 속이 상했지만 시간이 지날수록 다행스러워졌다. 변화와 개혁의 열매가 사람에게 조명되어서는 안 된다. 결국 그 변화는 누구를 위한 것이었는가? 학교라면 학생들을 위한 것이요, 연수원이라면 교육의 대상인 교직원들에게 도움이 되는 것이 목표여야 한다. 그렇다면 내 역할은 여기까지가 좋다. 평교사로서 연수원의 30주년 발전계획을 세우는 과정에서 나의 학문이 지극하지 못했고 그 태도 역시 겸손하지 못한 부분이 엿보였을 것이므로 불편함을 느꼈다면 그것은 내 문제이다. 부족하고 상처를 입은 사람들에 의한 개혁이면 어떠랴? 나는 이렇게 생각하며 마음을 정리한다. 이것이 나의 방어기제이다. 이를 심리학에서는 승화라고 부를 수도 있을 것이다.

방어 알아차리기

방어는 무릇 공격에 대한 대응이다. 흔히들 방어적 무술이라는 말을 쓰지만 형용모순이다. 방어를 위해 권투를 배우고 격투기를 배운다고 한다. 망치를 든 사람은 못을 찾게 마련. 방어를 위해 배운 기술은 종종 공격에 활용된다. 대표적인 방어무기로는 핵이 있다. 핵은 선제공격용 무기는 아니다. 하지만 핵무기야말로 지구를 몇 번이나 완벽하게 파괴할 수 있는 물질이면서 적으로부터 나를 지키겠다고 한다.

맹수의 발톱과 이빨은 방어용 무기인가? 무소의 뿔과 코끼리의 상아는 방어용 무기인가? 아니면 공격용 무기인가? 단지 짝짓기에 필요한 장식품인가? 최선의 방어는 공격이라는 말이 요즘처럼 일상에서 많이 활용되는 경우는 없는 듯하다. 상대방의 특정한 행동이 공격용인지 방어용인지 구분하는 것이 쉽지 않다. 적으로부터 공격을 받았을 때 대응하기 위한 무기는 자주 적이 우리를 공격하지 못하도록 선제 타격을 하는 무기로 사용되기도 한다.

심리적 영역에서 방어란 자신을 지키기 위한 것보다는 적극적인 의미의 보호가 있어 보인다. 그래서 방어기제이다. 모든 생물은 자신을 지키기 위해 방어수단을 가지고 있어야 한다. 종족을 번식하기 위한 수단 못지않게 생존에 필요한 방어수단도 중요하다. 그것이 전기電氣(전기뱀장어 등)일 수도 있고 가스(스컹크 등)일 수도 있다. 때로는 날카로운 침이나 독毒이 될 수도 있다. 하지만 어떤 독毒은 터무니없이 강력하여 공격자에 대한 방어를 한참 넘는다. 하지만 자연의 방어체계는 대부분 공격자에 대해 한정된다. 그러나 인간의 방어체계 중 하나인 핵은 불특정 다수를 넘어 인류 자체를 수십, 수백 번이나 절멸絕滅시키고도 남는다. 때로는 우리의 마음이 공격하고 방어할 때 자연의 모습을 닮기보다는 전쟁을 하자는 사람 특히 핵전쟁을 하자는 사람을 만나기도 한다. 당황스러운 일이다.

방어 마주하기

내가 공격을 받았다면 당연히 방어를 통해 나의 생존을 모색하여야 한다. 이때의 방어는 공격의 정도에 비례해야 한다. 활로 쏘았다고 미사일로 응징하는 것은 균형에 어긋나는 일이다. 작은 슬픔에는 작게 슬퍼하고 큰 슬픔에는 크게 슬퍼해야 하듯이 작은 공격에는 작은 방어무기(기제)를 사용하고 큰 공격에는 큰 무기가 사용되어야 한다. 하지만 많은 이들이 자신이 받은 공격에 대해 해석하기를 상대방은 돌을 던진 것인데 나는 포탄을 맞았다고 생각할 때 문제가 생긴다.

학교폭력의 해결과정에서 많은 경우 피·가해학생들이 상대방의 공격에 대해 인식하는 방식과 크기의 차이가 일어난다. 상대방을 눈을 흘겨보았는데 레이저 광선에 옷에 구멍이 났다고 주장하거나 상대방이 술래잡기 하다가 손을 쳤는데 부상을 입었다고 주장하기도 한다. 물론 모든 피해는 피해자의 관점에서 해석되고 우선적으로 고려되어야 한다. 그러나 같은 시소에 널뛰기를 하였는데 한 사람은 공기 돌에 맞았다고 하고 한 사람은 집채만 한 바위에 맞은 것이라고 한다면 중재가 쉽지 않다.

방어는 상대방의 공격에 대한 정확한 인식이 전제조건이 된다. 이때 사실에만 주목하면 마치 개구리 엄마가 황소의 크기를 표현하기 위해 배에 공기를 넣다가 터지는 것처럼 자신에게 함몰된다. 그때의 감정에 주목하여야 한다. 즉, 그 일로 인해 내 마음에 어떤 변화가 일어났는지 표현하고 나누는 과정에서 감정의 교류 즉 공감이 일어난다. 이 감정의 실타래를 붙들고 따라가면 사건의 실체를 만나고 그것을 감정으로 표현할 때 서로 공감한다. 공감하게 되면 갑옷을 벗어놓고 손에든 방패도 내려놓는다. 더 이상 방어할 필요가 없어진 것이다.

질문들

△ 살면서 내가 한 가장 큰 방어기제를 사용한 것은 언제였는가?

△ 내가 방어기제를 사용한 이유는 무엇이며 그 사람과의 관계는 어떠한가?

△ 만약 그 순간으로 돌아가 다른 방어기제를 사용할 수 있다면 무엇을 바꾸고 싶은가?

△ 주변에 나와 만날 때 방어기제를 사용하는 사람은 누구이며 그 까닭은 무엇인가?

Ⅳ

가을 - 회복의 숨결

내 나이가 참 좋다

나는 내 나이가 참 좋다
젊은 시절로
한 순간도 돌아가고 싶지 않다

모든 것에 약간의 여유로
생각은 깊어지고
절반만 보이던 것들이
전체로 다가오진 않지만
어렴풋이 윤곽이 구별되는
지금의 내 나이가 참 좋다

하지만 가끔씩
시력도 청력도 떨어지고
밥 먹으며 흘리는 주책에
병이 나면 어쩌나
치매 걸리면 어쩌나
두렵기도 하지만

매 순간을 오롯이
현재에 머무르면
모든 것이 선물이다

나는 내 나이가 참 좋다

Ⅳ 가을 - 회복의 숨결

1 격려(열여섯 번째 주머니)

– 사람은 오로지 가슴으로만 올바로 볼 수 있다. 본질적인 것은 눈에 보이지 않는다(쌩떽쥐베리, 어린 왕자)

격려는 명사로 "용기나 의욕이 솟아나도록 북돋워 줌"을 말한다. 아들러 심리학에서는 칭찬이 아니라 격려를 강조한다. 칭찬이 결과에 대한 것이라면 격려는 과정에 대한 것이다. 격려는 행동 그 자체에 대한 것이지만 칭찬은 행위를 한 사람에 대한 평가이다. 격려는 개인의 고유성에 기반을 두지만 칭찬은 비교를 통한 평가에 근거한다. 따라서 격려는 행동을 변화시키는 가장 핵심적인 용어이다(이해중 외, 2017:15).

학교에서 학생들과 교사들은 여러 가지 이유로 낙담하고 좌절한다. 낙담에 빠진 학생과 교사는 자신의 나약함과 부족함을 스스로 책망하고 위축되며 자기 존재에 대한 정체성과 자존감을 상실한다. 자신을 있는 그대로 받아들이고 존중하기 위해서는 격려가 필요하다. 격려는 외적 보상이 아니라 내적 동기 부여에 집중한다. 자기 스스로를 넘어진 곳에서 일으켜 세우며 자기 존중감을 회복하는 것이다.

한동안 우리 사회는 "칭찬은 고래도 춤추게 한다"며 칭찬을 많이 할수록 좋다는 명제가 무지개처럼 사회 전반에 퍼져나갔다. 특히 학교 영역에서 칭찬은 가장 중요한 덕목이 되었고 그 표현 방법으로 쿠폰 혹은 스티커가 남발하였다. 하지만 칭찬의 부작용은 곧 드러났다. 칭찬의 동기가 외부에 의한 것이기 때문이다. 칭찬받기 위해 행동하고 마땅히 하여야 할 일을 했음에도 불구하고 칭찬을 기대하고 요구하는 것이다. 교사들의 경우 학생들을 교묘히 통제하는 수단으로 칭찬을 활용하였다. 쿠폰을 주고 스티커를 주면서 경쟁시키는 것이다.

칭찬은 주로 아이가 주어진 임무를 완성하거나 잘 했을 때 사용되지만 격려는 아이가 실패하였을 때 더욱 필요하다. 아이가 칭찬으로부터 보상을 받을 경우 칭찬을 하지 않거나 칭찬이 자신이 기대하는 만큼 부여되지 않으면 분노한다. 이것은 실패를 의미하게 때문이다. 칭찬은 아이 자체에 초점을 두지만 격려는 아이가 해야 할 일에 초점을 둔다.

콜버그는 도덕발달단계이론에서 6단계의 도덕발달 중 1단계는 처벌의 회피와 복종에 초점을 둔 처벌과 복종단계, 2단계가 욕구충족과 거래단계로 규정하였다. 이들은 모두 인습 이전의 단계에 속한다. 토큰이나 스티커는 2단계의 욕구충족과 거래 즉 도구적 상대주의 단계에 해당한다고 볼 수 있다. 성숙한 민주시민으로서 독립적인 사회성과 도덕성을 기르는 것이 아니라 상과 벌에 초점을 둔 행위를 한다는 점에서 비교육적이기도 하다.

실상 교실에서 많은 교사들의 토큰(스티커)의 사용이 얼마나 강력하고 유용한지 경험하지만 이는 격려로 대처되는 것이 바람직하다. 다른 사람을 격려하기 위해서는 무엇보다 격려를 베푸는 이가 자신을 먼저 신뢰하고 타인을 신뢰하여야 한다. 격려하는 사람은 있는 그대로 자기 자신을 수용하고 다른 사람들을 존중하며 인간에 대한 믿음이 기초되어야 한다.

아들러는 모든 감정에는 목적이 있다고 주장한다. 즉 인간은 자신이 원하는 목적을 이루기 위해 특정한 감정을 만들어 낸다는 것이다. 감정을 얼마든지 주체적, 능동적으로 선택할 수 있다고 본다. 우리는 이러한 감정의 주인이 될 것인지 감정에 끌려갈 것인지 선택할 수 있다. 아들러는 어떠한 경험도 경험 그 자체가 영향을 끼친다기보다는 경험에 대한 해석이 영향을 끼친다고 보았다. 그래서 "트라우마란 없다"라고 잘라 말하기도 하였다.

교실에서 아이들은 잘못된 목표를 선정하고 문제행동을 하기도 한다. 모든 아이들은 집단에서의 위치와 상관없이 자신이 남들로부터 인정받고 동의받기를 원한다. 격려란 아이에게 교사의 신뢰, 존중, 그리고 믿음을 행동으로 표현하고 아이의 결정(잘못된 행동이라고 할지라도) 때문에 아이의 가치가 훼손되지 않음을 보여주는 것이다. 아이가 자신이 한 행동의 결과에 대해 실망하고 있을 때 아이를 격려함으로써 교사는 아이와 긍정적 관계를 형성하고 아이를 좌절로부터 끌어내어 준다.

격 려

좌절하고 낙담하여
주저앉고 싶을 때

복음을 묵상하여
위로 받는다

복음이 일상 속에
스며들지 못할 때
좋은 책과 만난다

삶의 모습은 퇴계 할아버지
상담적 철학은 아들러

개혁적 신념은 파커 파머

영적인 태도는 헨리 나웬

일상의 삶은
아내에게 배운다

격려 알아차리기

일상 속에서 격려가 몸에 배인 교사의 말과 행동은 어떻게 다른가? 돌이켜보면 우리 반이 일등이 되어야 하고 최고가 되어야 함을 강조하는 교사가 있었다. 그는 우리 학급을 자랑스러워하였으며 자신에 대한 자부심도 대단하였다. "너희는 할 수 있어"라고 늘 외치면서 "포기는 김장철에 김치 숫자를 헤아릴 때 외에는 내 사전에는 없다"라고 소리를 높였다. "너만큼 훌륭한 학생을 본 적이 없으며 금년 학생들이 내가 가르친 모든 학생들 중에서 가장 최고"라고 세뇌시켰다. 우리 모두는 카리스마 짱 선생님의 신자가 되었다. 하지만 모든 성과와 결과는 우리들의 노력이라기보다는 위대한 선생님의 학급경영의 열매이며 트로피이고 학급 반장은 겨우 트로피의 한 조각이 되었을 뿐 우리 모두에게 찾아온 공허함의 실체를 당시에는 알 수 없었다. 내가 선택하고 결정하고 참여한 일이 아니기 때문이었음을 몰랐다.

동학년 축구나 피구 시합에서 뛰어난 플레이를 하는 친구들의 놀라운 업적과 기능은 찬양의 대상이었고 그를 도와 골을 넣고 승부에 이기기 위해서 친구들이 어떻게 도와야 하는지 그 방법들이 찬양되었다. 1등 학급이 되는데 기여한 공들은 공신목록에 올라 1등 공신 2등 공신 3등 공신 그리고 평범한 등신의 계급이 모두에게 은연중에 부여 되었다. 선생님의 자부심과 우수반 펜던트는 우리 교실을 떠나지 않았지만 그것은 녹슨 닻처럼 우리를 묶어 놓았다. 하지만 어린 우리들은 그것을 자랑스러워하도록 끊임없이 세뇌되었다. 운동에 재주가 메주인 나는 늘 찌그러져 있었다.

격려 마주하기

(Rudolf Dreikurs · Bernice Bronia Grunwald · Floy C, Pepper, 2013)

격려하는 교사를 만나는 것은 행운이다. 격려하는 교사는 아이 자체에 가치를 두고 아이에게 신뢰를 보내며 아이의 능력을 진심으로 믿고 아이가 자존감을 형성하고 확인을 갖도록 돕는다. 아이가 잘한 것에 대해 민감하게 알아차리고 아이의 노력을 인정한다. 학급집단을 활용하여 아이의 발달 과정을 향상시키고 아이가 저마다 자신의 위치를 차지할 수 있도록 집단에 초대한다. 아이의 장점과 자신을 인정하고 이에 집중하며 보완할 점에 대해서도 안내하되 상처를 주지 않는 방법을 알고 있다. 아이의 관심사에 주목하고 성공을 보장하기 위해 순차적으로 능력을 개발하도록 안내한다.

아이를 격려할 때 다음과 같이 말한다.

"넌 ~을 잘하는 것 같아"
"너의 ~이 발전한 것 같아"
"선생님은 너를 좋아하지만, 네가 하는 행동에 대해서는 그렇지 않다고 생각해"
"네가 ~함으로써 나(우리, 학급 등)를 도울 수 있을 것 같아"
"함께 시도해 보자"
"자 실수는 누구나 할 수 있는 거야. 네가 실수를 통해 무엇을 배웠는지가 더 중요해"
"너는 못할 것이라고 생각하겠지만, 우리는 네가 할 수 있을 것이라고 믿어"
"포기하지 말고 계속 시도해 보렴"
"네가 이 문제를 해결할 수 있을 것이라고 생각하지만, 도움이 필요하다면 내게 말하렴"
"네가 어떻게 느끼는지 알지만(동정이 아니라 공감), 네가 이것을 잘 다룰 수 있는 능력이 있다고 생각해"

이런 교사를 만나는 것은 행운이다. 내가 이런 교사가 될 수 있는 것은 희망이며 선택의 문제이다. 행운은 행복을 누리기 위한 필요조건도 충분조건도 아니다. 하지만 태도는 필요충분조건이다. 태도는 상황을 이긴다. 상황을 긍정적으로 바라보고 감사하는 마음을 가지며 가진 것을 나누려는 태도는 한 사람의 행복에 가장 큰 영향을 미친다. 스스로 행복한 교사가 되는 것을 선택할 수 있다(메리 파이퍼, 2019).

질문들

△ 살면서 가장 격려가 필요했던 순간은 언제였는가?

△ 무엇 때문에 격려가 필요하였으며 나를 격려해 준 사람은 누구였는가?

△ 그 순간으로 돌아간다면 바꾸고 싶은 것은 무엇인가?

△ 살면서 나는 누군가에게 격려를 베풀어 준 적이 있었는가?

2 수용(열일곱 번째 주머니)
– 승리하면 조금 배울 수 있고 패배하면 모든 것을 배울 수 있다 (크리스티 메튜슨)

수용은 "어떤 것을 받아들임"을 뜻하는 명사이다. 삶의 다양한 장면에 노출되었을 때 그것을 받아들이는 과정이 수용이다. 부모님의 직장으로 인해 전학을 가게 된 학생이 새로운 학교에서 자기소개를 하고 적응을 하는 과정이 수용이다. 바뀐 환경에 대해 수용하고 새로운 친구들에게 적응하고 동화되는 것이 총체적인 수용의 과정이다. 개인의 생활 공간이동에도 환경에 대한 수용이 필요하지만 한 시대가 새로운 시대를 맞이하는 거대한 문명의 수용도 있다.

코로나 19는 학교의 존재 이유를 질문한다. '아이들이 급속하게 줄어들고 있는데 교사도 줄이는 것이 맞지 않는가?' 하고 질문한다. 원격수업을 해 보니 교사가 없어도 배울 수 있을 뿐만 아니라 어쩌면 인공지능(AI)은 짜증도 내지 않고 아동의 역량을 개별적으로 파악하여 더 잘 가르칠 수도 있다고 웅변한다. '교사가 필요 없는 시대가 올 것이다'라고 강변한다. 하지만 학교는 관계를 가르치는 곳으로 인공지능(AI)이 인간관계의 공감에 대해 가르칠 수는 없을 것이다. 용서에 대해 사례를 온갖 동영상으로 보여줄 수 있다 하더라도 용서 구하기와 용서 베풀기를 체험하고 실행하게 하는 것은 어려울 것이다.

많은 사람들이 코로나 19 이전으로는 다시 돌아갈 수 없으며 이 변화를 기쁜 마음으로 수용하여야 한다고 주장한다. 사실상 원격수업을 하면서 학생들과 학부모님들의 눈높이가 한참 높아졌다. 우리 선생님이 왜 EBS 강사들처럼 예쁘고 잘 가르치지 못하는가? 하는 항의가 이미 교실 문턱을 넘어 교문 위에 현수막처럼 펼쳐져 있다. 팬데믹이 지나가면 우리 학교는 어떤 모습으로 탈바꿈을 할 것인가? 학교의 변화를 수용할 수 있는 범위는 학생과 학부모, 교사가 각각 어디까지 일까?

코로나 19 이후의 세상에 대해 전망하면서 공통된 의견 중의 하나는 교육의 형태와 학교의 모습이 변해야 한다는 것이다. 더 이상 19세기의 교사가 20세기 교실에서 21세기의 학생들을 같은 방식으로 가르쳐서는 안 된다는 지적이 천장을 뚫고 나올 것만 같다. "어제의 방식으로 오늘의 학생들을 가르치는 것은 아이들의 내일을 빼앗는 것이다"라는 존 듀이의 통찰이 호출된다. 원격 수업을 계속하다보니 우리 선생님도 Zoom으로 실시간으로 수업을 해야 한다고 주장하는 학부모님들의 목소리가 커지고 있다. 문제는 '학생들과 학교의 교육 매체 환경이 Zoom 수업을 감당할 수 있겠느냐?'를 넘어 모든 교사가 저마다 자기 교실에서 초등학교 고학년을 기준으로 하루에 5시간 내외의 수업 안을 만들어서 30명 내외의 학생들을 통제하면서 화상으로 수업을 진행할 수 있겠는가? 하는 질문은 빠져 있다. 다만 선생님이 얼굴을 보여주지 않으니 우리 아이가 그 시간에 제대로 일어나서 컴퓨터 앞에 앉아 있지 않아서 화가 나 있다.

Zoom 수업을 위해 모든 교사의 컴퓨터 위에 웹 카메라를 설치하고 성능이

기준을 넘는 마이크를 구입하여 매 수업을 실시간으로 진행하는 것이 가능하기는 할까? 카메라와 마이크 값이 많이 오르기는 해도 못할 것도 아니다. 하지만 15분짜리 유튜브 화면을 올리기 위해 유튜버들이 어느 정도의 시간을 투자해야 하는지까지는 몰라도 좋다. 한 집에 다자녀가 있다면 컴퓨터가 자녀 숫자만큼 있어야 하고 웹 카메라와 마이크도 있어야 한다. 물론 노트북 컴퓨터나 태블릿 PC를 사용하는 것도 대체 가능한 일이다. 하지만 모든 교사를 유튜버로 만드는 것이 지향하는 것은 무엇인가? 무엇을 얻고자 하는 것이며 잃는 것은 무엇인지 통찰 없이 Zoom 실시간 수업만을 강조할 일은 아니다.

필자도 Zoom 본사에 매달 16.49$를 지불하며 Zoom에 가입하였다. 이로 인해 40분마다 회의가 끊이지 않는 수업을 할 수 있다. 하지만 학생들 30명이 동시에 접속하여 수업을 운영하는 문제는 학생들도 Zoom 수업에 대해 이해와 준비가 있어야 한다. 대학원생들도 적응하는데 시간이 걸리는 작업이다. 하지만 원격수업의 패러다임이 바뀌었으니 이 길로 가는 것이 해답이라고 결정하다면 어쩔 수 없이 참석하여야 한다. 그러나 이 방법을 수용하기에는 너무나 많은 위험요소가 있다. 수업과정 속에서 Zoom을 통해 제공되는 많은 정보들은 어떻게 활용될지 염려가 된다. 실시간으로 전개되는 수업에서 초상권을 고사하고 수많은 지적재산권들을 효과적으로 통제될 수 있을 것인가? 유명한 드라마 대사처럼 "감당하실 수 있으시겠습니까?"라고 묻는다.

이제 학교는 전면 등교수업을 실시하고 있다. 하지만 우리 모두는 코로나 19 이전으로 되돌아 갈 수 없음을 알았다. 언제든 상황은 되풀이 될 수 있다. 교육의 본질에 대해 질문할 시간이 다가왔다.

외계 언어

폰북 엑셀로
오전 중으로

드롭박스 가입하시고
청소용구 신청하세요

스쿨 마스터
등록하셔요

외계언어
넘쳐난다

아이스크림 유료회원 가입하고
G 마켓에서 펠트 시간표 구입하고

드림 오피스에서
메가 파일 박스를 산다
새 학년 준비하는
예순 교사의
플러스 펜이 무겁다

수용은 받아들임이다. 내가 바꿀 수 있는 것은 바꾸고 바꿀 수 없는 것은 받아들이는 것이 수용이다. 지금 우리는 감당할 수 없는 일을 감당할 수 있다고 여기며 무리하게 밀어 붙이고 있는 것은 아닐지 염려한다.

수용 알아차리기

조의석·김병서 감독이 2013년에 만든 영화 감시자들은 설경구·정우성·한효주 주연의 감시사회의 단면을 잘 보여준다. 영화 속에는 수십 개의 화면을 동시에 띄어 놓고 범인을 추적하는 요원들의 모습이 나온다. 직업으로 하루 종일 모니터를 보는 요원들이라면 화면 속에서 저마다 움직이는 참가자들의 손짓과 동작을 구분할 수 있을 것이다. 하지만 30명과 동시에 작은 모니터로 쌍방향 수업을 하는 교사가 질문을 주고받는다면 수업은 과연 어디까지 효과가 있을 수 있을까 질문을 던진다. 필자는 이미 두 학기 동안 Zoom으로 대학원 수업을 진행하고 있다. 훈련받은 성인들도 익숙하지 않고 에너지가 많이 드는 수업이 쌍방향 원격화상수업이다. 국제 정상들이 주고받는 화상회의를 생각해 보라. 매일 대여섯 시간 화상회의를 하는 것이 가능하겠는가?

수용은 할 수 있는 것을 알아차리는 능력이다. 할 수 있는 것을 할 수 있다고 말하고 할 수 없는 것은 할 수 없다고 말하는 것이 수용역량이다. 코로나 19로 인해 온 나라가 쌍방향 화상 수업을 하지 않으면 시대에 뒤떨어지거나 게으른 사람의 변명이 되는 것으로 여겨 "그 입 다물라"하면서 윽박질러서는 안 된다.

수용 마주하기

"걱정을 해서 걱정이 없어진다면 걱정이 없겠네"라는 네팔 속담이 있다고 한다. 환경이 바뀌면 바뀐 환경에 적응하여야 한다. 이를 환경을 수용한다고 한다. 새로운 가족이 탄생하거나 직장을 옮기거나 이사를 가는 것 등도 변화하는 환경에 대한 수용을 필요로 한다.

이러한 변화 사이의 강을 건너가며 "내가 변화시킬 수 있는 것은 변화시키도록 노력하고, 변화시킬 수 없는 것은 적응하도록 노력하는 것"이 수용 역량이다. 인간의 삶의 각 단계마다 발달과제가 있고 자기 나름의 삶의 과제가 있다. 자신에게 주어진 삶의 과제를 소명으로 여기고 최선을 다하는 태도가 필요하다. 어쩔 수 없이 하는 것이 아니라 하늘이 내게 맡긴 일로서 즐기면서 하는 것이 본인에게도 주변사람에게도 그 일로 인해 효과를 얻는 사회 공동체에도 모두 유익하다. 〈논어(論語)〉 옹야편(雍也篇) 편에서 "타고난 사람은 노력하는 사람을 이길 수 없고 노력하는 사람도 즐기는 사람을 이길 수 없다"

知之者는 不如好之者요, 好之者는 不如樂之者니라.
이왕 주어진 것이라면 수용할 것이라면 즐겁게 하는 것이 최고의 대처이다.

질문들

△ 살면서 가장 수용한 가장 큰 사건은 무엇이며 언제였는가?
△ 나의 수용의 이유는 무엇이며 그것은 내 삶에 어떤 영향을 끼쳤는가?
△ 그 순간으로 돌아간다면 바꾸고 싶은 것은 무엇인가?
△ 내 인생의 마지막 순간에서 내가 수용하여야 할 가치는 무엇인가?

3 시도(열여덟 번째 주머니)

– 여행 중 가장 오래 걸리는 것은 문턱을 넘는 일이다 (마르쿠스 티렌티우스 바로, 농사론)

하늘 아래 새 것이 없다. 하지만 어린아이의 눈에는 모든 것이 새롭다. 모든 것이 처음이다. 처음 부모가 되면 모든 것이 낯설고 서툴다. 처음 교사가 된 이들도 그러하다. 처음 교감이나 교장이 된 이들도 처음 장학사나 장학관이 된 이들도 그러하다. 모든 일에는 시작이 있고 또 그 끝이 있게 마련이다.

서른셋에 초등학교 교사가 되었을 때 아이들은 아빠와 놀아 주기를 원했다. 당시에는 당직이 있었다. 주6일 근무에 일요일 혹은 공휴일에 돌아가면서 당직을 섰다. 자녀들과 함께 학교에 가면 모든 운동장이 아이들 차지였고 엄마도 아빠도 편안하게 하루를 보낼 수 있었다. 가끔씩 학교를 방문하는 우리 반 아이들이 로사와 마태오를 데리고 놀아주는 것도 큰 힘이 되었다. 교사가 되면서 아이들과 3가지 약속을 하였다.

▶ 함께 손을 붙잡고 학교에 가기
▶ 아빠가 직접 가르치기 혹은 아빠에게 배우기
▶ 함께 외국에서 생활하기

첫 번째 약속은 비교적 어려운 약속이 아니지만 두 번째는 고민이 되었다. 담임을 할 수 없으니 방법은 전담이다. 로사와 마태오는 아빠에게 초등학교 6학년 영어를 1년씩 배웠다. 그 시간 친구들이 아빠의 수업을 어떻게 생각하고 느끼고 반응하는지 함께 참여하면서 배웠다. 나 역시 내 자녀가 학교에서 어떻게 공부하는지 보았다. 문제는 외국에서 함께 생활하는 것은 과정이 필요했다. 해외파견을 시험보기 위해 영어 공부를 더 해야 했고 당시 교사가 부족한 교육청에 양해를 구해야 했다. 그 과정은 거칠었다. '해외 고용휴직이 가능하느냐?'는 질문에 우리 교육청은 교사 수급 사정상 불가하다는 단호한 대답에 그 부서를 상대로 교육공무원법 조항을 찾아서 공개질의를 하였다. 당일 전화가 왔다. 공개질의를 내려 주시면 안 되겠느냐고. 내 아이들은 아빠와 함께 비록 2년간이지만 해외에서 생활하였다. 이 과정에서 우리는 잃어버린 것도 있고 얻은 것도 있다. 해외생활을 앞두고 전국에서 합격한 교사들이 대전역 근처의 식당에서 만났다. 모두 외국생활의 설레임을 말할 때 주변 사람들의 반응은 대부분 '그 힘든 고생을 왜 스스로 선택하여 하느냐?'는 걱정을 하더라는 것이다.

나는 끊임없이 새로운 것을 시도한다. 주어진 것에 만족하지 못한다. 학급운영도 수업도 상담도 새로운 방법을 찾고 없으면 만들어서 시도한다. 물론 모든 시도가 성공을 거두거나 바람직한 것은 아니다. 때로는 기존의 것을 잘 수정하여 사용하거나 좋은 방법이 있지만 내가 모르는 것일 수도 있다는 것에 열려 있어야 한다.

충주 ○○○ 초등학교에서 6학년을 담임할 때의 일이다. 그 해에는 학급회의를 통한 민주적인 학급운영에 중점을 두었다. 교실에서 일어나는 거의 모든 문제를 집단협의(학급회의)를 통해 결정을 하고 책임을 졌다. 마지막 학급회의의 안건은 졸업여행에 관한 건이었다. 결승전까지 올라간 두 안건은 졸업식이 끝났지만 눈이 많이 오면 문경새재 3관문에서 1관문까지 눈을 밟으며 걷기와 정동진 해돋이 구경 가기였다. 문경새재가 결정되기를 간절히 기도하였지만 내 기도는 외면되었다. 드디어 졸업여행 날짜가 되어 토요일 퇴근 무렵(당시에는 주 6일 근무) 교감선생님께 허락을 구했다. 교감선생님 오늘 저희 반 졸업여행을 다녀오겠습니다. 언제? 오늘입니다. 일과가 다 끝났는데? 어디로 가는데? 정동진으로 해돋이 보러 가야 합니다. 아니 그러면 벌써 표를 다 끊어 놓았을 거 아냐? 그렇죠. 그럼 결재를 받자는 게 아니라 통보하는 거지. 그럼 돌려보낼까요? 교감선생님께서 안 된다고 하셨다고 전하겠습니다. 아니, 그게 아니고 몇 명이나 가는데? 34명 중 31명입니다. 학부모 한 분이 도와주시기로 했습니다. 졸업여행을 그것도 밤에 정동진으로 애들 서른 명씩이나 데리고 간다고? 바닷가로? 난 못 들었어. 나 교장 나가야해! 걱정 마시고 기도해 주세요. 무사히 다녀오도록. 1년 내내 학급 회의를 통해 모든 것을 결정하였잖아요. 마지막 학급회의에서 졸업여행을 정동진으로 가자고 하는데 제가 안 되다고 하면 지금까지 모든 교육이 무엇이 되겠습니까? 교감 선생님 저를 믿어 주세요. 잘 다녀오겠습니다. 다녀와서 밥 한 번 사겠습니다. 저녁 10시 37분 충주역을 출발한 열차는 새벽 3시 34분 정동진에 도착했다. 배가 고프다는 아이들을 압구정 김밥 집에 들러 간단하게 요기를 하고 캄캄한 밤에 해시계를 보고 바닷가에 갔다가 너무 지쳐서 큰 방을 잡았다. 동행한 학부모께서 말씀을 전한다. 우리 지은이가 학교에 가는 것이 그렇게 행복하다더니 오늘 보니 이유를 알겠네요. 저도 지은이가 그렇게 자신감이 넘치고 주장이 분명하더니 어머니를 뵈니 알겠네요. 해가 뜨기까지 립 서비스로 서로를 칭찬하다가 해돋이를 보고 순두부 한 그릇씩 먹고 충주로 돌아 왔다.

시도는 이런 것이다. 초임 학교에서 3학년 담임을 할 때 우리 고장의 공공기관이 나와 아이들을 풀었다. 너희가 조사하고 싶은 공공기관끼리 짝을 지어서 무슨 일을 하는지 여쭈어 보아라. 학교 전화기가 난리가 났다. 애들이 우르르 찾아와서 뭘 묻는데 하나도 못 알아듣겠고 이게 무슨 일이냐?는 것이다. 사전에 공문을 내고 협조를 구해야 하는데 그런 절차가 있는지 몰랐다. 더욱이 내부결재도 없이 아이들을 보내었으니 교감, 교장 선생님 입장에서는 여간 난처하지 않았을 것이다. 아이들에게는 좋은 담임교사였는지 모르지만 좋은 동료교사도 좋은 평교사도 아니었다. 오히려 아니 지금까지 3학년 담임이 공공기관을 공부하면서 아이들을 한 번도 직접 방문한 적이 없었다니 이게 말이 됩니까? 하고 분개하였다. 나의 시도는 때로는 성공적이고 때로는 위험하고 아슬아슬하고 위태로웠다.

시도 알아차리기

후회 없는 삶이 어디에 있겠는가?만은 삶을 마치는 순간 마주하게 되는 후회 중에서 사랑한다는 말을 좀 더 많이 할 걸 등과 함께 해 보지 못한 일에 대한 후회가 크다고 한다. 실패한 것에 대한 후회가 아니라 시도 자체를 하지 않는 것은 후회할 일이다. 시도를 하였다면 일단 확률이 50%가 아니겠는가? 시도를 하지 않으면 그냥 Zero%이다. 물론 어떤 시도는 자신의 능력과 처지에 맞지 않는 허황된 것도 있다. 그러나 꿈 자체를 포기하는 것에 익숙해지면 자신이 자기 삶의 주인이 아니라 노예가 되어 끌려가고 있는 자신을 발견하게 된다.

많은 남자 아이들은 손흥민 선수와 같은 축구선수를, 여자 아이들은 블랙 핑크와 같은 아이돌 그룹 가수를 꿈꾼다고 한다. 중요한 것은 내일의 꿈을 이루기 위해 '오늘 현재 내가 무엇을 하고 있느냐?'라는 문제다. 축구선수나 아이돌 가수가 되기 위해 유튜브를 열심히 보는 것 외에는 아무런 준비가 없다면 그 꿈은 공상이 된다. 하지만 학교 축구동아리나 댄스동아리에 가입하고 꾸준히 오디션에 참가한다면 시도를 해 보라고 격려하고 싶다. 가수 비처럼 7년간의 혹독한 연습생 생활을 견디는 인내심을 보여줄 수 있다면 시도해 보아야 한다. 하지만 고단한 연습은 하기 싫지만 가수로 데뷔는 하고 싶다면 망신을 당할 뿐이다. 동네에서도 겨우 출전할 실력으로 세계적인 축구 무대에서 통할 수는 없다. 실력이 쌓여 있는 사람에게 기회가 와야 진짜다.

하지만 어떤 시도도 교훈과 배움을 남긴다. 어릴 때 서울대학교와 하버드 대학을 목표로 공부를 하겠다는 것을 나무라지는 말라. 살면서 현실을 깨닫고 그 기준을 스스로 조절할 시간이 올 것이다. 모든 시도는 아름답다. 더욱이 다른 사람들이 가지 않는 길을 가는 사람의 선택은 더욱 아름답다. 1인 크리에이터의 롤모델인 대도서관(본명 나동현)은 애청자 186만 명과 팬클럽 5만 명을 거느린 유튜버이다. 그는 게임에 빠져 있었고 영화를 좋아하던 백수였지만 지금은 연수입 10억이 넘는 유튜브의 신神이라고 불린다. 전단지 앱으로 시작한 우아한 형제(2011년 창업)들은 2015년 150억이 넘는 적자를 기록하였지만 4억 달러(4조 7천억원)에 세계 1위 배달업체인 독일 기업 딜리버리 히어로에 판매되었다. 창업자 김봉진은 명문대학은 고사하고 전문대학 출신이다. 이 금액은 시가총액으로 보면 GS, 현대건설과 비슷하고 삼성카드, 삼성중공업보다 더 큰 규모이다. 불과 10년이 안 되는 시간에 흙수저 젊은이가 신화를 쓴 것이다. 자본금 3천만으로 시작한 기업이 4조 8천억 원에 팔린 것이다. 시도는 이런 것이다. 무엇을 도전하듯 시도하는 것은 아름답다.

시도 마주하기

포노사피엔스라는 말은 디지털 문명을 사용하는 신인류라는 뜻으로 2015년 영국의 경제주간지 이코노미스트가 명명한 이후 현대 인류를 규정하는 새로운 언어가 되었다. 휴대폰이 인간 신체의 일부가 된 인류를 말한다. 타고나면서부터 휴대폰을 손에 든 새로운 인류는 디지털 네이티브를 넘어 스마트폰이 오장육부가 아닌 5장 7부 혹은 신체의 일부가 되었다.

새로운 시대 AI(인공지능)가 교육의 영역에 집중적으로 들어오면서 교사를 대체할 수 있는 인공지능의 존재에 대해 말하기 시작하였다. 인공지능은 "교사가 아무리 훌륭해도 동시에 수십 명 학생들에게 개인맞춤 학습을 제공하는 데 필요한 시간이나 자원이 턱없이 부족한 실정"이라는 점을 정확히 노크한다. 디지털 네이티브 세대에게는 교사는 콘텐츠(contents) 전문가라기보다는 맥락(context) 전문가여야 한다고 주장한다. 무엇보다 교사는 공감과 용서를 통해 관계를 형성하는 관계 전문가여야 할 것이다. 이제 교사의 역할이 달라질 것을 대비한 새로운 시도가 필요하다. AI 시대에는 학생들이 원하고 필요로 하는 학습 방식의 차이에 대비한 교사의 교육 방향은 바뀌어 갈 것이다. 즉, 협력학습을 연결하고 아동 개인의 맞춤식 학습과 함께 맞춤식 상담을 제공하여야 할 것이다.

질문들

△ 살면서 내가 시도한 것 중 가장 보람이 있었던 일은 무엇이며 언제였는가?

△ 그 시도는 내 인생에 어떤 영향을 끼쳤는가?

△ 그 순간으로 돌아간다면 바꾸고 싶은 것은 무엇인가?

△ 나는 다른 사람의 인생에 나로 인해 무언가를 시도를 할 수 있는 영향을 끼친 적이 있었는가?

4 응원(열아홉 번째 주머니)
– 당신이 잘 하는 일이라면 무엇이나 행복에 도움이 된다(버트란트 러셀)

응원하다는 감정이라기보다는 격려하는 마음을 전달하는 것에 가깝다. 응원의 사전적 의미는 「명사」로서 "운동 경기 따위에서, 선수들이 힘을 낼 수 있도록 도와주는 일. 노래, 손뼉 치기 따위 여러 가지 방식이 있다"라고 할 수 있다. 곧 힘을 내도록 북돋우며 도와주려는 행위가 응원이다.

학교에서 교사들의 역할은 아이들을 응원하는 것이다. 응원은 칭찬과는 결이 다르다. 칭찬은 좋은 점이나 착하고 훌륭한 일을 높이 평가하는 것을 말하지만 응원은 못했을 때도 힘을 내어서 더 잘하라고 북돋우는 것이다. 따라서 학생들에게 필요한 것은 칭찬이라기보다는 응원이고 이것은 격려에 가깝다.

특히 아이들과 젊은 교사들에게 그 미래를 응원하는 일은 도움이 된다. 응원의 범위는 넓고 다양하며 깊을 수 있다. 정혜신 박사는 "고통에 처한 사람에게 충조평판(충고, 조언, 평가, 판단)은 도움이 되지 않는다"라고 말한다. 그냥 들어주고 인정하여 주는 것이 가장 필요하다. 6학년 영어 전담을 할 때 버몬트 주 출신 미국인 크리스는 수업 시간에 아이들에게 응원하는 것을 탁월하게 잘했다.

둘이서 수업을 하면서 아이들에게 질문을 할 때면 아이들이 정답을 맞히지 못해도 손가락 모양으로 close, close를 외치며 한 번도 틀렸다고 wrong 혹은 incorrect를 말하는 것을 듣지 못했다. 크리스의 머릿속에는 아이들의 대답이 마치 양궁의 과녁처럼 정확하게 중앙을 맞추지 못해도 가까이 쏘기만 해도 기특해 하는 모습이었다. 아이들도 함께 신명이 났다. 자신의 대답이 거의 정답에 가까웠기 때문이다. 실상 대부분의 한국 교실에서 틀린 정답으로 인해 창피할 그 순간에 아이들은 신이 나서 좋아하고 있었다. 응원은 그런 것이다.

내가 방송대를 다니며 어렵게 공부할 때 아내는 과일을 깎아내며 졸리는 눈을 부릅뜨고 옆에서 지켜 주었다. 이 공부가 석사와 박사과정까지 이어졌다. 나 역시 아내가 나처럼 공부할 기회가 있었더라면 나보다 더 잘할 수 있을 것이라고 믿었다. 그래서 야간대학과 사이버 대학, 대학원까지 원서를 쓰며 응원하였다. 이제 박사논문을 쓰는 아내의 조교가 되어 함께 공부하고 응원하는 일이 좋다. 부부가 함께 같은 일을 하는 경우는 더러 있다. 맛집 식당 주인 부부와 특용작물을 재배하거나 도자기를 빚으며 함께하는 것을 보는 것은 즐겁다. 거기에 우리부부처럼 함께 혹은 교대로 강의를 하는 것은 "보기 드문 현상"이다.

'부부 사이에 운전은 가르쳐 줄 수 없다'라고 말하지만 강의를 하는 경우에도 쉬운 일은 아니다. 서로 잘하는 부분과 못하는 부분이 다르기 때문이기도 하지만 더 좋은 강의를 하기 위해 상대방에게 지적질을 하거나 개선을 요구하면 상처를 받기 쉽다. 우리 부부는 함께 강의하는 동안 개선점을 나누기는 하지만 지적하거나 비평하지는 않는다. 늘 응원한다. 다음번에는 이 부분을 이렇게 바꾸면 어떨까 하고 권유하지만 강요하지는 않는다. 서로를 응원하며 한 팀이 되는 것은 놀랍고 설레는 일이다. 이 일을 적어도 10년 정도 함께할 수 있기를 기대한다.

뱀과 비둘기처럼

뱀처럼 슬기롭고
비둘기처럼 순박하게 되어라

양들을 이리 떼 속으로 보내실 때
어쩔 수 없이
뱀처럼 슬기롭게
이용당하거나 휘둘리지 말고
비둘기처럼 순박하게
잔머리 굴리려고 애쓰지 말라

땅 바닥을 기는 뱀과
하늘을 나는 비둘기의 조합은
왜 여우처럼 슬기롭고
독수리처럼 순박할 수는 없는지

이리 떼 가운데로 들어서는
양의 몸, 양의 모습에 답이 있다
아무도 경계하지 않는 양이 되지만

양의 몸에 깃든

뱀의 슬기와
비둘기의 순박함이 입어라

응원 알아차리기

누군가를 응원해야 하는 순간을 알아차리는 것은 능력이다. 비평하고 꾸중하고 평가하고 판단해야 할 순간이 아니라 지금 내 응원이 이 사람에게 필요하겠구나 하고 느끼는 것이 중요하다. 특히 교사가 아이들에게 늘 응원하려는 자세를 가지고 대한다면 아이들은 실수와 실패 속에서도 편안한 마음으로 더 성장하려는 욕구를 가질 수 있다. 직장에서 일을 하다가 실수를 하였을 경우 혹은 운전을 하다가 얼음판에 미끄러져 추돌사고를 내었거나 당했을 경우에도 우리는 가장 가까운 사람들로부터 응원을 기대한다. 격려와 위로를 기대한다. 왜 그러한 일이 일어났는지 정확하게 분석하고 앞으로의 자세와 해결방법에 대해 말하기 전에 우선은 내 마음을 헤아려주고 위로해 주며 격려해 주는 시간이 필요하다. 이를 통틀어 나를 응원하는 행동이라고 부른다.

응원 마주하기

응원은 좌절을 마주하고 있을 때뿐만 아니라 잘하고 있을 때도 필요하다. 크고 작은 성공을 통해 자존감이 한껏 부풀어 있을 때 풍선을 타고 훨훨 날아갈 때 칭찬과 칭송보다는 응원이 필요하다. 잘하고 있으니 지금처럼 계속하라고 하는 것은 칭찬이라기보다는 응원이다. 이러한 응원을 마주할 때 내가 한 성공과 좌절의 분량에 어울리는 응원을 하는지 구분할 필요가 있다. 너무 과한 염려나 칭찬은 오히려 도움이 안 될 수가 있다.

많은 경우 칭찬은 도움이 되기보다는 거품처럼 사라지는 허공에 뿌려진 꽃가루 같다. 하지만 마음을 담은 응원의 한마디는 나를 바로 세우고 굳건하게 한다. 용기와 힘을 주고 마음을 다 잡아서 다음 과제에 도전할 수 있도록 준비시

킨다. 누군가를 응원하거나 응원 받는 일은 마치 상대방에게 좋은 기운을 주는 선물과도 같다. 진심어린 응원은 마치 무협지에 흔히 나오는 것처럼 척추를 통해 내공을 건네주는 것에 비길 수 있다.

응원의 소리를 들을 때 겸손하게 받으면 더욱 효과적이다. 내가 잘나서 응원을 받는 것이라기보다는 상대방의 마음의 여유와 진심이 고맙다는 태도로 받아야 한다. 응원을 할 때에는 정반대로 생색을 내려하거나 내가 도움을 준다는 것을 적극적으로 홍보하여서는 안 될 일이다. "나는 당신을 위해 매일 기도합니다. 당신이 이번에 입상하고 진급한 것은 다 내 기도 덕분입니다. 아직 제게 고마움을 표시할 기회가 없었지요?"라고 말하는 순간 고마움을 다 상쇄할 뿐만 아니라 상대방의 자존감을 떨어뜨릴 수도 있다. 응원이라는 보석을 담는 그릇은 겸손이다. 마치 푸딩처럼 항아리처럼 조심스럽게 옮겨야 한다.

질문들

△ 살면서 내가 가장 받은 가장 큰 응원의 순간은 언제였는가?

△ 나를 응원하던 그 사람은 누구이며 응원의 내용은 무엇이었는가?

△ 그 순간으로 돌아간다면 바꾸고 싶은 것은 무엇인가?

△ 살면서 나는 누군가를 응원한 적이 있었는가?

5 너그러움(스무 번째 주머니)

– 빛을 퍼뜨릴 수 있는 두 가지 방법이 있다. 촛불이 되거나 또는 그 것을 비추는 거울이 되는 것이다(이디스 워튼)

너그러움은 형용사로서 마음이 넓고 아량이 있다는 표현이다. “어떤 사람의 마음은 바다처럼 넓지만 어떤 이의 마음은 밴댕이 소갈딱지 만하다”라고 한다. 바다처럼 넓은 마음이야 따로 설명할 것도 없겠지만 밴댕이 소갈딱지는 고집이 너무 세고 속이 좁아서 자주 삐치고 토라지는 사람을 말한다. 밴댕이는 청어과의 바닷물고기로 몸의 길이는 15cm 정도로 전어와 비슷하며 등은 청흑색, 옆구리와 배는 은백색이다. 한국, 일본 등지에 분포한다. 이 밴댕이의 내장을 소갈딱지라고 하는데 체구에 비해서 아주 작은 편이다. 성격이 매우 급하고 스트레스에 예민해 그물에 잡히자마자 곧 제풀에 죽어버리는 성질을 가지고 있다. 교사 혹은 부모가 밴댕이 소갈딱지와 같은 심성을 지니고 있다면 아이는 매우 힘이 들 것이다.

“반대로 마음이 너그럽다는 말은 마음이 넓고 아량이 있다”라는 표현으로 같은 상황에서 다양한 가능성을 생각하고 수용할 수 있는 여유로운 마음을 가진 사람이다. 아량이란 너그럽고 속이 깊은 마음씨이다. 따라서 아량이 있다는 말 자체가 너그럽고 속이 깊은 마음씨를 지녔다는 말이므로 성숙한 사람은 아량이 있는 사람, 아량이 깊은 사람이다.

교사에게는 너그러움이 있어야 한다. 부모와 아이를 양육하는 사람 혹은 가르치는 사람에게 모두 해당되는 덕목이다. 너그러움은 흔히 아이들이 실수하고 실패하였을 때의 반응과 관련하여 나타난다. 아이들은 실수와 실패를 통해서 배우는 존재이다. 태어나면서부터 자신을 표현하는 언어에 유창하고 대·소변을 가리며 투정을 부리지 않는 아이를 요구할 수는 없다. 모든 인간은 이러한 과정을 통해 양육되고 성장한다. 이런 아이가 잘못된 행동을 할 때 이를 바로 잡는 행동수정은 필요하다. 같은 잘못을 되풀이하지 않기 위해 양육자 혹은 교육자가 잘못된 말이나 행동, 태도를 지적하여 올바른 행동으로 가르치는 행위는 양육자(교육자)의 의무이기도 하다.

이때 아이들의 입장에서는 엄격한 양육자(교육자)보다 신경질적인 양육자(교사)가 가장 힘들 수 있다. 아이들의 잘못을 레이저처럼 정확하고 구체적으로 하루 종일 지적하는 부모와 교사는 화생방실에 들어간 것처럼 숨이 막히는 공기(환경)가 되어 스트레스가 된다. 부모(양육자)의 너무 많은 요구와 압력은 아이들로 하여금 공황장애 혹은 우울증에 걸릴 지경으로까지 이끈다.

양육자(교사)의 너그러움은 연민과도 맞닿아 있지만 몸에 배인 태도에 가깝다. 아이들의 실수 혹은 실패에 대한 어른으로서의 태도이다. 너그러움이 명사화되면 관용寬容이다. 여유가 있고 인내심이 있을 때 너그러워진다. 교육의 최고의 결과는 관용이라는 헬렌 켈러의 말을 기억하라.

너그러움의 반대편에는 옹졸한 마음과 태도가 있다. 작은 일에도 크게 화를 내고 신경질적인 어른 혹은 어르신도 있다. 매사에 까칠하고 짜증이 많은 상사와 함께 근무하는 것은 연옥이 따로 없다. 교실에서 하루 종일 마주 보고 배움을 펼치는 교사가 신경질적이고 까칠하고 냉소적이라면 아이들이 이 교실에 오는 것을 어떻게 생각할까? 물론 너그러움은 타고난 성품이자 여유가 아닌가? 하고 되물을 수 있지만 필자의 생각은 다르다. 너그러움은 태도이며 연습을 통해 형성되는 근육에 가깝다.

링컨은 "사람은 마흔이 되면 자신의 얼굴에 대해 책임을 져야 한다"라고 말했지만 어찌 마흔이 될 때까지 책임이 미루어질 수 있겠는가? 날마다 거울을 보며 자신의 얼굴을 바라보라. 얼굴의 근육은 습관이 되어 굳어진다. 자주 웃는 근육을 사용하면 웃는 얼굴이 되고 찡그리고 화를 내는 근육을 사용하면 찌푸린 얼굴이 된다. 뇌가 웃음을 명령하면 약 80여개의 얼굴 근육 중 40개의 근육이 사용되는 종합예술이 펼쳐진다. 의도적이고 가식적인 웃음은 눈이나 입 한 부위의 근육을 사용한다. 간혹 동물들이 웃는 것처럼 보이는 영상을 접할 수는 있지만 인간만이 마음속에서 우러나는 웃음을 웃을 수 있다. 자주 웃는 만큼 행복하다. 당신은 자주 웃는 사람과 함께 공부하고 일하고 살고 싶은가 찡그린 얼굴로 짜증과 신경질로 가득한 사람과 함께 있고 싶은가? 웃음도 짜증도 전염된다.

웃음을 연습할 필요가 있다. 교사 혹은 부모의 얼굴이 찌푸려져 있는 상像이라면 입장을 바꾸어 놓고 생각해 보라. 미소를 머금은 얼굴도 타고 나는 것이 아니다. 거울을 보고 연습하고 틈만 나면 긍정적인 생각을 하라. 특히 아이들에 대해 장점을 찾아보라. 열 가지 단점을 가진 아이도 한 가지 장점은 있게 마련이다. 이 장점을 통해 아이를 바라보라. 그러면 조금 너그러움의 공간이 만들어진다.

필자가 담임을 하면서 아이들에게 받은 편지 중에서 "선생님은 참 착해요"라는 표현은 양가적이다. 착하기 때문에 잘못에 대해 잘 지적하지 않거나 못하거나 허용의 범위가 지나치게 넓다면 이는 문제가 된다. 질서가 없어지고 무질서와 이기심이 그 공간(틈새)을 파고들어 다양한 형태의 잘못된 행동들이 자라나 잡초가 우거진 채소밭이 되기 때문이다. 그래서 착하기만 하거나 친절하기만 한 교사의 교실은 위험하다. 너그러움은 화를 내지 않는 것을 의미하는 것처럼 보이지만 화를 낼 때와 장소에 따라 정확하고 적절하게 화를 낼 줄 아는 능력에 기초하여 전반적으로 너그러움을 바탕으로 할 때 힘이 있다. 너그러움이란 화를 내어야 할 때와 참아야 할 때를 구분하는 마음이다. 특별히 화를 낼 때에도 잘못한 만큼만 꾸짖고 바람직한 대안을 제시하며 인간에 대한 연민을 잃지 않는 자세가 병행되어야 한다. 상대방에 대한 연민을 바탕으로 한 지적과 꾸짖음은 반항과 반발을 불러오지 않는다.

사마리아 사람

나는 이방인 아웃 사이더
별 볼일 없는 사마리아 사람

상처입고 절망에 빠진

젊은 동료교사를 만나

함께 아파하며 격려하며
탄원서를 쓴다

모든 경험은 경험 그 자체보다
해석을 선택하는 자신의 몫

부디 절망을 딛고 그 자리에서 일어나
아이들에게 존경받는 교사로 거듭나시길

젊은 날의 실수와 실패를 경험한 이에게
돌을 던지기보다 'second chance'를 주기를

그 동안의 미숙함과 투박함을 보속하고
성실하고 겸손한 스승으로 다시 태어나
먼 훗날 자신처럼 강도를 만나 길에 쓰러진
먼 이웃마저 외면하지 않는
사마리아 사람이 되기를
응원하며 기도드린다

너그러움 알아차리기

너그러움이 필요한 순간은 자신이 화가 났다는 것을 알아차리는 것과 동시에 일어난다. 자신이 지금 스트레스 상황에 노출되어 힘에 겹다는 것을 인식할 때 이를 어떻게 대처할 것인가? 즉 자극에 대한 반응 곧 대처의 선택 앞에 서 있는 것이다. 이 선택은 크게 두 가지로 그 원인은 자신의 안에서 찾거나 밖에서 찾는 방식으로 대처한다.

너그러움은 상처 입은 사람을 대할 때 필요한 덕목이다. 세월호 추모 배지를 단다는 것은 균형 있는 행위가 아닐 수 있다는 지적에 프란치스코 교황은 큰 고통 앞에 중립은 없다는 말로 대답한다. 인간의 존엄성을 위협하는 죽음의 문화를 배척하는 것은 정치적 행위가 아니다. 고통받고 상처받는 사람에게 중립을 요구하기보다는 그들의 상처를 함께 아파하는 것이 종교이고 교육이다.

가정이 무너지고 부모로부터 제대로 된 양육은커녕 관심도 받지 못한 아이에게 올바른 학습 태도와 시간 지키기, 숙제하기, 겸손한 태도로 어른에게 말하기 등을 가르치는 것보다 그들이 겪고 있는 슬픔과 고통, 분노와 좌절을 공감하며 너그럽게 수용하는 것이 필요하다. 며칠 째 제대로 된 식사도 씻지도 못한 아이에게 부모의 폭력과 냉소와 무관심에 상처받은 아이에게 교사의 너그러움보다 더 좋은 약은 없다. 아이의 잘못을 꾸짖기 전에 눈동자를 바라보라. 아이의 삶의 어깨 위에 진 그 멍에와 고통의 짐을 보라.

학교에서의 태도 그 너머에 아이의 삶이 있다. 가정에서의 삶이 있고 미래에 펼쳐질 삶이 있으며 살아온 삶이 있다. 그 삶을 교사가 다 알지 못하거늘 숙제를 해 오지 못했거나 친구와 다투며 분노를 표시할 때, 터무니없는 불손한 태도와 예의 없는 말과 행동에 분노가 일어날 때 너그러움이 필요한 순간임을 알아차려야 한다. 아이는 지금 구조요청을 하고 있는 것이다.

너그러움 마주하기

너그러움을 실천하는 사람을 만나는 것은 오히려 예외적 반응에 가깝다. 과학적인 용어로는 "보기 드문 현상"이라고 불러야 한다. 일상 속에서 자신의 감정과 분노를 즉각적으로 표출하는 사람을 만나는 것이 흔한 일이다. 이를 솔직함으로 포장하기도 한다. 짜증과 신경질을 부리며 침대에서 일어나는 아이와 이를 꾸중하는 부모, 조그마한 일에도 친구들과 싸우고 욕하고 다투는 아이와 이를 더 큰 짜증과 신경질로 꾸짖는 교사를 만나는 것은 어렵지 않다. 너그러운 마음과 태도, 언어로 기다려주고 받아주는 성숙한 태도는 아이 스스로 자신의 잘못된 말과 행동을 돌아보게 하여 수정修正하게 하는 자가 치료의 효과도 있다.

하지만 요즘의 교실에서는 교사의 정당한 꾸지람마저도 아동학대라고 대응하는 학생과 학부모가 있다. 특히 일부 학부모는 자신이 집에서 하던 행동의 반의 반 정도의 화를 내는 교사에게 아동학대를 주장하며 핏대를 세우기도 한다. 이때 너그러운 마음으로 이를 응대하는 일은 거의 종교의 영역이자 덕목에 가까울 수 있다. 하지만 이러한 학부모가 의도하는 바는 교사가 자신과 같은 방식으로 대응하여 함께 진흙탕에서 씨름을 하는 모습이다.

내 원수가 건너편에서 내가 지나가는 길목에 함정을 파고 온갖 오물들을 넣은 뒤 그 위에 얇은 나뭇가지와 흙으로 덮어 놓았다. 이를 내가 지켜보았다면 굳이 그 길로 갈 필요가 없다. 의도하며 기다린 함정에 뛰어든 다음 상대방의 나쁜 행동에 대해 더 큰 목소리로 싸울 필요가 없다. 그 길을 가지 않으면 되는 것이다. 교사를 자극하여 너그러움을 잃게 하는 것이 목적인 학부모 혹은 상대방에게 가장 큰 좌절을 안기는 행동은 아무런 응대를 하지 않는 것이다. 피해서 다른 길로 가는 것이다. 또 다른 방법 하나는 고마움의 인사를 하는 것이다. 예의 바르게. 저의 부족함을 깨우쳐 주시기 위해 노력해 주셔서 감사드립니다.

질문들

△ 살면서 내가 경험한 가장 너그러움이 있었던 순간은 언제였는가?

△ 너그러움의 내용은 무엇이며 그것을 베푼 사람은 누구였는가?

△ 그 순간으로 돌아간다면 바꾸고 싶은 것은 무엇인가?

△ 살면서 나는 누군가에게 너그러움을 베푼 적이 있었는가?

V

겨울 – 성장의 숲에서

무명교사

명예퇴직 신청하셨다고요
이유를 물어보지는 말아 주세요
가슴 뛰는 것이 멈추었거나
코로나 19 때문만은 아닙니다

정년퇴직 못해서
교장퇴직 못해서
서운하신가요
후회되는 일은 없으세요

서운함은 없지만
아쉬움은 사무칩니다
좀 더 친절하고 겸손하게
더 사랑하고 상담했어야 했거늘

공부하고 강의하고 책 쓴다고
아이들 사랑할 시간을
덜어내거나 빼앗은 것은
아니었는지

아이들만 사랑하여
공부할 시간도
강의할 시간도
책 쓸 시간도 없었던
무명교사가 되어야 했거늘

모든 무명교사들의
명예를 가로 챈
이기심과 허영심에
침을 뱉는다

V 겨울 - 성장의 숲에서

1 치유(스물한 번째 주머니)

– 자신이 건강하다고 믿는 환자를 치유할 수는 없다 (H. F. 아미엘, 내면의 일기)

태초에 고통이 있었다. 모든 인간의 생명은 폭력의 가장 극단적 형태이며 존재 자체를 관통하는 출산의 과정을 거쳐 태어난다. 태초에 폭력이 있었다. 인간은 모태로부터 생명을 얻는 과정 자체가 지극한 고통이자 폭력적 과정이다. 생명을 얻은 부모의 기쁨은 출산이라는 고통의 과정을 통해 부여된다(로제 다둔, 2006).

인간은 살아가면서 자주 몸과 마음에 상처를 입고 치유를 필요로 한다. 치유란 기본적으로 상처를 입은 것을 전제로 한다. 건강한 사람에게는 의사가 필요하지 않지만 건강을 잃어 본 사람에게 치유는 소중하다. 치유는 몸과 마음에 상처를 입었을 때 건강을 되찾는 과정을 말한다.

성공적 치유를 위한 가장 좋은 방법은 아프지 않는 것이다. 예방이다. 하지만 현대사회는 나 한 사람의 노력만으로 모든 질병과 위험으로부터 스스로를 예방하고 보호 받을 수는 없다. 날마다 수많은 사람들과 원하든 원하지 않든 접촉하고 만나야 하는 것이 현대사회이기 때문이다. 이 과정에서 교통수단을 이용하고 다양한 문명의 이기利器들을 활용하며 질병은 전염될 수밖에 없다.

학교에서도 다양한 구성원들은 몸과 마음에 상처를 입고 치유를 필요로 한다. 몸의 상처는 주로 보건실에서 보건 선생님으로부터 응급처치와 치료적 도움을 받는다. 하지만 마음의 상처를 입게 되면 상담실에서 상담선생님께 필요한 도움을 받아야 한다. 그러나 상담실은 대부분의 초등학교에는 존재하지 않는다. 중등학교에도 상담실이 있고 상담교사가 있지만 그분들의 상담전문성은 한계가 있는 경우가 많다.

학생들은 의무교육기관인 학교에서 폭력을 걱정하지 않으며 다닐 수 있는 헌법[1]적 권리가 있다. 학생들이 원하지 않는 폭력에 노출된다는 것은 헌법 제10조 행복추구권, 제12조 신체의 자유, 제34조 인간다운 생활을 할 권리 등을 침해당하는 것이다. 이를 침해당했을 경우 즉각적으로 도움을 받을 수 있어야 한다. 물론 담임교사에게 상담을 할 수 있지만 보다 전문성을 가진 전문가로부터 몸과 마음을 회복할 수 있도록 도움을 받을 수 있어야 한다.

교사들의 경우에도 학교폭력의 피해의 당사자가 되어 상처를 입고 고통을 호소한다. 교총의 2019년 교권·교직 상담보고서[2]에 따르면 2018년 한 해 동안 교권침해 관련 학교폭력상담은 총 513건이며 학부모에 의한 침해가 그중 46%에 달한다. 학생에 의한 교권침해도 크게 늘어났다. 교사들도 치유가 필요하다. 하지만 교사가 학생 혹은 학부모로부터 큰 피해를 입었을 경우에도 휴직 혹은 병가 외에 전문적인 치료를 지원받는 경우는 한계가 크다. 충북의 경우 교권지원센터를 통해 심리적 치유를 위한 전문가를 소개하고 지원하기도 하지만 경우에 따라서는 몇 개월이 걸리는 심리 치유를 하는 것은 대부분 교사 자신의 몫이 된다. 초임교사가 교직 초기에 학생 혹은 학부모로부터 큰 상처를 입게 되면 이는 트라우마가 되어 남은 교직기간 동안 학생들과 학부모를 만나고 교육하는데 많은 제약을 받게 된다.

---

1) [시행 1988. 2. 25.] [헌법 제10호, 1987. 10. 29., 전부개정]
2) 2020. 5. 14. 인터넷일간신문 e-대학저널, https://www.dhnews.co.kr/news/articleView.html?idxno=122407

필자는 다양한 교사치유를 위한 프로그램의 강사로 참여하면서 대부분의 경우 시간이 짧고 환경적으로도 더 많은 지원이 필요하다고 느꼈다. 즉, 어떤 집단의 참가자는 개별 상담으로 이어져야 하며 경우에 따라 단기 상담(일반적으로 10회기 이하)이 아니라 장기 상담을 요하는 case도 자주 만나보았다. 하지만 전문가에게 의뢰되어 상담을 통한 치유의 과정을 이수하는 경우는 매우 보기 드물다.

학생들의 경우에도 교실에서 문제행동을 수정하는 정도가 아닌 치유가 필요한 학생을 만나는 것은 흔한 일이다. 초등학교 1학년 학생이 폭력적인 행동으로 학교 하나를 초토화시킬 수도 있다. 담임교사가 제재하면 욕설하고 깨물고 할퀴며 의자를 집어 던진다. 이 아이에게는 깊은 분노가 있고 이 분노는 조절되지 못해 거의 분노조절장애에 가깝다. 하지만 아이의 부모는 학교를 원망한다. 그사이 다른 학부모들은 아이를 전학 보내라고 교장실에 달려온다. 초등학교 1학년 아이를 폭행 혹은 살인미수로 처벌하여야 한다고 주장한다. 나중에 아이는 ADHD로 판정을 받게 되지만 교사는 이미 기진맥진하여 마음의 병을 얻어 병가나 휴직 외에는 답이 없음을 스스로 깨닫는다. 이 교실에 누가 올 수 있겠는가?

이 교실에서는 정상적인 수업이 이루어지지 못한다. 아이는 자주 자기 마음에 들지 않으면 소리를 지르며 교실을 뛰쳐나간다. 담임교사는 이 아이를 찾기 위해 달려 나가고 그사이 교실은 또다시 난장판이 된다. 이런 아이를 만나게 되는 것이 순전히 교사의 운運에 맡겨져서는 안 된다. 보조교사가 배치되어야 한다. 아이는 전문가에 의한 상담과 치료를 받을 수 있도록 조치되어야 한다. 이 학급에는 담임교사와 학급 아동 모두를 대상으로 하는 치유가 필요하다.

필자가 ㅇㅇ교육지원청에 근무할 때 한 초등학교에 열두 번을 방문한 적이 있다. 아이도 학부모도, 학교행정가도 모두 소진되었다. 부모가 원하는 것은 아이를 제대로 보살펴 주지 못한 담임교사와 학교행정가에 대한 징계 즉 강도 높은 처벌이었다. 이 교실에서는 모두가 희생자가 되었다. 학생도 학부모도 담임교사도 학교행정가도 모두가 희생자가 되었지만 필자는 교육청에 있는 입장으로 어느 한쪽 편도 들 수 없었고 상담을 통해 도움이 될 수도 없었다. 이때의 상처는 필자에게도 깊이 새겨져 있다. 이 고민을 통해 학교폭력과 그 해결과정의 중요성에 대해 심각하여 고민하였다. 근본적인 해결을 생각하는 기회가 되었다. "학교에 사람이 있어요"(2018)는 이 과정에서 나온 책이다. 학교폭력의 새로운 패러다임인 공감·용서·회복·성장(이동갑 외, 2020)이라는 모델을 만들게 되었다.

몸

몸만큼 소중한 것이 없거늘
몸만큼 천대받는 것도 없으니

몸을 사랑하지 않고서는
어찌 자신을 사랑한다 할 수 있을까?

몸의 소리 듣지 못하며
맘의 소리는 어찌 들을까?

맘이 소중하다 말들 하지만
맘만 남겨 두고
몸은 떠난 그대의 빈자리보다

맘은 딴 데 있어도
몸이 함께 있다면

맘을 돌려
몸속에 내 맘을 깃들게 하리

치유 알아차리기

학교에는 교육이 필요한 아이, 상담이 필요한 아이 그리고 치료가 필요한 아이가 함께 있다. 교사 역시 상담이 필요한 교사와 치료가 필요한 교사가 있을 수 있다. 길을 가다가 교통사고를 당했을 때 가까운 동네 병원에서 응급처치만 하여도 될 부상이 있지만 큰 병원에 가서 수술을 해야 하는 위중한 상태도 있을 수 있다. 이 판단이 중요하다. 동네 병원의 의사가 대학병원처럼 진단하고 수술할 수 없다고 하여도 이는 무능함이나 비난의 대상이 되어서는 안 된다.

교실에서 다양한 문제행동을 하는 아이들을 만났을 때 교사는 이 아이에게 필요한 도움의 내용을 판단할 수 있어야 한다. 단순한 훈계(교육)로 해결될 수 있는 경우가 있지만 잘못된 행동을 뉘우치지 못하거나 습관화되어 있어 유해함이 클 경우에는 상담이 필요하다. 해당 아동만 상담할 것인지 그 부모도 함께 상담하여야 하는지에 대한 판단도 중요하다. 드물게 상담 정도로는 문제가 해결될 수 없는 아동을 만난다. 치료가 필요한 학생이다. ADHD 혹은 분노조절장애, 우울증 등의 정서장애 등 병리적인 아동을 지도할 때 교사의 상담(교육) 역량은 한계가 있다. 외부전문가와 함께 전문적인 진단을 하여야 한다. 때로는 약물치료와 행동치료를 병행하여야 한다. 이 아동들을 잘 지도하지 못하는 것은 교사 개인의 무능함이나 잘못이 아니다.

교사는 자신의 교실에서 치유가 필요한 아이가 있다는 것을 알아차리는 것이 중요하다. 알아차리기는 지속적인 관찰과 애정 어린 관심을 바탕으로 기록을 누적하여 상담으로 이어져야 한다. 자녀의 이상행동과 심리적 병리현상에 대해 학부모는 선뜻 동의하지 못한다. 많은 전제들이 무너지기 때문이다. 무엇보다 그렇게 인정하고(믿고) 싶지가 않기 때문이다. 치유가 필요한 아동들은 대부분 가정환경에서 충분한 돌봄이 제공되지 않았을 경우가 대부분이다. 이들의 부모 역시 지치고 혼란 속에 빠져 있다. 이 마음을 이해하고 공감한 다음 함께 도움을 제공하고자 요청하여야 한다. 그래서 필자는 학교폭력의 심폐소생술이 도-천-아를 주장하였다.

즉, 민수를 위해 부모님과 제가 어떤 도움을 줄 수 있을까요?
천천히 말씀 해 보세요
얼마나 아프셨나요?

라고 공감하여야 한다. 교사가 자녀의 편이라는 것을 확인한 부모는 비로소 교사가 내민 손을 잡을 수 있다. 이 순간이 치유가 시작되는 순간이다.

치유 마주하기

치유가 필요한 학생을 만나는 것은 교사로서는 불가피한 선택이거나 미필적 고의 혹은 운명적으로 주어지는 경우이다. 더러는 “그 학생을 이번 학년도에 제가 한 번 지도해 보겠습니다”라고 자원하는 교사가 전설 속에 있었다는 말이 들리지만 현실적으로는 ‘보기 드문 현상’이다. 대부분의 경우 이 선택은 로또처럼 뽑기로 마주 오거나 전입을 왔다는 이유로 바가지를 쓴 경우이기도 한다. 치료가 필요한 학생을 자의가 아닌 운運에 의해 담당하였을 경우 교사의 마음은 어떠할까? 필자의 생각은 이 학생의 학급을 담당하는 담임교사에 대해 학년 혹은 학교 차원의 배려가 사전에 약속되고 이루어져 한다는 것이다.

필자의 학교에서 학년 초 담임을 배정할 때 학년부장의 학급 외에 또 다른 학급에 지도가 어려운 학생이 있다고 하기에 “저희 반과 바꾸면 어떨까요? 저는 아직 우리 반 학생들 명단도 열어보지 않았어요”라고 하였다. 그리고 몇 학생 혹은 교사의 운명이 바뀌었다. 병원에서 아이가 바뀐 것처럼.

치유가 필요한 학생을 만나는 것은 교직생활의 전 과정에서 통계적으로 확률적으로 필연적으로 마주 온다. 이때 이 운명적 만남을 두려워하거나 싫어해서는 안 된다. 요행히 교직 입문 초기에 피했다고 운이 좋은 것이 아니고 신규 때 만났다고 불행한 것만은 아니다. 정직하게 아동의 상황을 파악하고 정확하게 진단하는 것이 가장 중요하다. 평균의 종말(2018)로 유명한 저자 토드 로즈 하버드 대학원 교수는 고교 시절까지 성적미달과 ADHD(주의력결핍과잉행동장애)로 학교에서 쫓겨났다. 헬렌 켈러가 만난 설리반 선생님은 없었다. 가끔씩 나에게 설리반 선생님이 될 수 있는 기회가 찾아오기도 한다.

질문들

△ 살면서 누군가로부터 치유 받은 경험의 순간은 언제였는가?

△ 내가 받은 치유의 내용은 무엇이며 그것이 나에게 끼친 영향은 어떠하였는가?

△ 그 순간으로 돌아간다면 바꾸고 싶은 것은 무엇인가?

△ 살면서 나는 누군가를 치유하여 준 적이 있었는가?

2 감사(스물두 번째 주머니)
– 세상에서 가장 아름다운 과도함은 감사다(라 브뤼에르, 성격론)

감사感謝는 「명사」로 '고마움을 나타내는 인사'를 뜻한다. 동사는 감사하다로 '고맙게 여긴다'이다. 고맙다는 「형용사」로 '남이 베풀어 준 호의나 도움 따위에 대하여 마음이 흐뭇하고 즐겁다'이다. 감사는 일차적 감정이라기보다는 기본감정으로 인해 파생한 2차적 감정으로 보인다.

감사의 영어식 표현은 gratitude로 '상대방의 호의나 친절 따위에 마음이 따뜻해진 상태'이다. 감사의 전제 조건이 상대방의 호의나 친절로 인해 마음이 따뜻해진 것이라는 해석은 감사하는 마음을 수동적으로 표현하는 듯하다. 감사를 알아볼 수 있는 신체적 표현은 부드러운 시선과 낯빛이 환해지며 눈물을 글썽이고 밝은 눈으로 고개를 끄덕이는 것이다. 다른 누군가의 손이나 팔을 잡거나 다른 사람을 칭찬하고 목소리가 미세하게 떨리며 감정이 풍부해진다. 몸과 발을 앞으로 내밀고 큰 절을 하거나 진심어린 고마움을 미소로 전한다. 친밀감을 가벼운 접촉을 통해 시도하거나 선물이나 도움 등으로 마음을 표현하고 싶어 한다. 신체적 긴장감이 해소되고 가슴에 충만감이 느껴지며 마음 한구석이 가득 채워진 느낌과 얼굴에는 기분 좋은 온기가 느껴진다. 상대방의 친절과 도움에 보답하고 싶어진다. 이런 상태가 장기간 지속되면 기쁨의 눈물을 흘리거나 깊은 친분과 사랑의 느낌이 심화된다. 다음 단계로 이어지는 감정은 만족감과 평안함, 행복함과 의기양양함이 있다(Angela Ackerman·Becca Puglisi, 2016).

감사에 해당하는 서양의 'thank you'가 일상적인 언어인데 비해 우리말은 '감사합니다' 혹은 '고맙습니다'이다. 이는 일상 속에서 서양 사람들에 비해 사용빈도가 상대적으로 적은 느낌이다. 어떤 사람이 감사하는 마음(감정)을 자주 느낀다면 그는 상대방이 베푸는 호의나 친절에 민감하다고 할 수 있다. 길을 양보하기 위해 몸을 비켜서거나 엘리베이터에서 내려야 하는 자신을 위해 몸을 비켜서 주는 이웃에게도 감사를 느끼고 표현할 수 있다. 식당에서 음식을 서비스하는 주인 혹은 종업원에게 감사를 느끼거나 표현할 수 있다. 하지만 일상 속에서 자신을 위해 밥상을 차려준 가족들에게 감사를 표현하거나 자신이 미처 끄지 못하고 나온 욕실의 불을 대신 꺼주는 가족에게 고마움을 표현하는 일은 민감하지 않으면 알아차리기 어렵다.

사회생활 속에서 교통수단을 통해 학교 혹은 직장에 출근하면서 오늘도 수많은 사람들이 나의 출근을 위해 봉사하고 도움을 주고 있다는 생각이 드는 것은 모두에게 일어나는 일은 아니다. 특히 아침에 눈을 뜨며 살아 있음에 대해 생각하고 생명과 건강의 소중함을 주목하며 나의 몸을 움직이고 물을 한 잔 마시는 작은 동작과 동작 사이에 이어지는 시간의 흐름들 속에서 감사한 마음이 문득 일어나는 것을 알아차리는 것은 아주 드물거나 소수의 사람에게 자주 일어나는 일로서 절대치의 에너지량(엔트로피)은 치우쳐 있다.

감사가 몸에 배인 사람에게 불만과 불평, 불신과 불행이 똬리를 틀고 집을 지을 시간이 확보되기 어렵다. 모든 불만족과 불행은 상대적이다. 이 4불不의 가장 강력한 예방 백신이 감사하는 마음과 습관이 몸에 배는 것이다. 같은 성당을 건축하는 두 대리석장이는 이렇게 말한다. '도대체 이 돌은 이토록 뾰족하고 쓸데없이 무거우며 날씨는 왜 이렇게 더운 것이냐?'고 불평하는 사람과, 돌 안에서 아기 예수님이 나를 불러서 필요 없는 부분만 제거하였더니 이렇게 아름다운 조각이 나왔노라고 조각하는 사람이 있다. 두 사람 모두 생계를 위해 노동을 제공했다 하더라도 그 태도는 사뭇 차이가 있다. 많은 이들이 직장에서 일을 대하면서 감사하는 마음 보다는 불평과 불만이 더 많은 것은 일상적인 일이다.

학교라는 공간은 또 얼마나 많은 불편과 불만의 요소로 가득 찬 건축물인가? 하지만 이 공간에서 어떤 이는 끊임없이 감사할 조건들을 찾고 발견하며 경이로워하면서 미소를 잃지 않는 것은 왜일까?

감사할 줄 아는 것은 힘이며 능력이며 중요한 품성이자 덕목이 된다. 자신의 몸과 가족, 자신을 둘러싼 사회와 환경을 모두 긍정적으로 받아들여 감사하는 것은 강요할 일은 아니다. 하지만 신체적 한계를 가지고 태어난 이들과 불우한 가정, 예기치 못한 사고, 매우 저 개발된 국가적 환경 속에서도 일상 속에 감사를 느끼고 실천하며 주어진 삶을 정면으로 마주하고 이겨가는 사람들에게 어떤 요소가 있는가?

감사感謝는 교육되거나 훈련되는가? 세계에서 가장 강력한 힘을 지닌 미국의 대통령 도널드 트럼프는 행복한가? 세계 최고의 부자들은 행복한가? 석유재벌들과 왕족들 혹은 재벌 2세의 가정은 만족과 행복이 넘쳐나고 있을까? 2008년 3월 총선을 통해 공화제를 선택한 부탄왕국의 세계행복지수 1위는 무엇을 의미하는가? 군인보다 승려가 더 많은 이 나라는 만족하라는 불교의 가르침을 따라 '욕심 없는 삶'을 추구하기에 이것이 행복한 이유 중의 하나라는 것이다. 감사는 하나의 문화이기도 하다. 사회 문화이자 때로는 가족의 문화이다. 학교에서 감사는 왜 중요한가?

감 사

나이 예순에는 지나간 삶을 돌아보고
잘 한 일, 잘 못 한 일,
잘 해야 할 일들의 목록들을 정해서
삶의 아름다운 마무리를 준비해야 한다.

예순이 되었지만 내 글씨는 아직 이 모양
내 경제는 재능 없고
가난한 시골 선비가 되어
이룬 것이 없이 세월만 보내었구나.
세상을 바꾸겠노라고 정신없이 살아온 지난 30년
세상을 바꾸기는커녕 자신을 바꾸기도 어렵구나
내 자식에게 마저 선善한 영향 끼치기가 힘겹고
아내에게도 감동感動을 주기에는 부족하기만 하구나

겨우 책冊만 좋아하는 바보가 되어
분수에 넘치게 책을 사고 책에 줄을 긋고
책을 들고 서성거리며 눈물 따위 흘리는
달깍발이 시골선비가 되었지만

세상에 선善한 사람들이 가득 차게 만들고자
말과 행동으로 실천하시던
퇴계 선생님 길을 따라
마음의 도산서원을 세워 가리라

감사感謝 알아차리기

학교폭력을 마주하였는데 감사한 마음을 가지라고요? 그만하길 다행입니다. 감사한 일입니다. 이 감사는 초기에 일어나야 한다. 너무 늦으면 효과가 거의 없거나 지극히 작다. 학교폭력의 가해자에게는 다행히 피해학생의 상처가 심각하지 않고 흉터가 남지 않거나 수술을 하면 회복될 가능성이 큰 것이 다행이다. 다행히 피해학생의 부모가 가해학생이 진심으로 뉘우치고 사과를 하였다고 하여 용서를 하기로 하였다네요. 다행입니다. 피해학생의 입장에서는 그래도 이만하길 다행입니다. 잘못 부딪혔으면 눈을 다칠 뻔 했어요. 영구치가 부러졌지만 흉터는 그리 남지 않을 것이라고 하네요. 그래도 가해학생이 두 번 다시 이런 일이 없도록 약속하고 부모님과 함께 찾아와서 진심으로 용서를 빌겠다고 하네요. 속이 상하지만 그래도 부모들은 사람이 된 것 같아요. 학교 측에서도 교원 공제회와 가해자 측에서 치료비를 부담하도록 행정적인 절차를 밟는다고 하네요. 담임 선생님은 정말 죄송하다며 각별하게 두 학생을 잘 돌보도록 노력하시겠다고 합니다. 감사할 것을 찾아서 출발하는 것과 복수를 하려는 마음에서 출발하는 것과는 하늘과 땅만큼의 차이가 있다.

담임의 입장에서는 학교폭력이 일어나지 않도록 예방하는 것이 최선이지만 이미 일어난 학교폭력을 대처하고 처리하는 것도 중요하다. 왜 내 교실에서 하필이면 이런 일이 일어났을까? 내가 전생에 무슨 잘못을 크게 저질렀기에 이런 일이 일어난단 말인가? 민식이와 정우는 왜 하필 우리 반이 되어서 일을 크게 만들었을까? 그때 자리를 비우지 말았어야 했는데……. 이런 부정적이고 운명적인 생각들은 전혀 도움이 되지 않는다. 오히려 첫 단추를 잘못 꿰어서 상처를 헤집고 상황을 악화시킬 수 있다. 두 당사자인 아이들에게 감사한 마음을 가져야 한다. 그래도 죽지는 않았잖아! 그래도 이만하길 다행이다. 그리고 함께 이야기를 해 보자. 문제를 해결하는 데 선생님이 어떻게 해야 도움이 될 수 있을까? '도-천-아'로 함께 하며 쉬운 매듭부터 하나씩 풀어가야 한다. 교사의 태도와 자세가 아이들의 혼란을 가라앉히고 다음 단계를 결정한다.

감사 마주하기

감사하는 마음은 모든 사람에게 찾아오는 선물은 아니다. 생활 속에서 작은 것에 감사할 수 있는 사람만이 큰 것에도 감사할 수 있다. 일용할 양식의 양과 질에 관계없이 감사기도를 하고 먹는 사람이 있는가 하면 진수성찬을 차려 놓아도 젓가락질 할 데가 없다고 불평하는 사람도 있다. 많은 사람들이 감사해야 할 순간에도 감사하지 못하는 이유는 무엇인가? 감사를 할 기회가 다가왔음에도 감사는커녕 불평을 하는 것은 왜일까? 감사에 대해 정의定義를 제대로 하지 못했기 때문이다.

사람들은 저마다 만족滿足의 기준이 다르다. 자신이 바라는 기대만큼 고마움과 감사한 마음이 일어난다. 상대방이 호의나 친절을 베풀었을 때 이를 알아차리지 못하면 감사를 표현할 수 없다. 호의나 친절을 알아차리기 위해 무엇을 하여야 할까? 감사 민감성을 키워야 한다. 호의나 친절을 알아차리는 감각을 장착하고 키워야 한다. 처음부터 상대방이 베푸는 호의나 친절에 대해 고마워하기보다는 의심을 하는 부정적 민감성이 갑옷처럼 장착된 사람이 있다. 이 사람들에게는 물에 빠져 생명을 구해주는 고마움을 입고도 왜 진작 구해주지 않았는지 혹은 목을 세게 잡아서 아프게 했는지를 따진다. 무엇보다 자신을 제일 먼저 구하지 않고 두 번째로 구한 것에 대한 분노를 쏟아 놓는다. 이때는 "제가 실수로 구했습니다. 죄송합니다"라고 대답을 하고 싶지만 웃어넘기는 것 밖에는 방법이 없다. 그래도 화가 난다면 이렇게 돌려줄 수는 있다. "제가 당신의 생명을 구했지만 다른 사람들보다 가장 먼저 자신을 구해 주지 않는 것에 대해 화가 나셨군요. 제가 당신을 구하는 과정에서 세게 잡아당긴 것이 자존심을 상하게 했군요. 저는 너무 급한 상황이라 거기까지는 생각하지 못했습니다. 다음번에 당신을 구할 기회가 있을 때는 이 모든 상황을 고려하여 물에 뛰어 들겠습니다"라고 대답하라. 가능하면 여러 사람이 들을 수 있도록 큰 소리로 대답하거나 서면으로 하라. 기록되어 지워지지 않도록. 하지만 성숙한 대처는 이것이다. "저는 당신이 무엇이라고 생각하시든 당신의 생명을 구할 수 있어서-도움을 드릴 수 있어서-

감사합니다. 행복하시고 건강하시길 기도드립니다" 그리고 그 자리를 얼른 떠나라.

감사하지 못하는 사람은 천국에서도 불평을 하는 재능을 발휘한다. 물론 이들이 천국에 있을 수 있을지는 차지하고라도. 이들은 어떤 진수성찬을 차려 놓아도 불만을 찾아낼 수 있고, 어떤 옷감으로 옷을 만들어도 불평할 할 준비가 되어 있다. 하지만 감사가 몸에 밴 사람은 어떠한 상황 속에서도 감사할 거리를 찾아낸다. 감사 근육과 공감 근육이다. 공감하는 사람만이 감사할 수 있다. 공감을 훈련시켜야 감사하는 역량이 커지고 근육이 발달한다.

질문들

△ 살면서 가장 감사한 순간은 언제였는가?

△ 무엇 때문에 감사하였으며 감사를 베풀어준 사람은 누구였는가?

△ 가장 감사했던 그 순간으로 돌아간다면 바꾸고 싶은 것은 무엇인가?

△ 살면서 나는 누군가에게 감사함을 끼친 적이 있었는가?

3 배려(스물세 번째 주머니)
– 정의가 떠난 자리를 배려가 뒤처리한다(넬 나딩스)

"선생님 제가 할게요. 저희 사회과는 진도가 다 나가서 다음 주 창체(창의적 체험활동)는 제가 할게요", "선생님 제가 2반 학생들 한 번 잡아 볼까요? 기회를 주시면 제가 도움이 될 수 있을 것 같은데……" 옆 반 동료교사들의 마음이 너무 예쁘고 고마워 이런 배려를 받아도 되는지 감사한 마음이 가득하였다. 진심어린 배려의 마음을 받았다.

초임학교에서의 일이다. 6학급 학교에서 3학년 여자 아이가 교장실 청소를 하다가 교장선생님 안주머니에서 큰돈을 가져갔다. 젊은 여선생님께 "제가 도움이 되면 어떨까요?" 물었을 때 정색을 하며 대답했다.

"같은 선생님끼리 왜 가르치려고 하세요?"

처음에는 당황하고 서운했지만 돌이켜보면 내가 도움의 손길을 내미는 방식이 분명 잘못되었을 것이다. 그의 자존감을 상하게 하였거나 그를 깎아 내리려고 의도하지는 않았을지라도 나 자신을 드러내려는 의도가 엿보였으리라. 도움을 받는 것보다는 차라리 도움을 받지 않는 것을 선택할 만큼 상대방을 배려하지 못한 도움의 손길은 폭력이 될 수 있음을 몰랐다.

오늘 나는 두 분 젊은 선생님들께 도움을 주겠다는 요청에 기쁜 마음으로 고마움을 표현했다. 그것이 순수한 배려로 다가왔기 때문이다. 어려움에 처했을 때 주변을 둘러보고 누군가에게 도움을 요청하고 도움을 기꺼이 받아들이는 것도 중요한 능력이다. 다만 습관적으로 도움을 청하고 받기만 하고 직접적 혹은 간접적일지라도 돌려주지 못하는 마음은 인색함이자 거지의 마음이다. 거지란 가진 것이 없는 사람보다 가진 것을 나눌 수 없는 마음을 가진 사람이기 때문이다.

교직 생활을 하는 동안 내가 받은 최고의 배려는 초임학교 시절 두 번째 교감선생님으로부터이다. 방송대 출신의 준교사로 이리저리 애쓰는 모습이 안타까워 보였는지 교원대 석사과정 파견공문이 왔으니 참고하라는 권유였다. 덕분에 2년간 파견근무를 하고 왔지만 교감선생님은 그 일로 인해 학부모들로부터 원망을 들었다는 상황을 나중에야 알게 되었다. 송구한 마음을 전했더니

"나는 공문이 왔으니 시험을 쳐 보라고 권했을 뿐 시험에 합격한 사람은 이 선생님이니 당연히 젊은 사람은 공부를 하는 것이 옳고 공문이 왔으면 알려주는 것이 옳다"

라고 정리하셨다. 배려는 이렇게 하는 것이다.

배려의 사전적 정의는 명사로서 "도와주거나 보살펴 주려고 마음을 씀"이다. 실상 도와주거나 보살펴 주는 것은 수직적 덕목처럼 보이지만 쌍방향이어야 건강하다. 서로에 대해 배려하는 것이다. 교사와 부모가 학생과 자녀를 배려하듯이 학생들과 자녀도 부모를 배려할 수 있다. 아이들은 공감과 배려에 탁월한 능력이 있다. 어른들은 계산을 하지만 아이들은 계산하지 않는다. 아이들의 배려는 훨씬 더 중심에 가깝게 최단거리로 다가선다. 배려에는 계산하지 않는 마음 즉 진정성이 중요하다. 진정성을 담아서 배려하는 마음은 상대방에게 큰 친절이며 기회이자 선물이다. 하지만 목적을 가지고 하는 배려는 투자의 성격을 띠게 되어 적절한 반대급부가 없을 때 내가 한 배려에 대한 대가를 요구하게 된다. 이 배려는 진짜 배려가 아니다. 배려의 모습을 가장한 거래이자 투자이다. 이러한 배려는 어디에선가 티가 나고 마침내는 서운함을 표현하는 것으로 본질을 드러낸다.

배려의 철학자 넬 라딩스는 "정의가 지나간 자리에 배려가 뒤처리한다"고 말한다. 정의만으로는 부족하다. 배려가 필요한 순간이 있다. 배려는 종종 나약함과 친척관계처럼 보이지만 나약함은 아니다. 배려는 일반적인 공정함과 제도를 적용하였을 때 혜택을 받을 수 없는 약자에 대한 고려이다.

퇴계선생께서는 평생을 배려가 몸에 배인 분이셨다. 퇴계 선생의 큰 아들 준과 혼인하였던 봉화 금씨 집안에서는 퇴계 집안을 무시하여 떠난 다음 대패로 앉은 자리를 밀어버렸다. 이 일을 알게 된 집안 일가친척들이 큰 며느리에 대해 분개하자 퇴계선생님은 한결같이 감싸고 보호하며 배려하였다. 이러한 배려는 죽어서 무덤까지 이어졌다. 내가 아버님을 죽어서라도 모시겠다며 시아버지의 무덤 아래 묻어달라는 유언을 남겼고 퇴계의 무덤 입구를 지금도 지키고 있다. 필자는 가끔 중요한 결정을 할 때 퇴계 무덤을 찾는다. 몇 년 전에는 선산을 찾다가 내비가 끝나는 가정집에 잘못 들었는데 봉화 금씨 종손의 집이었다. 크게 감사하며 절하였다.

퇴계의 둘째 아들 채는 결혼 후 얼마 되지 않아 요절하였다. 한밤중에 며느리가 남편의 허수아비를 만들어 놓고 음식을 권하는 것을 듣자 퇴계는 며느리의 개가를 권하였다. 당시의 기준으로는 파격적인 배려가 아닐 수 없었다.

퇴계는 첫째 부인을 사별하고 둘째 부인을 얻었는데 권질의 따님으로 사화를 눈앞에서 겪으며 정신이 온전하지 못하였다. 가끔 부인은 퇴계를 난처하게 하였는데 붉은 천으로 도포를 깁거나 조부의 제사상에서 굴러 떨어진 배를 치마폭에 감추기도 하였다. 퇴계는 이를 감싸며 한결같이 예로서 부인을 대하였다.

특히 아끼던 맏손자 안도가 기다리던 아들을 낳았을 때 서울 사는 손자며느리의 젖이 부족하여 마침 안동에 있는 여종 학덕이가 비슷한 시기에 아이를 낳자 유모를 올려 달라고 청하였다. 퇴계는 "아이만 둔 채 학덕이만 올려 보낼 수 없다. 남의 자식을 죽여서 자기 자식을 살리는 것은 옳지 못하다"고 대답한다. 결국 증손자는 죽었다. 퇴계의 배려는 이처럼 삶의 전 과정에서 몸에 배여 나타났다. 요즘 시대 우리가 본받아야할 삶의 모델이 아닐 수 없다.

배 려

시댁이 비루鄙陋하다 모욕하였을 때
맏며느리 감싸시는 배려에
첫 째 며느님
무덤에서도 시 아버님 모시네
신혼례도 치르지 못한
둘째 며늘아기
남 몰래 내어 보내시고
버선을 받으시고 눈물짓네

손자 안도安道의
젖 먹일 유모를 차마
보내지 못해

증손자가 죽음에 이르렀네

제자에게도
아랫사람에게도
한 번도 하대를 하시지 않은
퇴계 선생의 배려를 보네

배려 알아차리기

아이들이 자신의 장난감을 친구에게 양보하거나 자신이 먹으려던 과자를 양보하는 행동은 엄청난 배려의 표현이다. 어른들의 처지를 헤아려 사달라고 조르지 않거나 놀러 나가자고 조르지 않는 것을 결정하는 것은 배려이다. 아이들은 교사의 조급함과 배려 없음에 대해서도 기다리고 인내하며 배려를 실천한다. 그런 점에서 교실에는 교사의 배려보다는 아이들의 배려가 더 많은 에너지의 파장으로 출렁거린다.

상대방의 배려를 알아차리거나 배려를 해야 할 순간을 알아차리는 것은 중요한 덕목이다. 정의가 필요한 순간에도 배려가 요구된다. 아이들은 저마다의 사정으로 문제행동을 한다. 아이들의 문제행동에는 뿌리가 있고 배경이 있다. 문제행동은 우발적으로 튀어나오는 것이라기보다는 이전에 축적된 불건강한 에너지의 총체적 합이 폭발한 것이다. 따라서 문제행동만을 꾸짖을 때 아이들은 억울하거나 공감받지 못했다고 느낀다.

아이들을 꾸짖을 때 혹은 칭찬할 때 행동과 사람을 분리하며 정확하게 구분(분별)할 필요가 있다. 가능하면 사람이 아니라 잘못된 행동에 대해 지적하여야 한다. 이때 아이들은 공격받는 느낌이 아니라 자신을 존중하는 범위 내에서 잘못된 행동에 대한 수정을 선택하게 된다. 이 과정이 배려이다.

배려 마주하기

배려를 베풀 때는 겸손하게, 받을 때는 감사한 마음으로 받을 것이다. 가끔씩 배려를 악용하여 친절이 습관이 되면 권리인줄 안다는 불만을 만나게 된다. 배려와 친절의 한계를 시험하고 인내의 저울의 축을 원위치하려는 시도를 목격한다. "그것은 위장된 친절이라고 거짓된 배려라고 사랑은 처음부터 없었던 것"이라고 내가 그것을 증명하겠다는 시도를 만나기도 한다.

마치 예수님의 기적을 "바알세불의 힘을 빌려서 악령을 쫓아내는 것"이라고 강변하는 것처럼 배려에 대한 불신을 끝없이 증명하고자 하는 사람들을 대상으로 배려의 진정성을 설명하는 일이 매우 어렵다. 그들 역시 자신이 경험하지 못하는 것들을 증명하려니 실체가 눈에 잡히지 않는 것은 당연하다.

배려는 홍해가 갈라지는 것처럼 큰 기적에 대한 반응이라기보다는 날마다 일상 속에서 만나는 구름기둥과 불기둥 속에서 신神의 임재를 체험하는 일이다. 붉은색 안경을 끼고 세상을 바라보는 사람에게 할 수 있는 유일한 말은 색깔에 대한 설명이 아니라 안경을 벗고 세상을 바라보라는 권유이다.

타인의 모든 선행과 선량한 시도는 위장 혹은 위선이며 뭔가 감추어진 목적이 있다. 그 사람 자신도 지금은 모르지만 목적이 있는 것이라고 강변한다. 그는 내가 늑대의 탈을 쓰고 있지만 사실은 양이라고 주장한다. 이 사람들을 설득할 방법도 필요도 없다. 때로 교사의 진심을 몰라주고 의도적으로 왜곡하기로 결심한 학생과 학부모를 설득하는 일은 가능하지 않다. 그럴 때는 진심을 다해 그냥 일상을 실천할 뿐 그 사람들에게 좋게 보이기 위해 애를 쓰거나 고통을 받지 말아야 한다. 선을 실천하기에도 바쁜 시간에 악과 싸우기 위해 악을 악으로 증명하기 위해 애쓰는 것은 지혜가 아니다.

질문들

△ 살면서 누군가에게 배려 받았던 경험은 언제였는가?

△ 배려의 내용은 무엇이었으며 그것은 내 삶에 어떤 영향을 끼쳤는가?

△ 그 순간으로 돌아간다면 바꾸고 싶은 것은 무엇인가?

△ 살면서 나는 누군가를 배려한 적이 있었는가?

4 선택(스물네 번째 주머니)

– 인생은 탄생(Birth)과 죽음(Death) 사이의 선택(Choice)이다(사르트르)

인생은 B와 D 사이의 C이다. 즉 탄생(Birth)과 죽음(Death) 사이에서 날마다 매 순간 선택(Choice)을 하면서 살아간다는 것이다. 빅터 프랭클은 "모든 일에는 자극과 반응 사이에 공간이 있다. 이 공간에서 어떠한 선택을 하느냐가 자신의 삶의 질質을 결정한다"라고 말한다. 날마다 생과 사를 넘나드는 아우슈비츠 수용소에서도 매 순간 선택은 존재한다. 어떤 일을 겪을 것인지 선택할 수 없어도 그 일을 마주하는 태도는 오롯이 나의 선택이다. 내가 살면서 해 온 최고의 선택과 최악의 선택은 무엇이었을까? 또 다른 선택의 기회가 온다면 이제는 다른 길을 선택할 수도 있을까? "한 사람의 철학을 확인하는 가장 좋은 방법은 그가 하는 말이 아니라 선택을 보는 것이다. 우리가 내리는 선택은 궁극적으로 우리 자신의 책임이다(앨리너 루즈벨트)"

부모님을 만난 것은 내가 선택한 일이 아니다. 내 고향이 안동 도산인 것이나 대구에서 유년과 청소년 시절을 보낸 것 역시 내가 선택한 일은 아니었다. 하지만 성인이 될 스무 살 무렵 대학부터는 내가 내 삶을 결정하고 선택에 대한 책임을 져 왔다. 결혼 후 신혼 초기 두 분 부모님을 모셨는데 두 분 모두 병으로 오랜 기간 고생하셨다. 특히 아버지는 치매로 한동안 거동을 못하셨고 힘든 말년을 보내셨다. 거슬러 올라가면 친증조부(양자를 가셨다)께서는 독립유공자로 대전 현충원에 안장되셨으며, 조부께서는 6·25 와중에 교장으로 계시던 학교(단북초등학교) 옆에 묻히셨다. 한때 교사를 하셨지만 평생을 세상과 화해하지 못하며 세상보다 몇 발자국 앞서 살아가셨던 내 아버지와 병든 시어머니를 지극정성으로 모셔서 그 대단하시던 고모님들과 시동생을 감탄하게 하셨던 안동 권씨 어머니까지 내가 선택한 것은 아니었다. 하지만 그분들의 삶의 모습들이 오늘날의 내 모습과 맞닿아 있다.

내가 스스로 내린 선택 중 가장 잘 한 것이라면 아내와 결혼한 것이다. 병중에 계신 시부모를 모시면서 한 번도 표정으로조차 싫은 내색을 하지 않은 아내에게 마음으로 절하며 감사드린다.

종교에 깊이 심취되어 살아온 나는 서른이 되기 전까지 가톨릭의 사제(신부)가 되지 못할 것이라고는 상상도 하지 못했다. 하지만 세속에 남아 결혼하였고 두 아이의 부모가 되어 결혼 생활 만 30주년을 앞두고 있다. 결혼이라는 성소聖召를 선택한 것은 차선의 선택이었지만 나와 우리 가정을 위해서는 최선의 선택이었다. 만약 장남인 내가 병든 부모님을 모시지 않았더라면 우리 가정은 어떠하였을까? 생각하면 끔찍하다.

내 교직생활은 돌이켜보니 파견이 참 많았다. 한국교원대학교에서 석·박사과정을 파견으로 공부를 하였고 6개월간의 영어연수 과정을 이수하였다. 단재교육연수원에 파견되어 단재교육연수원 30주년 발전계획을 수립하였다. 시·도교육청에서 장학관으로 근무한 2년 반의 기간도 실상은 파견기간으로 여긴다. 고용휴직 2년을 포함하면 11년을 파견으로 보냈다. 학교현장을 이토록 자주 떠난 것은 지루한 일상을 참지 못하는 나의 성격 탓이 크다. 내가 해외학교로 고용휴직을 신청하자 당시 담당자는 "교사 수급 사정상 우리 도는 고용휴직을 허락하지 않는다"라고 단호하게 말해 주었다. 이튿날 법조문을 찾아 공개질의를 하였더니 전화가 왔다. 공개질의를 내려 주면 안 되겠느냐고. 고용휴직이 가능하다고. 어떤 선택에도 틈새가 있고 여분의 공간이 있다. 나는 1%의 가능성이 있으면 포기하지 않는다.

교직생활을 하는 동안 초기에 얼떨결에 교감선생님의 추천으로 순번대로 주는 교육장 상을 받은 적이 있지만 시상을 위해 본인이 공적을 적어야 한다는 사실에 적잖게 당황하였다. 이후 어떠한 공적조서도 쓰지 않았다. 상을 받을 기회가 있다면 동료에게 양보하는 것을 선택하였다. 이는 종교적인 부분과 맞닿아 있다. 내가 스스로 내 자랑을 하는 것은 옳지 않다는 생각이었다. 그래서 교육감상 혹은 교육부장관상을 받을 기회가 있었지만 적극적으로 회피하였고 미필적 고의에 의해 수상에서 제외되었다. 실적에 대해 포장을 하는 것에 대한 거부감은 장학관직을 수행하는 데는 치명적인 약점이 된다는 것을 몰랐다. 학교폭력이 일어나지 않도록 근본적인 대책을 세우고 학생들을 한 생명도 잃지 않도록 근본적인 대책을 세우는 것은 눈에 보이지 않기에 직무를 태만히 하는 것으로 해석될 수 있다는 놀라운 해석법에 감탄할 따름이었다. 하지만 병자를 치료하기 위해 스테로이드제나 강력한 항생제를 쓸 수는 없는 법이다. 체질을 바꾸어 건강한 몸의 기능을 회복하도록 돕는 것이 의원이 할 일이듯 실적보다는 근본적 체질 개선을 선택하는 것이 옳다는 생각이었다. 하지만 교육청에서는 이 같은 방식은 무능함으로 해석될 수 있다. 이는 늘 성과급 B의 성적으로 나타나는데 잠깐만 기분이 불쾌하면 될 일이다. '나를 평가하는 것은 학생들이고 교육의 대상일 뿐 당신들이 아니다'라고 자신 있게 말할 수 있으면 되었다. 하지만 의회 의원들의 생각은 달랐다. '왜 몇 건 밖에 상담을 하지 않았느냐?', '왜 자리를 지키지 않고 출장을 갔느냐?'라고 따졌다. 실상 예방을 위한 출장은 매일 가도 부족하다. 자살을 예방하고 교육하는 컨설팅을 위해서 더 많은 출장이 필요하지만 왜 자리를 지키지 않느냐? 혹시 그사이에 사고가 나면 어떻게 할 것이냐고 따졌다. 대한민국 내에서 전화를 받으면 하루 만에 못 돌아올 곳이 어디에 있을까? 출장 역시 업무와 관련된 것이라면 많이 갈수록 좋을 것인데 공격을 위한 빌미가 되었고 아무도 내 편이 없었다. 보호는커녕 우리는 다 야근을 하면서 주말에도 일하는데 책을 쓰고 출장 강의를 다니는 것이 말이 되느냐?는 비난이 함께하였다. 나의 선택은 철저한 정치적 야심이나 이기적 행동으로 여겨졌다. 한 번도 불러서 이유를 물어본 적이 없는 이들이 비난에 가세하여 손을 잡았다.

로버트 프로스트의 시 중 "가지 않은 길"은 한 길을 선택한 사람이 가지 않은 길을 선택하였다면 '모든 것이 바뀌었지 않았을까' 하는 회한을 적고 있다. 우리의 선택에는 반대편의 길에 대한 미련과 회한이 묻어 있다. 교원대학교 정책대학원 3학년에 재학 중이었을 때 지도교수께서 교육감직인수위원장이 되셨다. 나에게 인수위원이 되어 함께할 것인지 질문하셨다. 우리 두 사람이 모두 말은 하지 않았지만 "이 선택은 금년에 학위를 마칠 수 없을 수도 있다"라는 것을 의미한다는 것을 알았다. "제가 인수위에 참가하지 않으면 저는 학위를 받을 수 있을 것입니다. 하지만 이 시기 정책을 공부하는 사람으로서 이 생생한 현장의 경험을 놓치기도 안타까운 일입니다. 일단 참석한 뒤 최선을 다해보겠습니다" 돌이켜보면 큰 실수를 한 것이다. 욕망과 권력과 온갖 전술과 지략들이 소용돌이치는 그 현장에 나는 맞지 않는 사람이었음을 그때는 왜 몰랐을까? 욕심이 앞을 가렸음이 분명하다. 바라는 것이 없으면 당당할 수 있다.

선 택

부패와 발효 사이
나는 선택하고 선택되어진다

진심과 노력이 절실하면
결코 부패할 수 없지만

욕망과 욕심이 눈앞을 가리면
발효되지 못하고 부패한다

발효와 부패 사이
나는 선택하고 선택되어진다

선택 알아차리기

선택은 매 수간 하루에도 수십 번 수백 번 일어난다. 아침에 알람 소리보다 먼저 일어날지 몸을 일으켜 어떤 스트레칭을 할 것인지 생각과 행동들 사이에서

찰나刹那마다 선택을 반복한다. 이 선택의 순간들을 알아차리는 것이 삶의 주인으로 살아가는 것이다. 세수를 먼저 할지 양치질을 먼저 할지, 무엇을 먹고 어떤 옷을 입을지, 몇 분에 집에서 나설지 선택한다. 오늘 만날 예정인 사람들과 어떤 인사말을 할지 아니 눈빛을 보낼지, 학년 연구실에는 교무실에는 언제 들를지, 점심을 다 먹을 것인지, 화장실은 언제 갈지, 퇴근은 몇 시에 할 것인지 선택한다.

우리의 하루는 크고 작은 선택으로 가득 차 있다. 작은 선택은 작은 영향을 미치고 큰 선택은 큰 영향을 미친다. 작은 선택을 하기 위해서는 작은 시간을 투자하고 큰 선택을 하기 위해서는 더 많은 분량의 시간을 투자하여야 한다. 어떤 선택은 습관적으로 되풀이되고 어떤 선택 앞에서는 감각이 마비되어 나의 총체적 역량을 발휘하지 못한다. 휴일 날 점심 메뉴를 선택하기 위해 몇 시간을 고민하지는 않지만 대학진학과 취업, 결혼을 몇 시간 만에 결정해서도 안 된다. 하나의 선택이 얼마만큼의 시간과 중요성을 가지는 것인지 판단하는 것이 중요하다. 스티븐 코비는 "우리가 살면서 결정해야 할 일들은 4/4분면으로 구성된다"고 말한다. "1/4분면에는 중요하고도 시급한 일이 있으며, 2/4분면에는 중요하지만 시급을 요하지는 않는 일이 있다"라고 말한다. 3/4분면은 시급하지만 중요하지는 않는 일이 있고, 4/4분면에는 중요하지도 시급하지도 않은 일이 있다.

성공적인 인생이라는 항해를 위해서는 1/4분면과 2/4분면에 속한 일들을 잘 구분하여야 하고 대처하여야 한다. 많은 사람들이 바빠 죽겠다고 소리치며 자신을 혹사하지만 잘 보면 중요한 일을 외면한 채 당장 급한 일을 처리하느라 하루 종일 종종걸음으로 바쁘다. 이런 사람들도 인생을 열심히 사는 것은 분명하다. 하지만 중요한 일은 늘 뒤로 미뤄진다. 마침내 "생각하는 대로 살지 못하고 사는대로 생각하게 된다"(폴 부르제). 선택은 이 일이 얼마나 중요한 일인지 알아차리는 것에서 출발한다.

선택 마주하기

교실에서 수업 시간에 일어나는 크고 작은 문제들은 크고 작게 대처하면 된다. 하지만 어떤 사건은 그 뒤에 커다란 폭탄이 숨겨져 있는 뇌관이자 징조인 것도 있다. 이런 일들을 알아차렸을 때 어떻게 대처하느냐(마주하느냐)가 중요하다. 수업이 끝나고 쉬는 시간에 잠깐 훈계를 할 일인지, 점심시간이나 수업 후 따로 개인상담을 하여야 할 사안인지, 학부모 상담도 필요한 사안인지 구분하여야 한다. 이 사안은 나 혼자의 힘으로 내가 해결할 수 있는 수준인지 학년부장 혹은 생활부장이나 상담교사 등과 상의를 하여야 할 일인지 교감선생님과 대화를 할 필요가 있는지 판단하여야 한다.

어떤 사안은 담임교사의 능력과 해결 범위를 벗어나는 경우도 있다. 이때 누구에게 의뢰하거나 도움을 받을 수 있는지 판단하여야 한다. 교실에서 일어나는 모든 문제를 담임교사가 다 해결할 수 있는 것은 아니다. 해결하지 못하는 것도 있다. 이는 담임교사의 무능이나 성실성의 부족함이 아니다. 다만 사안 자체가 무겁고 심각하여 개별 담임교사 차원에서 해결하기 어려운 것일 뿐이다. 선택에는 분별력이 필요하다.

헨리 나웬(2013)은 분별이란 이 낮은 소리에 귀를 기울이고 다른 박자에 맞추어 걸어가는 길이며 '열심히 귀를 기울이는 것'이라고 정의한다. 즉, 분별은 무엇이 일어나는지 간파하는 힘이며 우선순위를 정하는 것이다. 이 분별을 잘 하기 위해서는 내가 하는 일에 상관없이 나는 어떤 사람인가? 나는 누구인가? 나는 누구에게 속해 있나? 내 사람들은 누구이고 내 공동체는 어디인가? 내 삶에서, 내가 사랑하는 사람들의 삶에서 내가 가장 간절하게 바라는 것은 무엇인가? 내가 귀 기울이고 있는 내면의 목소리는 무엇인가? 내게 기쁨을 주는 것은 무엇인가? 질문하여야 한다고 조언한다(로버트 조너스, 재인용). 분별은 자신이 듣는 음악에 맞추어 길을 가는 것이다. 그 소리가 어떠하든 또 얼마나 멀리에서 들리든(헨리 데이비드 소로).

질문들

△ 살면서 내가 내린 선택 중 가장 중요한 선택은 무엇이었으며 언제 내렸나?

△ 내 선택은 내 삶에 어떤 영향을 끼쳤는가?

△ 그 순간으로 돌아간다면 바꾸고 싶은 것은 무엇인가?

△ 나는 누군가의 선택에 결정적인 영향을 끼친 적이 있었는가?

5 자존감(스물다섯 번째 주머니)

– 자기 자신을 신뢰하는 사람은 다른 사람들도 신뢰하게 된다 (괴테, 파우스트)

자존감은 스스로에 대해 느끼는 방식(고은정, 2014)으로 스스로 품위를 지키고 자기를 존중하는 마음이다. 자존감은 일상적인 용어로 사용되기보다는 다소 학문적인 용어에 가깝다. 자존감을 key word로 학술연구정보서비스(RISS)에 검색하면 국내 박사학위(220. 9. 5. 현재)만 48개가 검색된다. 자존감은 국립표준어국어사전 혹은 국어대사전(이희승 편저, 2009)에서는 검색되지 않는다. 자존감은 자존심과 가까운 것으로 보인다. 자존심은 「명사」로 "남에게 굽히지 아니하고 자신의 품위를 스스로 지키는 마음"이다. 자신감 혹은 자부심과도 가까운 친척이다. 자신감은 '자신이 있다는 느낌', 자부심은 '자기 자신 또는 자기와 관련되어 있는 것에 대하여 스스로 그 가치나 능력을 믿고 당당히 여기는 마음'이다. 자신감과 자부심은 감정이지만 자존감은 감정에 기초하여 사회적 자기에 대한 인지가 더해진 상태로 보인다. 자존감에 대한 연구와 논의는 매우 다양하고 풍성하다. 기본적으로 자존감은 인간 존재의 뿌리이며 근원적인 존재감이다.

자존감은 학교와 교육의 영역에서 특별히 더 중요하다. 자존감이 부족하거나 상처를 입은 사람은 자기 자신을 비하하고 훼손한다. 삶의 목표와 의욕이 상실

되어 에너지가 급격히 약화된다. 자존감은 인간의 존엄성에 근거하여 모든 사람에게 주어진 것이지만 양육과 교육과정에서 다양한 모습으로 길러진다. 건강한 자존감은 자신감과 긍정적 태도와 성실성 등으로 나타난다. 하지만 불건강한 자존감은 공주병이나 왕자병, 자기중심주의와 이기적 태도 등으로 나타난다. 이를 근자감(근거 없는 자신감)이라고도 부른다.

필자의 경우 어릴 때 퇴계 선생님의 직계 자손이라는 족보교육은 자부심의 뿌리인 동시에 근자감의 씨앗이 되었다. "퇴계 선생님처럼 훌륭한 사람이 되어야 한다"는 묵시적 교훈과 함께 "집안을 일으켜야 한다"는 압력은 동시에 멍에가 되었다. 자부심을 육성하는 방법은 무릎을 꿇고 족보를 외우고 또 외우는 것과 함께 명절 때마다 고향 안동의 선산으로 가서 묘소를 보살피는 것이었다.

살아오면서 늘 진성이씨 퇴계 선생님의 15대 직계손이라는 자부심은 자존감이 되어 퇴계처럼 훌륭한 사람이 되지는 못할지언정 퇴계 후손으로 욕을 먹어서는 안 된다는 강박관념이 있었다. 상담도 퇴계 상담을 하고 싶었고 퇴계의 삶을 교육자와 상담자의 덕목으로 이 시대에 복원하는 일에 늘 관심으로 가져왔다. 지금도 책상 위에는 퇴계의 삶과 실천에 관한 다양한 책들이 놓여 있다. 아침에 일어나서 스트레칭을 하면서 퇴계선생의 활인심방으로 하루를 연다. 나의 자존감은 어릴 때부터 너는 퇴계 선생님의 15대 직계손이며 증조부께서는 독립운동을 하시다가 국립묘지에 안장되셨다는 것으로 무장되었다.

교사의 자신감은 파커 파머에 따르면 정체성과 성실성에서 온다. 교사가 자기 자신에 대해 분명한 정체성을 가지고 있어야 한다. 교사의 정체성이란 실력에 기반한다. 실력은 두려움을 쫓는다. 성실성만이 실력을 쌓을 수 있게 한다. 그런 점에서 파머는 핵심을 짚었다. 학생들은 교사가 가르치는 내용이 자신감과 자부심으로 펼쳐지는지 억지로 흉내 낸 성실함과 자신감인지 본능적으로 알아차린다. 그래서 가르치는 무대에서면 매 순간 핀 조명이 자신을 떠나지 않는다. 화를 낼 때도 어쩔 수 없어 당황할 때도 가슴이 먹먹한 모든 순간에 아이들의 눈동자는 핀 조명처럼 교사를 떠나지 않는 CCTV가 된다.

아이들의 시선이 두려워지고 무서워지면 교사는 위축된다. 좌절하고 놀라며 수치심과 두려움과 후회와 갈등 속에서 고통을 받는다. 그러할 때 가장 좋은 처방은 솔직해지는 것이다. 자신의 감정에 정직해지는 것이다. 상황을 정확하게 알아차리는 것이다. 그리고 자신이 서 있는 그 지점의 좌표를 짚고 그 자리에서 일어나는 것이다. 넘어진 그 땅에서 다시 일어나야 한다. 더 이상 내려갈 곳이 없는 순간이 다시 시작하는 지점이다. '끄트머리'라고 한다. 이때를 마주하여도 두려워할 필요가 없다. 나를 죽이지 못하는 어떤 선택도 나를 성장시킬 뿐이기 때문이다. 하지만 어떤 경우에도 스스로를 해치고 절망하는 곳으로 인도해서는 안 된다.

영국의 소설가 G. K. 체스턴튼은 "한 사람을 죽이는 사람은 단지 한 사람만을 죽이는 것이다. 그러나 자기 자신을 죽이는 사람은 모든 사람을 죽이는 것이다. 적어도 자기 입장에서는 온 세상을 없앤 것이기 때문이다"라고 말한다. 교사는 어떤 경우에도 자신을 해치는 사람이 되어서는 안 된다. 가끔씩 나쁜 선택을 하는 교사들을 매스컴을 통해 들을 때면 얼마나 힘이 들었으면 그런 선택을 하였을까? 안타까워하면서도 교사는 그리하여서는 안 된다는 점은 분명하다.

교사는 다시 시작하는 사람이다. 교사는 자기 스스로를 세상의 중심에 놓고 주인공이 될 수 있어야 하는 사람이다. 그래서 필자는 학급운영을 하면서 우리 학급의 주인공 제도를 두었다. 매달 해당 날짜가 되면 아이는 주인공이 된다. 주인공이 된 아이는 교사를 대신하여 조회와 종례를 할 수 있다. 하루를 여는 오늘의 유머를 하고 시작한다. 명상을 위한 싱잉 볼(singing ball)을 치면서 하루를 시작한다. 점심시간에는 가장 먼저 밥을 먹을 수 있고 까임방지권이 있어 학교폭력을 제외한 어떤 잘못을 하여도 벌을 받지 않는다. 심지어 자신의 까임방지권을 사용하여 한 친구의 잘못된 행동에 대한 벌을 용서받을 수도 있다. 하지만 이 까임방지권은 당일에만 사용이 가능하다.

교사 자신이 세상의 주인공으로 살 수 없다면 자신의 학급 학생들에게 너희들이 바로 오늘 하루 우리 교실의 주인공이라고 말할 수가 없다. 학생들이 교실의 주인공이 되는 과정에서도 여전히 교실의 중심에 교사가 있다. 즉, 교사야말로 교실이라는 작은 우주 작은 태양계의 태양이라는 점이다.

주 인 공[3)]

오늘 나는 세상의 주인공
우리 교실의 주인공이 되었네

아침 자습 명상 Sing ball을 두드리고
친구들 앞에서 오늘의 유머를 발표하고
선생님 대신 오늘을 여는 말을 하네
내가 듣고 싶은 음악을 들을 수 있네

수업 중에도 먼저 발표하며
식사는 제일 먼저
잘못을 했을 때도 까방권을 행사
하루 종일 컴퓨터의 바탕화면이 되는

한 달에 하루
세상의 중심
오늘의 주인공이 되어
모든 존중과 관심을 받는

나는 세상의 주인공이다.

자존감 알아차리기

교사라는 직업은 감정노동의 최일선에 서 있는 사람들이다. 감정노동이란 사람으로 하여금 다른 사람의 기분을 좋게 하려고 자신의 감정을 고무시키거나 억

3) 오늘의 주인공 제도는 해당 날짜에 주인공이 되는 제도

제하는 것을 말한다(엘리 러셀 혹실드, 2009: 21). 일반적인 감정노동은 주로 일대일 상황에서 고객이나 상사를 대하는 과정에서 일어난다. 하지만 교사의 감정노동은 일一대對 다多 그것도 30여 명의 학생들을 대상으로 대처하는 것이기에 변수가 많은 복잡계의 문제이며 다차원 방정식이 적용된다. 때로는 30차 방정식이 되기도 한다. 뿐만 아니라 학생들의 학부모의 감정도 살펴야 하기에 한 학생당 두 사람의 학부모의 감정을 살피는 일은 거의 일대 백의 퀴즈경기처럼 외로운 싸움이 된다. 교사의 자존감이 굳건하지 못하면 매 순간 무대는 커튼이 벗겨지는 위험에 노출된다.

교사의 자존감은 어디에서 시작되는가? "저는 어릴 때부터 부모님이 교사셨고 꿈이 교사였어요"라고 하는 교사도 드물게 있지만 대부분은 직업으로서의 교사를 선택한 경우가 많다. 더러는 성적에 맞추어 안정된 직업을 선택한 것이라는 고백을 한다. 그의 자존감은 뿌리는 우물은 어디에서 길러 와야 하는가?

교사가 되는 과정에서도 임용고사 시험에 집중하는 것 외에 사회적 봉사나 시민단체 활동 등을 경험하는 경우는 드물다. 요즘은 농활(농촌봉사활동)은 고사하고 다양한 동아리 활동마저 위축되었으며, 학생회장은 장학금을 주어도 출마하는 사람이 거의 없는 지경이라고 한다. 교생 실습을 하기는 하지만 이것이 예비교사의 자존감에 얼마나 큰 영향을 끼치는지 궁금하다.

임용고사에 합격하고 신규교사로 담임이 되어 교실 문에 들어서는 것은 마치 인턴과 레지던트 과정 없이 수술실에 던져진 의사와 같다. 한밤중 도로 위에서 차 불빛에 얼어붙은 고라니처럼 몸과 마음이 정지되는 순간들이 펼쳐진다. 마치 서른 개의 접시를 동시에 던져 놓고 저글링을 하는 피에로 옷을 입은 서커스 단원과도 같다. 자존감은 어디에 있는가? 학교에 다닐 때 공부를 잘 했고 임용고사를 통과하여 선생님이 되었다는 자부심 외에 내가 이 교실의 태양으로 주인공으로 우뚝 설 수 있는 자존감에는 플러스알파가 필요하다. 자존감을 알아차리는 것은 매순간 나는 교사라는 정체성을 알아차리는 것이다.

자존감 마주하기

자존감은 자신의 인생을 살고 있는 것에 대한 자각이다. 한 개인의 정신적인 성숙은 그가 얼마나 독립적인 삶을 사느냐에 따라 결정된다(토니 험프리스, 2017:10). 우리는 교실에서 교사라는 페르조나 즉 가면을 쓰고 생활한다. 다시 말하면 교사의 역할을 하는 사람들이다. 가정으로 돌아오면 아들과 딸로서 혹은 엄마와 아빠의 역할을 수행하게 된다. 내 속에는 다양한 나의 모습들이 있고 이 모든 모습들이 나이다. 내 속의 숨겨진 모습들 중에는 어두운 그림자들도 있다. 어두운 그림자들은 때로 나를 당황하게 하고 혼란스럽게 하지만 그림자와도 친해져야 한다.

무엇보다 자기 자신에 대해 건강하고 긍정적인 자아관을 가져야 한다. 선생님들의 선생님이라고 불리는 토니 험프리스(2017)는 이를 '나의 신성한 자아'라고 불렀다. 나의 신성한 자아는 "나는 신성하며, 독특하고, 사랑할 수 있고, 사랑받을 자격이 있으며, 창의적이고, 재능이 있는, 우주의 일부분으로서 자신을 자각하는 것"을 말한다. 자신의 신성한 자아 위에 자존감을 쌓으면 자신과 타인을 긍정한다. 자신의 존재를 신체에서부터 정서적·지적·행위적·사회적·창의적·영적 실체로 받아들인다. 그러할 때 자신의 내면의 목소리에 귀를 기울이게 된다. 이를 위해서 무엇보다 자신을 잘 이해하여야 한다. 자기 속에서 일어나는 어두운 문화와 그림자 행동에 대해 자각하고 빛으로 나아가야 한다. 낮은 자존감과 어두운 자의식에 사로잡힌 리더는 사람들에게 그림자를 드리울 뿐이다. 따라서 좋은 교사 좋은 리더가 되기 위해서는 중요한 역할을 맡기 전에 준비와 훈련이 필요하다.

건강하고 성숙한 자아를 만들기 위해 끊임없는 노력과 연찬이 필요하다. 성장이라는 것은 오르막길을 올라가는 자전거와 같다. 잠시라도 멈추면 미끄러지고 뒷걸음질 친다. 날마다 새롭게 하고 노력하는 것을 게을리하여서는 안 된다. 필요한 경우 재충전을 위한 휴식을 선택하는 것도 두려워해서는 안 된다. 다행히 교사들에게는 방학이라는 제도가 있지 않는가? 이 제도를 잘 활용하기 바란다.

방학이 아니어도 필요하면 휴가를 사용하여 자신을 돌보아야 한다. 건강한 자존감을 가진 교사로 우뚝 서기 위한 깨어 있는 노력이 필요한 곳이 교직사회이다.

질문들

△ 살면서 내 자존감이 가장 무너진 사건은 언제 인가?

△ 그 일은 내 삶에 어떤 영향을 끼쳤는가?

△ 그 순간으로 돌아간다면 바꾸고 싶은 것은 무엇인가?

△ 나의 자존감에 가장 근거가 되는 세 가지 요소는 무엇인가?

MEMO

Ⅵ

희망의 나라

니고데모

어쩌면 나는
니고데모를 닮았다

요한도 베드로도
사도 바울도 아닌

내가 가진 것을
포기하지 못해

한밤중에
찾아온 율법학자

동료들의 평판과
사회적 지위 놓지 못해

일이 다 끝난 후에야
값비싼 향유를 들고

무덤으로 찾아가
죄책감을 덜어 보려는

다시 태어나야 할
니고데모를 닮았다

VI 희망의 나라

1 위로(스물여섯 번째 주머니)

– 친구들은 대개 욥을 위로했던 자들과 닮았다(성서 욥기)

학교는 우주다. 모든 교실은 저마다의 궤도를 지닌 행성(planet)인 아이들이 담임교사라는 태양을 중심으로 운행된다. 어떤 교실에서는 태양의 인력이 너무 강해서 문제이고 어떤 교실에서는 태양보다 더 큰 중력을 지닌 행성들이 출몰하여 교실의 질서를 흔들기도 한다. 교실은 이해할 수 없는 복잡계이며 우주적 질서를 유지하는 유기적 생명체이다. 학교는 신비 가득한 생태계이며 교실에서 교사는 왕이며 신성神聖한 존재의 반열에 버금간다. 하지만 때로 온갖 시비와 판단의 대상이 되어 무기력하고 불쌍한 학교 때리기란 스포츠의 두더지가 되기도 한다. 최근에는 후자의 자리에 더 자주 앉는다.

학교하면 떠오르는 이미지는 무엇인가? 학교에는 아이들의 웃음소리가 가득하고 술래잡기, 고무줄놀이, 말뚝박기, 망까기, 말타기 놀다 보면 하루가 너무 짧은 곳은 아니다. 만국기가 펄럭이는 운동회와 줄을 맞추고 노래 부르면 가던 소풍 길은 사라진지 오래다. 오히려 축 처진 어깨와 무거운 가방, 체온계를 들고 손 세정제를 짜 주던 선생님과 마스크가 또 오른다. 이를 염려하여 아이들의 뒷모습을 바라보며 손을 흔드는 젊은 학부모들의 모습이 중첩된다.

학교에는 다양한 연령의 인적구성이 있다. 젊은 교사와 중견 교사, 나이가 든 원로 교사들이 함께 있는 것이 바람직하다. 하지만 학교에 따라 교사의 연령이 편중되는 곳이 많다. 이런 상황에서 나이 든 교사가 되어보니 늘 조심스럽다. 젊었을 땐 교장·교감과 싸우는 것이 두렵지 않았다. 당당했고 오히려 옳은 일을 한다는 자부심이 가득했다. 하지만 이제 나보다 어린 교감들과 싸울 수는 없다. 장학관 출신의 교사를 어려워하기도 하겠지만 학교장이 있는데 내가 잘못을 지적할 수는 없기 때문이다.

학교에서 학교행정가 즉 교장과 교감이 되지 못한 원로 교사들의 심정과 처지에 대해 선배 교사들의 모습을 떠올려 본다. 퇴직하던 마지막 해에 6학년 담임을 자원하던 선배 교사들. 복사는 내가 하겠다며 기꺼이 크고 작은 봉사를 마다하지 않았던 선배들은 지금 곁에 없다. 그분들 중에 일부는 학교행정가가 되었지만 대부분은 평교사로 퇴직을 하였다. 교장과 평교사가 동시에 퇴직을 할 때 왜 그분은 참석하지 않았을까? 하는 물음은 내게도 묻는다.

학교에서 평교사로 나이를 먹는다는 것 자체가 부담이며 괴로움일 수 있다. 이들에게 위로가 필요하다. 도움의 손길이 필요하다. 봉급은 3배나 받는데 왜 도움까지 주어야 하는지 모르겠다는 젊은 교사들에게 영화 은교(정지우 감독, 2012)에서 소설가 박범신이 주인공 이적요(박해일 분)의 입을 통해 "너의 젊음이 너의 노력으로 얻은 상償이 아니듯 나의 늙음도 나의 잘못으로 인한 벌罰이 아니다"라는 말을 들려주고 싶다.

예순의 나이로 장학관의 짐을 내려놓고 전직을 하여 교실로 돌아왔을 때 나는 자신감이 넘쳤다. 나만큼 아이들을 사랑하며 아이들과 소통을 잘 할 수 있는 젊은 교사는 없을 것이라는 근자감이 선을 넘나들었다. 허승환 선생님의 학급운영 책을 5권이나 사고, 교실 놀이 책도 여러 권 샀다. 개학을 기다릴 인내심이 부족하여 문구점에서 파일도 사고 양심공책과 양심연필도 샀다.

그러나 코로나 19는 모든 것을 흔들었다. 100일 동안 우리 반 아이들과 수업을 할 수 없었다. 물론 그 전에 교과서를 나누어 주거나 전화 상담 형식의 만남은 있었지만 정식 수업은 6월 8일에야 이루어졌다. 그것도 일주일에 월, 화요일

이틀만. 내가 가장 좋아하고 잘하는 모둠수업도, 또래 상담자도 동료수업도 마니또, 집단상담도 할 수 없었다. 오로지 교사의 능력은 원격연수 콘텐츠를 만드는 컴퓨터 기술로 치환된 것처럼 여겨져 좌절하고 실망했다. 나에게 위로가 필요했다. 이 시간들은 2학기가 되어도 개선되지 않았고 아마 2021년까지 갈 수도 있다는 절망 앞에 서성인다.

실상 학교에는 다양한 연령대의 교사들이 함께 근무하는 것이 좋다. 동학년 역시 6학년은 신규교사 일색이거나 저학년은 연세가 드신 교사만으로 이루어지는 것은 바람직하지 않다. 물론 남녀 교사들이 조화롭게 구성되는 것도 필요하다. 하지만 신규교사에 대한 배려와 고려 못지않게 나이 든 교사들이 교직을 잘 마무리할 수 있도록 배려하는 것도 필요하다. 평생(적어도 30년 이상)을 몸과 마음을 다해 섬기고 충성해 온 학교를 떠나는 교사들에 대한 예의가 필요하다. 그들이 실망과 좌절, 원망을 안고 교직을 마치지 않도록 제대로 된 통과의례가 있어야 한다. 이 과정이 위로이다.

위로의 사전적 의미는 「명사」로 "따뜻한 말이나 행동으로 괴로움을 덜어 주거나 슬픔을 달래 줌"이다. 나이가 들면 일단 몸이 말을 잘 듣지 않는다. 젊었을 때 그렇게 펄펄 날아다니며 스파이크를 잘 하던 교사도 나이를 먹으면 후방 수비수도 힘에 버겁기 마련이다. 마음이 가는 대로 몸을 움직였다가는 부상을 입기 쉽다. 최근 지인 교수가 병이 났다. 너무 바쁘게 살았던 탓이다. 많은 이들이 쾌유를 빌었지만 나는 이렇게 썼다.

"나의 병은 나의 모든 습성을 바꿀 수 있는 권리를 나에게 부여하였다(니체, 이 사람을 보라). 과로는 자신을 향한 폭력이다(파커 파머). 낫을 가는 시간은 낭비가 아닙니다. 넘어진 김에 쉬어 가세요. 빠른 회복보다는 건강한 생활의 변화를 기대하며 기도드립니다."

위 로

나이 듦은 인생에서
공공선을 위한
더 큰 위험을
감수하는 시간[1)]

오바마는 쉰 다섯에
은퇴를 했고
트럼프는 일흔에
시작을 했지

늦봄 문익환[2)] 목사님보다 늦고
동농 김가진[3)]보다 빠른
예순 시작은
위로가 된다

위로 알아차리기

누군가를 위로해야 할 순간을 알아차리기는 쉽지 않다. 아침에 원고를 쓰고 있는데 옆에서 논문을 쓰고 있던 아내가 비명을 질렀다. 방금 작업한 파일이 날

1) 파커 파머(2018:15), 모든 것의 가장자리에서.
2) 문익환(文益煥, 1918년 6월 1일 ~ 1994년 1월 18일)은 한국기독교장로회 목사이다. 통일운동가, 사회운동가이며 참여시인이었다. 본관은 남평(南平)이고 호는 '늦봄'(晩春)이다. 위키피디아 백과사전. https://ko.wikipedia.org/wiki/%EB%AC%B8%EC%9D%B5%ED%99%98
3) 김가진(金嘉鎭, 1846년 음력 1월 29일 ~ 1922년 7월 4일)은 조선 말기의 문신이다. 3·1운동 후 74세에 독립운동을 위해 만주로 건너간다. 위키피디아 백과사전, https://ko.wikipedia.org/wiki/%EA%B9%80%EA%B0%80%EC%A7%84

아갔다는 것이다. "임시저장 파일이 있을 거예요. 찾아보세요". "찾지 못하겠다"는 대답에 "평소에 작업한 파일을 저장하는 습관을 하는 것이 중요합니다. 나는 카톡 내 방에 하루에도 몇 번씩 작업한 파일을 올립니다" 말을 하고서는 아차 했다. 위로가 필요한 순간에 충고를 한 것이다. 충고, 조언, 평가, 판단(충조평판)은 도움이 안 된다. 모든 순간에 도움이 안 되는 것은 아니라 위로가 필요한 순간에는 위로만 하여야 한다. "저런, 속상하겠네", "나도 며칠 전 작업한 파일을 날려서 미칠 뻔 했는데"라고 하면, "앞으로는 중간 중간 저장을 하면서 작업을 해야겠어요" 스스로 묻고 답을 할 것이다. 상대방의 답을 가로채고 위로를 가로채지 말라.

위로받고 싶은데 충고와 조언을 하는 사람을 반가워하고 고마워하지는 않는다. 위로가 필요한 사람에게 위로가 필요한 순간임을 알아차리는 것이 중요하다.

아이들의 경우 자주 실패와 실수를 저지른다. 그리고는 당황하여 마음이 무너진다. 이때는 위로가 필요한 순간이다. 그러나 매사에 위로만으로 하루를 포장할 수는 없다. 같은 실수를 꾸준히 되풀이하면서도 고치려고 노력하지 않거나 심각하게 생각하지 않는 사람에게 매번 "얼마나 속이 상하시겠어요", "저라도 짜증이 났을 겁니다"라고 위로하고 공감하는 것이 답일 될 수 있을까?

임용교사를 준비하던 딸이 저녁 식사 시간에

"아빠, 아빠는 항상 기도하잖아요!

"이번 시험에 내가 꼭 합격할 수 있도록 기도해 주세요"

"기도야 하지! 하지만 아빠가 기도할 때 로사가 공부한 만큼 실력을 발휘할 수 있도록, 아는 문제를 실수하지 않도록 기도할 수는 있지만, 나만 합격하게 해 달라고 하는 것은 이기적인 기도가 아닐까? 네가 다른 사람보다 열심히 공부하였으면 당연히 기도가 없어도 합격할 것이지만 열심히 공부하지 않고 기도만 부탁한다면 옳지 않을 것 같아"

"아빠는 그냥 아빠면 안 돼요" 하며 펑펑 울었다.

금방 후회를 하고 용서를 구했다.

"네가 아빠에게 기도를 부탁한 것은 불안하고 긴장하는 자신을 위해 위로가 필요했기 때문일 텐데. 아빠가 또 충조평판하면서 너를 이기적인 기도를 부탁하는 딸로 만들었구나. 아빠가 잘못했다. 용서해라!"

나는 자주 위로가 필요한 순간에 충고하고 조언하고 평가하고 판단한다. 위로가 필요한 순간에는 위로만 하여야 한다.

위로 만나기

위로가 필요한 순간에서 가장 중요한 것은 진정성을 담은 위로이다. 이러한 위로는 짧고 설명을 동반하지 않는 것이어야 한다. 위로는 기본적으로 따뜻해야 한다. 친절해야 한다. 위로를 엄격하거나 날카롭게 할 수는 없다. "금반지를 만드는데 해머는 적당한 도구가 아니다"라는 하임 기너트의 지적은 옳다. "친절은 친절로서만 가르칠 수 있다".

괴로운 상황에 처한 사람에게 그 슬픔을 달래주는 행동은 함께 슬퍼하고 공감하는 것을 전제로 한다. 따라서 위로는 공감과 함께 공감 위에 실려야 한다. 공감이 없는 위로는 립 서비스에 지나지 않는다. 이러한 입에 발린 말은 오히려 듣는 이에게 깊은 분노와 좌절감을 줄 수도 있다.

위로 역시 적절한 크기와 모양이 있어야 한다. 큰 슬픔은 크게 위로하고 작은 슬픔은 작게 위로하며 중간 슬픔은 적절한 중간 위로를 하여야 한다. 슬픔의 크기에 맞지 않는 위로는 몸에 맞지 않는 옷을 선물하는 것과 같다. 상자를 열 때까지만 설레지만 옷을 입어보는 순간 화가 날수도 있다. "내 몸의 사이즈도 모르면서 옷을 선물하다니 나를 뭘로 보는 거야!" 섣부른 위로, 설익은 위로는 선물을 아니함 만 못한 것도 같다.

적절한 위로는 어떤 것인가? 가능하면 있는 그대로를 표현하여 마음을 담아 전달하면 좋다. 과장하지도 말고 너무 축소하여 교훈만을 전달하려고도 하지 말

라. 위로에는 연습이 필요하다. 먼저 자신에게 연습하라. 어쩌면 위로가 가장 필요한 사람은 내 자신일 수 있다. 자신이 힘이 들고 고통을 당했을 때 자신을 잘 위로하는 사람은 비슷한 처지의 다른 사람도 위로할 수 있다. 자신에게 너무 엄격하고 때로는 매몰찬 사람이라면 다른 사람들에게도 '라떼'를 부르짖으며 "이 정도는 고통도 아니다. 내가 겪은 일에 비하면"이라고 말할 수 있다.

나이를 먹어가는 몸을 가진 모든 이들에게는 몸에 대한 위로와 배려가 필요하다. 자신의 몸을 돌보고 소중하게 여기려는 노력이 앞으로의 삶의 질을 결정하게 될 것이다. 젊은 교사들은 자신도 반드시 나이를 먹게 된다는 사실을 알아차려야 한다. 매 순간 행복한 삶을 살아가기 위해 움직이는 도서관인 노년의 지혜를 빌려서 활용하라. 그들 역시 당신 곁에 그리 오래 머물지 않는다. 작은 친절로 큰 지혜를 얻을 수 있다. 노인이 사라지면 도서관 하나가 사라지는 것이다. 곁에 있을 때 활용하라.

질문들

△ 살면서 내게 위로가 가장 필요했던 순간은 언제였던가?

△ 그때 나를 위로해 준 사람이 있다면(없다면) 누구이며 그 일은 내 삶에 어떤 영향을 끼쳤는가?

△ 살면서 내가 다른 사람에게 위로를 한 일은 언제이며 누구였던가?

△ 내가 위로를 하였어야 했는데 위로를 하지 못한 기억은? 위로를 해 주고 싶은 사람은?

2 연민(스물일곱 번째 주머니)
– 내 이를 어엿비 녀겨 새로 스물 여덟자를 맹가노니(훈민정음)

연민의 사전적 의미는 「명사」로 "불쌍하고 가련하게 여김"이다. 연민은 가엾은 마음이 드는 것으로 성서에서 자주 예수님께서 군중을 바라보는 마음이다. 사막 한가운데에서 배고픈 군중을 바라볼 때, 자식을 치료해 달라고 애걸하는 부모를 바라볼 때 자주 가엾은 마음이 드셨다고 성서는 말한다.

그렇다면 연민은 수직적 내리사랑에서 가능한 마음인가? 꼭 그렇지는 않다. 어린아이들이 자신의 부모를 사랑할 때 연민의 마음을 표현하는 것을 목격할 수 있다. 몸이 아프거나 어려운 환경에 처한 아빠, 엄마를 볼 때 아이들은 "엄마, 울지마", "아빠 힘들어?" 하고 묻는다. 이때의 마음은 동정이라기보다는 연민에 가깝다. 연민은 아이들이 어른들보다 더 잘 실천하는 덕목이기도 한다.

오래전 드라마 이산에서 할아버지 영조(이순재 분)가 손자인 어린 정조(이산)에게 "군주의 가장 중요한 덕목이 무엇이냐?"는 물음에 "백성을 가엾게 여기는 마음 즉, 연민입니다"라고 답한다. 제대로 된 임금(대통령 혹은 위정자)이 백성을 사랑하는 마음은 연민의 마음이다.

연민과 동정은 어떻게 다른가? 훈민정음에 따르면 세종대왕이 한글을 창제한 이유가 "어리석은 백성이 말하고자 하여도 글을 모름으로 인해 자신의 뜻을 펼 수 없어 고통당하는 것은 연민하여(어여삐 여겨) 한글을 만든다"고 밝힌다. 연민은 백성을 위한 마음이 구체적인 행동으로 실천되어진 과정이다. 세종대왕이 백성을 동정하여 한글을 만들었다고 하지는 않는다.

하지만 동정(심)은 수해로 인해 물에 빠진 소가 살아나왔지만 후유증으로 숨을 힘겹게 쉬는 것을 볼 때 주인뿐만 아니라 시청자들마저도 동정심으로 가득차게 된다. 고통받는 동물을 보거나 홍수에 떠내려가는 자동차를 볼 때도 동정심이 들 수 있다. 이때의 마음은 동물을 향해 연민한다기보다는 동정하는 마음에 가깝다. 물론 수해를 입은 이웃들을 염려하고 그 아픔을 공감하는 일은 동정하는 마음과는 거리가 있다. 연민하는 마음으로 어려움을 이겨갈 수 있도록 자원봉사 혹은 이웃돕기를 통해 아픔을 나누어야 한다. 이때의 마음이 연민이다.

교사는 학교에서 학생들을 향해 늘 연민하는 마음이 있어야 한다. 모든 학생은 나름의 궤도 혹은 역사를 지닌 한 행성들이다. 교실은 약 30개의 행성이 저마다의 고유한 궤도를 돌면서 더불어 생활하는 작은 태양계이자 복잡계[4]이다. 교실은 우주다. 때로는 서로 충돌하거나 다른 궤도를 침범하면서 교사라는 태양을 중심으로 나름의 질서를 유지한다. 하지만 태양의 힘이 너무 커서 작은 행성들의 질서를 혼돈에 빠뜨리기도 하는 것을 자주 목격한다. 혹은 태양보다 더 큰 영향력을 지닌 행성을 만나거나 태양이 오히려 행성의 인력引力에 끌려 다니는 경우도 목격된다. 그럼에도 불구하고 아이들의 태양인 교사에게 가장 중요한 중력(밑 마음)은 연민이며 이는 공감으로 표현된다. '교사의 자신감은 정체성과 성실함에서 온다'는 파커 파머(2009)의 말을 기억해야 한다. 교사 자신이 학생에 대한 초심을 잃지 않고 성실함(실력을 바탕으로 한)을 통해 자신의 정체성을 세울 때 교사는 당당해진다. 그럼에도 불구하고 교실의 변수는 문제행동을 시도하는 아이들이다. 아이들의 문제행동을 만났을 때 일반적으로 교사는 세 가지로 대응을 한다.

"보통의 교사는 규칙에 초점을 맞추고, 나쁜 교사는 규칙을 어긴 벌에 집착하고, 좋은 교사는 그것으로부터 인간에 대한 희망을 본다"(토드 휘태커, 2009).

아이들의 문제행동을 만났을 때 선생님은 어떻게 반응하는가? 부모의 경우에도 마찬가지다. 아이들의 문제행동이야말로 교육의 출발점이다. 이를 받아들이지 못하면 문제행동들을 하는 학생은 "지옥에서 온 아이"가 된다.

---

4) 복잡계(複雜系: complex system, complexity system)는 완전한 질서나 완전한 무질서를 보이지 않고, 그 사이에 존재하는 계로써, 수많은 요소들로 구성되어 있으며 그들 사이의 비선형 상호작용에 의해 집단성질이 떠오르는 다체 문제이다. https://ko.wikipedia.org/wiki/%EB%B3%B5%EC%9E%A1%EA%B3%84

나는 가끔 교수님들 중에서 논문을 심사하면서 연민보다는 엄격함을 선택하여 이를 제자들을 위한 쓴 약이라고 생각하시는 분들을 보았다. 실상 교수는 직업적으로 해마다 논문을 심사하며 논문에 대해 보는 눈과 경륜이 쌓여가지만 학생들은 언제나 처음 시작에 불과하다는 것을 잊어버린다. 교수 역시 자신이 쓴 석·박사 논문을 제자들에게 자랑스럽게 권유해 주는 경우는 매우 드물다. 자신도 한때 병아리였고 올챙이였지만 제자들에게는 유독 엄격하고 때로는 잔인해지는 것은 무슨 까닭일까?

어렵게 논문을 쓰는 제자들의 고통에 대한 공감 즉 연민이 부족하기 때문이다. 그래서 친절해지기 어렵다. 권력을 가진 쪽에서 칼자루를 쥔 사람이 상대적으로 약자인 학생들을 대하며 친절하고 겸손하기란 매우 어렵다. 여기에서 인격과 품격이 나타난다. 물론 지도교수의 입장에서 논문의 질質을 높이고 성장을 위한 동기를 부여하기 위해 능력에 비해 조금 과중한 목표치를 제시하는 것은 제자 사랑의 표현일 수도 있다. 중요한 것은 제자의 능력과 역량을 정확히 파악하는 것이다. 일본판 시조인 하이쿠에는 '마지막 눈 한송이'라는 표현이 있다. 몇 백 년 나뭇가지가 부러지는 것도, 물 잔이 넘치는 것도 마지막 눈 한 송이, 마지막 물 한 방울이다. 내셔널지오그래픽 채널에서 석궁에 맞은 야생 오리를 살리려는 환경보호론자들이 "수술이 성공하였지만 오리는 죽고 말았다"라며 안타까워하는 인터뷰 장면을 본 기억이 난다.

학교행정가인 교감, 교장이 학부모가 아닌 학생과 평교사에게 친절할 수 있는 것은 용기이며 품격이다. 장학사와 장학관, 교육장과 교육감이 흉내와 겉치레 겸손이 아니라 진심어린 친절함을 실천한다면 선출직은 다음 선거 운동을 할 필요가 없다. 날마다 친절함을 목격한 사람들이 선거 운동원이 되기 때문이다. 이렇게 4년이 쌓이면 그것이 곧 가장 강력한 선거운동이 된다. 조직의 리더에게도 자신의 부하 직원들에게 리더십을 발휘하는 것은 공감하는 마음 곧 연민하는 마음이 중요하다. 필자는 공감·용서·회복·성장 리더십을 주장하고 있다.

교사로 살면서 내가 가르친 아이들에게 들은 최고의 칭찬은 "선생님은 참 친절해요"라는 말이다. 친절한 선생님, 친절한 학교행정가, 친절한 장학사·장학관, 교육장·교육감이 더 많아지면 좋겠다. “내 부모님은 참 친절한 분이셨지. 그 상황에서 화를 내고 짜증을 낼 만도 한 데 인내심이 대단하셨지”라고 기억될 수 있다면 최고의 선물을 준 것이다. 우리는 유능하지는 않고 단지 친절하기만 한 지도자를 바라는 것은 아니다. 여기서 말하는 친절은 인간에 대한 연민을 바탕으로 하는 친절이다.

지인 교수님 한 분이 코로나 19사태를 겪으며 줌(zoom)을 이용한 영상수업을 하며 좋은 점이 있다고 기뻐하였다. 사연인 즉, 예전에 자신은 너무 엄격하여(기준이 높아서) 학위를 마치지 못한 제자들의 마음을 헤아려 볼 여유가 없었는데 줌 수업으로 참여하게 하였더니 매우 효과적이라는 것이다. 오래전 제자들에게 다시 연락을 하여 용서를 구했다는 말을 듣고서 참으로 좋았다. 좋은 대학을 나와서 비슷한 논문을 해마다 심사하던 교수님의 눈높이에 이르는 논문을 쓸 수 있는 역량을 갖추는 것은 쉬운 것이 아니다. 교수는 해마다 성장하지만 학생들은 해마다 새로 시작하기 때문이다. 학자가 되려는 것이 목표인 제자들에게 엄격한 도제교육을 통해 혹독하게 훈련을 시키는 것까지 불친절을 명목으로 가혹하다고 말하는 것은 아니다. 제자들의 특성과 상황에 맞는 맞춤식 지도가 필요하다. 자신의 기준에 맞추지 못해 좌절한 제자들을 다시 한 번 초대하여 화해하고 정년퇴직을 하기 전에 다 학위를 주겠다는 결심에 응원을 보낸다. 끝이 좋아야 진짜 잘 하는 것이다.

정의보다 연민

선생님, 복도에서 오천 원 주웠어요
그래요, 함께 주인을 찾아 돌려줍시다

두 사람의 주인이 나타나
저 마다 돈을 잃어버린 경위를 설명하니

선행사건은 스릴러, 호러물이 되어
모든 학생들의 관심을 받는다

기도 한 뒤
한 사람씩 상담실로 불러서
너의 오천 원을 주며
주워준 친구에게 고마움을 전하고
자신의 귀중품을 잘 간수하라 당부하네

진실과 정의가 충돌할 때
정의 보다 연민과 사랑을 선택하라
진실보다 사람을 선택하라

매 맞는 아이가 수업 중 발표하기를
우리 아버지는 자상하세요
진실을 드러내면 그 아이는
교실을 뛰쳐나갈 것이니

때로는 정의보다 사랑을 선택하라

연 민

이국종 교수에 대한
찬사와 비난 사이에서
나는 그의 상처를 보듬으며
동병상련同病相憐 연민憐憫한다.

이번 생은 망했어요
완전히 망했어요
생명을 구하고자 권역외상센터에
몸과 영혼으로 헌신하려는 그에게

질투와 시기와 억측과 오해
비난과 증오와 멸시와 찬사
산불에 그을린 코아라처럼
버려지고 잊혀지는 그를 연민憐愍한다

다시는 닥터 헬기 타는 일이
없을 것이라고
평범한 의사로 돌아가
가르치고 치료하는 일만 하겠다고

총선에 출마하느니
병원을 옮기려고
몸값을 올린다느니
비난과 억측을 딛고 일어나는

이국종 교수에게서
나를 본다
자기 연민(self compassion)으로
나를 위로한다

이웃을 연민하기 전에 먼저 해야 할 연민이 있다. 자신에 대한 자기 연민을 실천하는 일이다. 이는 자신을 보듬어 주고 인정해주고 칭찬해 주는 작업이다. 자기 사랑이다. 나르시시즘에 빠지라는 말이 아니다. 자신을 소중하게 여기고 자신에 대한 연민의 마음을 날마다 새롭게 하면 타인에 대해서도 연민의 범위가 확장된다. 연민의 크기가 공감의 크기다. 사랑의 자장이 영향력을 끼치는 범위다.

연민 알아차리기

연민을 알아차리는 작업은 자주 지극히 작은 일에서부터 시작된다. 연민은 커다란 사건을 맞이하여 일어나는 결심이 아니다. 날마다 매 순간 만나고 관계를 맺고 일을 처리하는 과정에서 연민의 마음이 일어난다. 이 연민은 곧 인간에 대한 관심이다. 어떤 일을 결정할 때 자신의 이익보다 사회의 공동선을 생각하는 마음이다. 무엇보다 연민은 인간에 대해 존중하는 마음이다.

연민은 감수성이다. 성인지감수성이며 차별인지감수성이고 폭력인지감수성이다. 인권에 대한 감수성이며 생명과 생태, 환경에 대한 감수성이다. 자신의 언어에 대한 감수성이며 습관에 대해 알아차림이다. 연민을 알아차리기 위해서는 민감한 연민 센서가 필요하다. 50.01과 49.99 사이를 움직이는 민감한 바늘이 필요하다. 내가 한 말과 행동으로 인해 고통받거나 행복해 하는 그 지점의 좌표를 정확하게 알아차리며 표시할 수 있는 능력이 연민이다.

몸에 배인 연민의 마음을 파커 파머는 비통한 자들을 위한 정치학에서 '부서지고 열린 마음'이라고 불렀다. 약자에 대한 공감을 바탕으로 함께 아파하는 마음이 연민이다. 전반적으로 사랑이라고 불리는 것이지만 그 밑 마음은 상처 받은 이를 위해 도움이 되고자 하는 깨달음과 시도이다.

연민 마주하기

"코로나 19로 인해 없어질 직업 중 교사도 맨 앞줄에 있다"라고 주장하는 이들은 "로봇 교사는 짜증을 내지도 않고 아동의 수준에 맞는 맞춤식 지도를 할 수 있으니 사람보다 더 뛰어나지 않겠느냐"라고 지적한다. 일부는 맞는 말이다. 하지만 로봇은 결단코 그 존재 자체를 연민하는 마음은 가질 수 없다. 인간에 대한 연민이야말로 관계의 시작이며 동물과 구분되는 위대한 마음이다.

연민의 마음을 들 때 돌처럼 굳어가는 마음이 살덩이가 되는 것이다. 옳고 그름을 가리고 정의를 핏대 높여 외칠 때에도 연민이 필요하다. 로봇이 운전하는 자율자동차가 있다고 가정하자. 도로에 갑작스럽게 뛰어든 술 취한 사람을 살리기 위해 핸들을 꺾어서 지나가는 유모차나 행인을 칠 수 있다. 물론 그들은 큰 부상을 입을 뿐 죽음에 이르지는 않는다. 그렇다면 로봇은 핸들을 꺾어야 하는가? 마이클 샌들의 익숙한 "정의란 무엇인가?"의 질문들이 눈앞에 마주할 수 있다.

파커 파머는 수업 중 알코올중독자이며 폭력적인 가정의 자녀가 자기 아버지를 소개하면서 자상하고 인자하신 아버지라는 표현을 썼을 때 그것이 아니라고 증명하고 조언하는 것의 위험함을 경계하였다. 정의보다 사실보다 진실보다 더 우선적인 것이 있을 수 있다. 코로나 19로 인해 온 사회가 3단계 거리 유지를 마주하였을 때 "생명과 같은 예배를 포기할 수 없으니 우리는 정부의 방침을 따를 수 없다"라고 하는 결정은 굳은 신앙심의 표현인가? 아니면 이웃을 위험에 빠뜨릴 수 있는 일에 대한 과도한 믿음인가? "안식일이 사람을 위해서 있다"라고 하신 예수님의 말씀은 과연 어느 쪽에 가까울까?

초임 시절 시골 면 단위 학교에 근무할 당시 조손 가정의 학생 할머니가 검은 비닐봉지에 참외 3개를 넣어서 선물하였다. 연필 한 자루, 휴지 한 통도 받지 않겠노라는 신념을 깨뜨려야 하는 그 순간을 잊을 수 없다. 그 마음을 받아서 더 큰 선물로 되돌려 줄 수 있지 않겠느냐 라고 타협을 한 것은 어쩌면 교직생활의 한 변곡점이기도 했다. 대학원에서 지도 교수님 혹은 같은 학과 교수님들께 명절 혹은 스승의 날 선물을 하고 학교행정가에게 명절 인사를 하는 것에 대해 몸을 떨며 용납할 수 없는 일이라고 선을 그었지만 나는 그 경계를 넘나들었다. 이제 그 모든 과정이 이른바 김영란법으로 자유로워진 이후에도 나는 내 지도 교수님께 명절 때나 스승의 날 함께 식사하고 선물을 한다. 내 양심에 거리낌이 없기 때문이다. 이제 스승을 마주하면서도 연민한다. 서로를 연민한다. 연민의 강을 날마다 건너며 함께 노년의 바다로 간다.

질문들

△ 살면서 내가 누군가에게 연민을 느낀 사건은 무엇이며 언제인가?

△ 그 일은 내 삶에 어떤 영향을 끼쳤는가?

△ 나에게 연민을 베풀어 준 사람은 누구이며 어떤 경험이 있는가?

△ 현재 내 주변에 내가 연민을 베풀어야 할 사람은 누구인가?

3 신뢰(스물여덟 번째 주머니)

– 사람들의 동기를 의심하는 순간 그의 모든 행동이 순수하게 보이지 않는다 (마하트마 간디)

신뢰는 모든 감정의 아버지이다. 신뢰의 배우자이자 모든 감정의 어머니는 누구인가? 사랑이다. 그 자녀들의 이름을 다 소개하지는 않겠지만 신뢰는 사랑의 열매이기도 하고 원인이기도 하다. 사랑 없는 신뢰는 연약하고 신뢰 없는 사랑은 공허하다. 신뢰의 사전적 의미는 「명사」로 "굳게 믿고 의지함"을 뜻한다. 신뢰의 영어적 표현은 trust 혹은 confidence가 된다. 자신의 영향력이나 능력을 굳게 믿는 상태이다. 신뢰는 자신 혹은 타인에 대해 자신감을 보이는 것으로 신뢰를 마음속에 품고 있을 때 여유를 가지게 된다. 신뢰하는 사람과 대화를 나눌 때 상대방 쪽으로 상체를 기울이며 전반적으로 행동이 느긋해진다. 열려 있는 태도로 다른 사람들을 대하며 안정되고 편안한 기분 상태이다(Angela Ackerman · Becca Puglisi, 2016).

교사로 살면서 신뢰는 가장 어려운 덕목 중의 하나이기도 하다. 특별히 아이들을 신뢰한다는 것은 철학과 신념의 영역인지? 교육의 영역인지 그 경계선이 모호하다. 특별히 학교에서 일어나는 많은 일들은 대부분 먼저 하면 손해 본다.

코로나 19로 인해 원격수업을 열심히 준비하였는데 하루아침에 등교수업으로 변경되는 일이 손바닥 뒤집듯이 일어나는 곳이 학교이다.

정부부처 중 교육부에 대한 신뢰가 낮은 편이고 교육(지원)청이나 학교에 대한 우리 사회의 신뢰도 크지 않다. 특별히 교육정책에 대한 신뢰는 바닥에 가깝다. 왜 신뢰하지 못하는가? 너무 자주 바뀌기 때문이다. 해방 이후 교육부 장관의 평균 임기는 1년 2개월이며 최단 3일, 최장 3년 5월이다. 얼떨결에 취임하여 직원들이 굴리고 유관단체가 흔들다가 어느새 경질된다(https://shindonga.donga.com/3/all/13/105474/1). 정권이 바뀔 때마다 비전문가들이 정권의 지지율에 도움이 되는 정책을 추진하거나, 표 계산에 도움이 되지 않을 것을 적극적으로 회피하는 방식으로 교육을 다루어왔다. 교육부뿐만 아니다. 일선 교육감의 경우에도 민선으로 전환된 뒤 공약을 이행하는 일에 발목이 잡혀 제대로 된 개혁을 하지 못하고 선거를 맞이하는 일을 되풀이하고 있다. 교육부와 교육청 및 교육담당자들에 대한 신뢰도 그리 높지 않다.

예전에는 마을에서 교사는 가장 많이 배운 사람이었고 정보의 생산과 유통에 중요한 역할을 하고 있었다. 하지만 지금 학교 혹은 교사집단이 정보를 독점적·배타적으로 우위에서 전달하지 못한다. 학부모들의 학력과 교육에 대한 정보가 학교와 교사를 넘어선지 오래이다. 학부모들이 학교를 가르치려고 한다. 교육정책과 학교에 대한 불신으로 회초리를 들고 학교 때리기는 전 국민의 스포츠가 된지 오래이다. 불신은 불만으로 불평으로 동심원을 그리며 퍼져 나간다.

교육에 대한 신뢰는 어디에 근거하는가? 교사에 대한 신뢰는 어디에 뿌리를 두고 있는가? 파커 파머(2008)는 "교사의 자신감은 정체성과 성실성에서 비롯된다"라고 말한다. 교사의 자기 정체성이야말로 신뢰의 바탕이다. 교사 스스로 자신이 누구인지 알고 깨어있어야 한다. 자기도 자신을 믿을 수 없다면 누가 자신을 믿을 수 있겠는가?

갓난아기가 걸음마를 배울 때 앞에서 손짓하는 엄마를 향해 한 발 한 발 내딛는다. 자신이 넘어지기 전에 붙들어 줄 것이라는 확신이 있기 때문에 다음 발자국을 딛을 수 있다. 아이를 배 위에 올려놓고 둥가 둥가를 하는 아빠는 중력의 법칙을 거슬러 아이를 공중에 던지기도 한다. 하지만 그것 때문에 아이가 두려워하기보다는 오히려 즐긴다. 우승한 팀의 감독과 주장을 헹가래 할 때 두려움이 크다면 헹가래를 당할 수 없다.

아이가 학교에 와서 망신을 당하지 않고 폭력을 당하지 않고 모멸감을 당하지 않고 인간의 존엄과 자신의 가치에 걸맞은 대우를 받을 것이라는 신뢰가 무너지면 학교는 공포의 감옥이 될 수 있다. 함께 근무하던 교감선생님이 들려주던 학창시절 이야기이다. 3층에서 친구와 함께 운동장 쪽 화단을 보고 있는데 마침 학생주임 선생님이 지나가실 때 친구가 종이비행기를 만들어 날렸다. 친구가 등을 돌리는 사이 눈이 마주쳤고 내려오라는 손가락 신호에 설명을 하려고 내려갔더니 느닷없이 주먹을 날려서 기절을 하였다는 것이다. 그 순간 그 타이밍에 주먹이 날아올 것이라는 상상을 한 적이 없었던 터라 너무나 억울하고 분하였지만 결국 학생주임에게 따지지도 못하고 학교를 졸업하였다는 것이다. 그 일 이후 자신은 잘못을 하고 교무실로 불려오거나 꾸중을 할 일이 있을 때 반드시 변명할 기회를 먼저 준다는 것이다. 신뢰란 나를 믿어주는 것이기도 하지만 그 순간 나를 공격하지 않을 것이라는 예상도 신뢰의 영역이다.

가장 자리에 서서

그가 최초의 평교사 출신 장학관이 되자
측근 챙기기 보은 은사 손가락질 하더니

무거운 짐 내려놓고 평교사로 전직하여
왔던 곳으로 되돌아 간다하니

사필귀정事必歸正,
잘못 된 인사를 바로잡은

쾌거라 하네

본디 내 것이 아닌 것을
제 자리에 돌려놓은 것일 뿐
나에게 잃어버린 것도 아쉬운 것도 없으니

날마다 새벽 세 시에 일어나 자신에게 물어 보네
이동갑 바오로 형제
너는 누구이며 어디로 가고 있는가?
오늘 하루라는 이 우주를 어떻게 채워갈 것인가?

들숨과 날숨 속에 스며들어 계신
하느님의 숨결을 느끼며
맛보며 들으며 만지는 하루의 시작점

나이 예순이 되어 가장자리로 물러나니
이제 다시 중심이 보이기 시작하였네
평화가 내 손목을 붙잡고
성장의 숲길로 인도하네

신뢰 알아차리기

매일 저녁 잠 자리에 들 때면 어김없이 아침이 오리라는 것을 안다. 출근을 하기 위해 엘리베이터 버튼을 누르면서 바닥이 꺼져서 추락할 것이라고 염려하지는 않는다. 차를 몰고 출근을 하면서도 누군가 중앙선을 넘어서 내 차를 들이받거나 뒤에서 추돌할 것이라는 상상을 하기보다는 오늘 하루 내가 만날 아이들을 생각하면서 기도드린다. 마음이 떠다니지 않도록 성가나 명상 음악을 들으며 오늘 하루를 조심스럽게 시작한다.

빈 교실에 들어서서 환기를 시키고 컴퓨터 전원을 켜고 책상에 앉는 모든 과정에서 의자가 내려앉거나 컴퓨터 인터넷이 작동되지 않을 것이라고 불안해하지 않는다. 이렇듯 우리의 일상은 기본적인 시스템의 정상적 작동을 전제로 운영된다.

그러나 코로나 19는 일상의 모든 법칙이 무너져 버릴 수 있음을 보여준다. 학교에 아이들이 오지 않을 수도(못할 수도) 있고, 교사가 집에서 재택으로 근무할 수도 있으며 원격으로도 수업을 할 수 있다는 사실을 불과 6개월 혹은 1년 전에는 상상이나 하였겠는가? 교회나 성당(절)에 가지 못하고 식당도 마음대로 갈 수 없는 이런 일상을 상상할 수 있었겠는가?

지금은 마스크를 쓰고 다니지만 어느 순간 방독면을 쓰고 다니는 사람이 출현하지는 않을까 염려된다. 맨 처음 물을 사먹는다는 말을 들었을 때, 미래에는 전화기를 저마다 손에 들고 다닌다는 영화 "써니"[5]의 발칙한 상상에 코웃음 치던 소녀들은 이제 하루도 스마트폰이 없으면 살 수 없는 세상에서 포노 사피엔스[6]가 되어 살고 있다. 이제 신뢰할 수 있는 것이라곤 오직 자기 자신과 가족뿐이라고 말하고 싶지만 나도 나를 믿을 수 없고 가족을 믿는 것은 더욱 더 어렵다. 신뢰가 무지개처럼 하늘에 떠 있는 시대에 우리는 살고 있다.

신뢰 마주하기

학교라는 공공기관의 특징은 기본적으로 교육법 체제에 기반하고 있다. 교육기본법[7] 제8조, 초·중등교육법[8] 제12조에 근거하여 의무교육이 실시된다. 또한 교육기본법 제14조의 자격을 가진 교원들이 초·중등교육법 제23조에 근거하여 국가 교육과정을 학생들에게 가르치는 곳이 학교이다. 이런 기본적인 구조는 계속성과 안정성이라는 신뢰를 기본으로 한다. 전쟁 중에도 천막학교를 운영하

5) 강형철 감독(2011), 주연 강소라, 심은경 등
6) 스마트폰을 신체의 일부처럼 사용하는 인류. 2015년 영국 주간지 이코노미스트에서 처음 사용됨.
7) [시행 2019. 6. 19.] [법률 제15950호, 2018. 12. 18., 일부개정]
8) [시행 2020. 9. 25.] [법률 제17081호, 2020. 3. 24., 일부개정]

였다. 초·중등교육법 시행령 제45조[9]는 수업일수를 매년 190일 이상 출석하도록 규정하고 있다. 다만, 천재지변 등의 이유로 1/10 범위에서 줄일 수 있다. 하지만 2020년처럼 원격수업을 하는 것은 예상되지 못하였다. 지금처럼 대면수업이 아닌 비대면 수업이 출석을 대신할 수 있을 것이라고 아무도 예상하지 못하였다.

교사와 학생 간의 관계도 전혀 다르게 접촉되고 해석된다. 이 과정에서 어떤 신뢰의 체제가 작동하고 있는가? '학교장의 재량'이라는 "가장 민주적인 것처럼 보이지만 실상은 책임을 가장 하부로 전가하기"로 해석되는 자율성이 넘쳐난다. 신뢰는 어디에 가서 찾을 수 있고 만날 수 있는가?

그럼에도 불구하고 2020년 한 해 동안 담임을 맡거나 특정 과목의 교사가 되는 일은 역사 속에서가 아니라 현재에 있다. 찰나刹那처럼 지나가는 순간에도 신뢰는 존재한다. 신뢰는 함께 한 시간의 양量으로만 측정되지는 않는다. "순간이여 멈추어라. 너는 아름답구나"[10]라는 고백은 파우스트의 것만이 아니다. 하루를 만나도 스승이 될 수 있다. 율곡은 단 사흘을 퇴계와 만났지만 그를 사숙私淑[11]하였다고 기억한다[12]. 영화 동방불패(정소동·당계례 감독, 1992, 이연걸, 임청하 주연)에서는 영호충(이연걸 분)이 동방불패(임청하 분)와 스쳐가는 그 순간 사랑에 빠지지 않는가?

---

9) [시행 2025. 3. 1.] [대통령령 제30494호, 2020. 2. 28., 일부개정]

10) 학자 파우스트가 악마 메티스토펠레스로부터 세상의 온갖 쾌락을 누릴 수 있다는 계약을 받고, 메피스토펠레스는 그 대가로 파우스트에게 특정 금구를 언급하면 너의 영혼을 가져가겠다는 확신을 받는다. 파우스트는 욕망을 충족하던 중 결국 악마가 계약 조건으로 내걸은 금구를 말하게 되고, 그의 영혼을 메피스토펠레스가 가져가는 이야기이다. https://namu.wiki/w/%ED%8C%8C%EC%9A%B0%EC%8A%A4%ED%8A%B8

11) 私淑은 '직접 가르침을 받지는 않았으나 사적(私的)으로 사모하며[淑] 그 사람을 본받아서 도나 학문을 닦음' 에듀인뉴스(EduinNews)(http://www.eduinnews.co.kr)

12) 1558년(명종 13) 봄. 당시 23살이던 율곡은 처갓집이 있는 경상도 성주에서 강릉의 외조모 댁으로 가는 도중에 안동에 들러 퇴계 이황을 찾아가 이틀 밤을 묵었다. 『율곡전서』 권14, 〈쇄언(瑣言)〉

질문들

△ 살면서 내가 가장 신뢰한 사람은 누구인가?

△ 내가 누구를 신뢰하였다면 그 원인은 무엇인가?

△ 내가 다른 사람들에게 신뢰를 받았다면 누구로부터 신뢰받았는가?

△ 혹 살면서 신뢰하여야 될 순간에 내가 덜 신뢰하여 상처를 주고받은 경험은 없는가?

4 존중(스물아홉 번째 주머니)

— 우리가 자신을 평가하는 것에 따라서 남들도 우리를 평가한다(보보나르그)

존중이란 상대방을 높이고 귀중하게 대하는 것이다. 존중의 사전적 의미는 「명사尊重」로 "높이어 귀중하게 대함"이다. 동사인 존중하다는 "높이어 귀중하게 대하다"이다.

누군가에게 존중받는 경험과 존중받지 못하는 경험은 매우 심각한 영향을 끼친다. 존중은 일반적으로 모멸감의 반대편에 서 있는 감정으로 보인다. "너는 나에게 모욕감을 줬어"라는 김영철의 대사처럼(영화 달콤한 인생, 김지운 감독, 2004년) 존중감은 모욕감의 반대편에 서 있다. 인간은 누구나 존중받고 귀하게 취급을 받고자 한다. 함부로 대하거나 무시당하지 않고자 하는 것은 본능의 영역이다.

존중받고자 하는 욕망은 단순한 인정의 욕망을 넘어서 귀중한 존재로 인정받고자 함이다. 매슬로우는 인간의 욕구체계 중 기본적인 욕구인 생리적 욕구와 안전욕구가 해결되면 소속 및 애정의 욕구와 존경의 욕구, 자아실현의 욕구가 요구된다고 말한다. 인정받고 존경받는 욕구는 인간의 본능 중에 가장 중요한 품성의 하나이다. 하지만 인정과 욕구 속에는 상대적인 요소가 있다.

누구와 비교하여 상대적으로 더 인정받는 것이 효과를 극대화하게 되면 경쟁하게 된다. 이때부터는 필연적으로 구성원 일부의 불행이 나의 행복의 원인이 될 수 있다. 교사들을 대상으로 하는 성과급이 그러하고 상대평가가 그러하다. 우리가 맞이하는 많은 선발 시험의 본질이 그러하다. 나의 합격은 누군가의 불합격을 전제로 한다. 내가 받는 1등급은 누군가 2등급을 받은 것에 기초한다. 대학의 상대평가 학점이 그러하다. 이러한 경쟁은 사람들 사이에서도 일어나지만 자신 안에서도 일어난다. 하지만 좋은 경쟁은 과거의 나보다 더 성숙한 오늘의 나를 향할 때 의미가 있다. 다른 사람과의 비교는 대부분 건강하지 못하다.

스 승

선생이라 불리는 것
스승이라 부르는 것

세상에서 가장 떨리는 길
값지고도 두려운 일

스승을 만나는 건
하늘의 선물이지만
그 선물을 붙잡는 건
사람의 일

내 스승은 결점이 많은 이
하지만 한 가지 장점이
수많은 결점을 덮고도 남는
진실과 성실, 호학과 제자 사랑

한 가지 결점이
수많은 장점을
모두 덮어 버리는
선생님은 수 없이 스쳐갔지만
스승은 오직 한 분 남았네

"절에 들어가 한 삼년만 공부를 하고 나오면 좋겠다"라고 입버릇처럼 말했다. 무엇이나 "당신 뜻대로 하세요" 하던 아내는 '아이들 대학 졸업할 때까지만 기다려 주셔요' 부탁한다. 서른일곱 교원대 석사 파견 2년간 학문보다는 교수님 심기 경호, 눈치 공부로 2년을 보내고 지도교수께서 박사과정 시험에 응시하라 하시기에 3년을 시험 보았지만 내리 불합격. 떨어지는 그 순간까지 이유를 몰랐다. 한 번도 이유를 설명해 준 적이 없었고 나는 물어본 적이 없었다. 그저 이심전심 짐작할 뿐이었다. 내 경제적 형편으로는 휴직을 할 수 없었고 휴직을 한다 하더라도 상담소를 운영하면서 박사과정 공부를 하겠노라는 제자보다는 입 안의 혀처럼 가까운 사람을 원했을 것이라고 짐작될 뿐이다.

그나마 3년간 영어와 상담이론을 놓지 않고 공부한 것이 도움이 되었는지 딸아이가 같은 학교 박사과정에 진학할 때 예상문제 요약집을 줄 수 있었다. 정작 진학을 한 곳은 한국상담학회 학교상담분과 초대 학회장이시던 K교수님의 학교로 진학하였다. 하지만 도중에 지도교수이신 그분이 총장이 되셨고 연임까지 하셨다. 낙동강 오리알처럼 탁구공처럼 뒹굴다가 새로운 젊은 교수님과는 제대로 소통하지 못했다. 바로 안식년을 떠나셨기 때문이다. 마흔 넷에 시작한 박사과정은 마흔 여덟이 되고서도 수료에 그쳤다.

자주 꿈을 꾸었다. 교원대 박사과정에 진학해서 생활하고 있던 꿈을 꾸다가 참을 수 없어 무조건 교원대학교 앞으로 이사를 했다. 그러다가 2012년 정책전문대학원 박사과정 파견이 있다는 것을 발견하고 시험에 응시했다. 나에게 박사학위를 주신 내 스승은 2008년 미국 몬테나주 미줄라 대학에서 연수를 받을 때 꿈에서 만난 분이었다. 운명적으로 만났지만 스승의 요구와 기준에 나는 많이 부족하고 미흡하였다. 논문 글쓰기가 어려웠고 가슴은 너무 뜨거워 연구실보다는 세상을 변화시키고 싶었다.

논문을 쓰고 발표하는 과정도 첩첩산중이었다. 그만두고 뛰쳐나오고 싶은 순간이 열두 번씩 있었지만 더 이상 퇴로가 없었다. 논문발표 하루 전 12시에 내일 논문 발표를 할 수 없다는 결정에 좌절하였다. 다음 학기에는 꼭 해보자는 격려에 "다음 학기가 될지 다음 생애가 될지 모르겠노라"고 답하고 잠수를 탔다. 우여곡절 끝에 부족한 논문이지만 학위과정을 통과하였다. 못생긴 나무가 산을 지키듯 스승 곁에 남았다. 부족한 논문을 바탕으로 공감-용서-회복-성장이라는 내 이론을 만들었다. 스승은 내게 "내 제자 중에서 논문을 자기 이론으로 연결시킨 유일한 사람"이라고 칭찬하였다. 그날 밤 얼마나 마음속으로는 대성통곡을 하였는지 모른다. 스승에게 인정받지 못한 머털 도사의 제자 육손이를 생각하였다. 결국 스승 곁을 지키며 인정을 받는 그 모습이라니. 무릇 스승과 제자의 인연은 하늘이 내는 것이기에 나는 한 번도 사람들이 말하는 스승의 부족한 모습에 주목해 본적이 없다. 다만 때로 안타까움과 연민으로 조심스럽게 건의할 뿐이다.

나는 내 스승에 대해 누군가 깎아 내리고 폄훼하는 소리를 하면 매우 싫다. 그런 자리가 있으면 얼른 일어나고 싶을 뿐이다. 스승과 함께 한 세월들도 아름답지만 앞으로 다가올 시간들은 더욱 기대된다. 퇴계 선생님께서 제자들에게 지극한 존중으로 대하셨듯이 나 또한 내 제자들에게 큰 존중함으로 대하리라. 스승 없는 영혼은 길가에 심겨진 나무와 같아 열매가 익기 전에 사람들이 따 간다(십자가의 성요한).

나도 이제 언제까지 제자의 자리에만 서 있을 수 없는 나이와 시간이 되었다. 40대와 50대 초반에 가끔씩 강의를 하고 나면 몇몇 교사들이 다가와 선생님이 나의 롤 모델이며 선생님처럼 되고 싶다는 말을 할 때 가슴이 벅차기도 하였지만 무거운 책임감에 두려웠다.

이제 내 삶에서 남은 역할은 제대로 된 선생이 되는 것이다. 이 역할은 강의

실에서만 하기 어렵다. 함께 생활하면서 하는 것이 중요하다. 그리하여 나는 도산서원을 만들 것을 꿈꾼다. 학교의 마음 서원書院(The college of HOSA)을 만들고 싶다. 함께 자연 속에서 생활하며 자연을 거닐고 낮에는 글을 읽고 밤에는 익히며 되새기는 학문 공동체가 필요하다. 자신을 이해하고 발견하고 변형하여 자기완성을 향하는 일과 자연과 소통하며 몸과 마음을 다스리는 일, 옛 것을 익혀서 새롭게 하는 일, 교류하며 논쟁하며 몸에 배이도록 학문과 실천을 함께 하는 공동체를 만들고 싶다. 이 공동체는 대학원대학교가 되어도 좋다. 지난 책(이동갑·유경희·최건, 2019: pp. 113~114) 「학교폭력을 넘어 성장으로」에서 학교폭력대학원 석·박사 과정의 커리큘럼을 소개하였듯이 HOSA 과정(대학원대학교)의 교육과정은 다음과 같다.

학교폭력대학원대학교 석·박사과정 커리큘럼

※ 커리큘럼은 변경 가능함

필수	과목	전공	과목
석사 과정 (택 7)	학교폭력의 이론과 실제 ★	석사 과정 (택 5)	초등학교 학교폭력
	학교폭력의 심리적 이해		중학교 학교폭력
	학교폭력의 사회적 이해		고등학교 학교폭력
	학교폭력의 정책적 이해		유아들의 폭력
	학교폭력의 상담적 이해		특수아 학교폭력
	학교폭력 슈퍼비전 I		학교폭력 피해자 상담
	폭력과 인간의 본성		피해자 학부모 상담
	학교폭력 프로그램 이해 I		학교폭력 가해자 상담
	학교폭력 프로그램 이해 I		가해자 학부모 상담
	학교폭력 사례 연구 세미나 I 학교폭력 트라우마		학교폭력과 위(Wee) 프로젝트 정책
	비폭력과 평화교육		다문화 학생과 학교폭력

필수	과목	전공	과목
박사과정 (택 7)	학교폭력이론 심화	박사과정 (택 5)	초등학교 학교폭력 심화
	가정폭력과 학교폭력		중학교 학교폭력 심화
	학교폭력과 폭력사회		고등학교 학교폭력 심화
	학교폭력 정책의 실제		유아들의 폭력 심화
	학교폭력 사례 연구 세미나 Ⅱ		특수아 학교폭력 심화
	학교폭력 슈퍼비전 Ⅱ		학교폭력 피해자 상담 심화
	폭력과 인간의 본성		피해자 학부모 상담 심화
	학교폭력 프로그램 이해 Ⅱ		학교폭력 가해자 상담 심화
	학교폭력 프로그램 비교연구		가해자 학부모 상담 심화
	학교폭력 사망사고의 심리적 부검		연극(심리극)과 학교폭력치료
	학교폭력 질적 연구		미술치료와 학교폭력
	사이버 학교폭력 이해		음악치료와 학교폭력
	집단따돌림 이해와 대처		학교폭력 검사도구 이해
	여학생들의 학교폭력 심리이해		학교폭력 프로그램의 실제 (EFRG)
	남학생들의 학교폭력 심리이해		에니어그램과 학교폭력 이해

※ 이동갑·유경희·최건(2019: 113~114), 수정 편집.

HHOSA 석·박사과정 커리큘럼

※ 커리큘럼은 변경 가능

필수	과 목	전공	과목
석사 과정 (택 7)	에니어그램의 이론과 역사	석사 과정 (택 5)	에니어그램과 MBTI
	에니어그램 발달단계		에니어그램과 학교폭력
	애니어그램 힘의 중심		에니어그램과 진로교육/갈등관리
	에니어그램 하위유형(본능)		에니어그램과 학습방법/의사소통
	에니어그램 빙산모델		에니어그램과 정신병리
	에니어그램 검사 도구 이해		에니어그램 검사도구 개발과 활용
	긍정 에니어그램 이해		에니어그램 검사도구 활용
	인간의 마음 이해		학생 마음 이해
	자연과 소통하기		교사 마음 이해
	자기 몸과 소통하기		학부모 마음 이해
	맨발 걷기		마음 다스리기
	뇌 체조		감정 조절하기
	논문 연구 방법론 Ⅰ		논문연구 방법론 Ⅱ
박사 과정 (택 7)	명상의 이론과 실제	박사 과정 (택 5)	요가 중급
	명상 심화		요가 상급
	활인심방		미술 치료 심화
	요가 기본		음악 치료 심화
	글 쓰기 치료		아로마 치료 심화
	미술 치료		춤 치료 심화
	음악 치료		영성 치료 심화
	아로마 치료		숲 치료 심화
	춤 치료		부부、가족관계 치료
	요리 치료		나이듦과 노화、질병 이해
	숲 치료		Happy Ending(좋은 죽음)
	영성 치료		자서전 쓰기
	개인연구 Ⅰ, Ⅱ		현장 연구 Ⅰ, Ⅱ

존중 알아차리기

살면서 나를 진심으로 존중해 주는 사람을 만나는 경험은 삶의 힘의 근원이 된다. 회복탄력성이 말하는 것이 그것이다. 존중한다는 것과 존경한다는 말은 조금 거리가 있다. 살아 있는 모든 생명을 존중하며 법을 존중하고 당신의 신념을 존중할 수 있다. 하지만 존경은 강요될 수 없고 선택적으로 주어진다. 나는 어떤 사람을 존중하지만 존경하지 않을 수도 있다. 하지만 존경하면서 존중하지 않을 재주는 없다. 존중은 인정하는 것이 가장 깊어지고 안정된 상태이다.

누군가 나를 존중하는 것을 알아차리는 것은 매우 중요하다. 그 존중의 깊이와 무게(척도), 질감과 온도를 구분하여 알아차리는 것은 중요하다. 공중목욕탕에 들어갈 때, 요리를 할 때 정확한 온도를 알아차리지 못하고 몸을 담그는 것은 위험한 일이기도 하다.

잠이 깊이 든 사람을 깨우는 것은 가능하지만 잠든 척하는 사람을 깨우는 것은 매우 어렵다. 내가 나의 학생들과 학부모, 동료 교사들과 상사, 지도교수와 권위에 관해 존중하는 태도를 갖추는 것은 나의 선택이다. 그 과정에서 이 존중이 몇 %의 순수함을 지닌 것인지 나는 대충 알 수 있다. 하지만 상대방을 정확하게 파악하는 것은 쉽지 않다. 존중하는 척하는 사람들을 만나는 것은 어려운 일이 아니다. 하지만 대부분 존중하는 척하는 것은 느낌이 있다. 느낌적인 느낌이 그것이다. 나를 존중한다고 하면서 왠지 씁쓸한 것 같은 무엇이 남아 있는 기분이 드는 것이다. 커피를 타 주었는데 마치 침을 뱉어서 준 것 같은 찜찜한 기분이 그것이다. 그래서 안 먹고 싶은데 자꾸 먹으라고 권유하면 그 느낌은 더욱 커져간다. 준중의 반대편에는 경멸이 있다. 하지만 경멸과 존중은 마치 같은 자세로 던지는 커브와 슬라이드처럼 타자 앞에 와서야 비로소 구분이 된다.

존중 마주하기

나를 진심으로 존중하는 사람을 마주하는 일은 즐겁고 행복하다. 하지만 나를 짐짓 경멸하면서 존중하는 척하는 사람과 마주하는 것은 고문이 따로 없다. 그 사람이 나에게 큰 영향을 끼치는 상사이던 내가 가르치는 학생이던 그 상처는 가늘고 깊거나 넓고 얕은 차이일 뿐 고통의 절대치는 같다.

나를 존중하지 않는 사람을 대처하는 가장 좋은 방법은 나는 그를 진심으로 존중하는 것이다. 나를 존중하는 척하는 사람에게 가장 좋은 응대는 나는 진심으로 그를 존중하는 것이다. 그러할 때는 공이 상대방에게 넘어간 것을 넘어 인격이 넘어간 것이다. 인간의 존엄성이 함께 넘어간 것이다. 상대방이 나를 모욕하고 무시하기 위해 거짓 존중을 보였을 때 레이저 광선처럼 상대의 공격을 피하고 무력화하여 되갚아 주는 공격을 하기 위해 에너지를 쓰지 마라. 그 에너지의 반의반이면 진심으로 상대방을 존중하는 모습으로 응답할 수 있다.

이때 나는 나 자신에게 떳떳하고 상대방에게 당당하여 칼자루를 쥐게 된다. 물론 이를 위해 의도적으로 상대방에게 과한 예의를 차릴 필요까지는 없다. 과례過禮는 비례非禮일 뿐만 아니라 나 자신마저 스스로를 비루하게 하는 행위이기에 나에 대한 존중을 거두는 경우가 된다. 그저 나를 공격하는 사람에게 진심으로 예의를 갖추어 대하면 그 예의에 대해 어떤 방식으로 처리할지는 상대방의 몫이 된다. 무례한 아동과 학부모를 대할 때 이 방법은 매우 강력한 효과를 발휘한다. 나를 무시하는 부장교사와 학교행정가 혹은 전문직, 교수들을 대할 때에도 효율적이고 효과적이다. 무엇보다 나 자신을 존중하는 사람은 다른 이들도 존중하게 된다. 존중하면 존중받는다.

질문들

△ 살면서 누군가에게 진정 어린 존중감을 표현한 적이 있었는가?

△ 있었다면 그 대상은 누구이며 그 이유는 무엇인가?

△ 나라는 존재를 진심으로 존중해 준 사람은 누구이며 어떤 경험인가?

△ 주변을 둘러볼 때 내가 정말 존중해 할 사람은 누구인가?

5 희망(서른 번째 주머니)
– 숨을 쉬는 한 희망은 있다(키케로)

희망은 어디에 있는가의 문제가 아니라 어떻게 찾을 것인가의 문제이다. 어떤 상황에서도 희망이 있다. 빅터 프랭클의 아우슈비츠 감옥에서도 토스토예프스키의 시베리아 수용소에서도 희망은 존재한다. 작가 루쉰은 "희망은 본래 있다고 할 수도 없고 없다고 할 수도 없는 길과 같은 것이다. 여러 사람이 가면 길이 되고 희망이 되는 것이다"라고 표현하였다.

많은 이들이 한국교육, 한국사회에 희망이 없다고 '헬조선'이라고 말할 때 촛불로 무혈혁명을 완성하고 K-방역으로 21세기 새로운 민주주의의 선진국이 된 우리 대한민국이야말로 세계의 희망이라고 말한다. 한국교육이 지난 백년의 역사는 교육이 아니라 반교육反教育이라고 외치는 김누리 교수의 말도 틀린 것은 아니지만 여기에서 다시 희망의 씨앗을 찾아내어 한국교육이 세계교육의 새로운 표준이 되고 등대가 될 수 있는 방법을 찾아가야 한다.

나는 그 방법을 퇴계에서 찾는다. 아들러도 파커 파머도 헨리 나웬도 스승으로 길을 보여 주었지만 퇴계 선생만큼 앎과 삶을 조화롭게 실천하신 분은 드물다. 퇴계는 교육에서 희망을 찾았다. 풍기군수 시절 주세붕의 백운동서원을 다시 일으켜 세우며 교육을 통해 세상에 선한 사람이 가득하도록 기르는 것이 평생의 목표였다. 희망이었다. 희망을 실천하는 방법으로서 도산서원을 세워 제자들을 길렀다. 그 제자들이 임진왜란으로부터 나라를 구했고 조선 후기의 선비정신을 이끌어 왔다.

희망希望은 「명사」로 그의 사전적 뜻은 "어떤 일을 이루거나 하기를 바람"이다. 앞으로 일이 잘 될 것이라는 기대를 품은 상태이며 낙관적인 태도이다. 희망은 "어떤 일이 원하는 대로 이루어지기를 바라면서 기다림"이라는 기대와 비슷하기도 하다. 기대와 희망은 영어의 anticipation 혹은 hopefulness에 해당한다. 희망의 표현은 목소리의 톤이 높아지고 언젠가 자신의 진가가 빛날 것이라고 표현으로 엿보인다. 희망은 자신의 능력을 실현하거나 과시하려는 마음을 가지고 목표와 결부된 일이나 사람에게 집중한다. 희망을 가지고 있을 때 모든 것이 다 잘 돌아갈 것이라는 긍정적인 사고방식을 가지고 부정적인 말에는 귀를 기울이려고 하지 않는다. 희망이 심화하면 간절한 희망 즉 열망이 되고 희망이 이루어지지 못하면 깊은 실망을 만나게 된다(Angela Ackerman·Becca Puglisi, 2016).

판도라의 상자 제일 밑바닥에 있던 그 희망이 결국 인간을 구원하게 될 것이다. 필자가 가장 좋아하는 단어 중의 하나가 희망이기도 하다. 세상의 모든 단어가 다 사라지고 난 다음 마지막 남을 단어 중의 하나가 희망이 아닐까? 학교에서 많은 교사들은 길을 잃고 절망한다. 아이들 때문에 고통받고 학부모들로 인해 상처받는다. 권위적이고 비교육적인 학교행정가들로 인해 분노하고 절망한다. 동료교사들과 소통하지 못하고 자신의 교실에 스스로 위리안치[13)]되어 (유배되어) 배제되고 소외된다.

희망이 사라지고 절망이 가득 찰 때는 언제인가? 교직의 입직시기가 그러하고 3~5년 정도를 지나면서 위기의 순간이 찾아온다. 10년 정도 지나면 이 길을 계속 가는 것이 맞는지 스스로 물어본다. 돌아가기에는 조금 멀리 온 것 같기도 하다. 이럴 때 필자의 경우 희망을 찾아가는 방법은 주로 시점 이동하기였다. 지금부터 1년 전 혹은 1년 후의 내 모습을 생각해 보는 것이다. 조금 더 시간을 이동하여 3년이나 5년, 10년 후도 괜찮다. 시간의 시계를 앞뒤로 이동함으로써 우리는 여유를 가지게 된다. 그 여유가 일어나는 지점이 희망이다. 초임 때 지금으로부터 약 30여년 전 나는 명예로운 퇴직을 꿈꾸었으며 그 꿈에 다가서 있다.

"어떤 경험도 경험 그 자체가 영향을 끼친다기보다는 경험에 대한 해석이 영향을 끼친다", "자신이 동의하지 않는 한 불행은 올 수 없다"는 아들러의 말에 귀를 기울여도 좋다. 아우슈비츠수용소에서 죽음을 기다리던 정신과 의사 빅터 프랭클은 "자극과 반응 사이에 공간이 있다. 이 공간에서의 선택이 삶의 질質을

13) 「명사」, 『역사』 유배된 죄인이 거처하는 집 둘레에 가시로 울타리를 치고 그 안에 가두어 두던 일(국립국어원 표준국어대사전).

결정한다"라고 말한다. 절망은 희망과 한 쌍으로 온다. 좌절은 희망의 뒷면이다. 위기危機란 위험한 기회를 말한다. 모든 절망은 희망을 품고 있다. 절망의 밑바닥에 다다르면 더 이상 내려갈 곳이 없다는 희망이 생긴다. 희망의 출발점이 되는 것이다. 모래시계를 거꾸로 뒤집은 것처럼 바닥이 천장이 되고 천장이 다시 바닥이 된다.

교사로 살면서 다양한 이유로 좌절하고 절망한다. 상처받는다. 교사는 상처입은 치유자이다. 자기 스스로 상처를 경험하지 못한 교사가 아이들의 상처를 치유하는 것은 쉽지 않다. 보다 많이 좌절하고 절망하고 상처받은 경험이 있는 교사는 좀 더 공감하고 배려하며 친절하고 유순한 치유자가 될 자질이 큰 사람이다.

희 망

본디 너는 있다고 할 수 없고
없다고도 할 수 없는

믿는 사람들의 마음속에서
씨앗처럼 무지개처럼 존재하지만

내일은 오늘보다 더
좋아질 것이라는 믿음
달라질 것이라는 소망

문제가 해결되어
평화롭게 오순도순

함께 늙어갈 수 있으리라는
성장할 수 있으리라는
희망 너를 붙들고 간다

나의 희망은 퇴계선생님처럼 도산서원을 세우는 것이다. 제자들을 기르는 것이다. 유성룡西厓과 김성일鶴峯 조목木川 등 당대와 조선의 정신을 이어가던 학자들이 퇴계에게서 동문수학하였다는 것은 내 가슴을 뛰게 한다. 이제 나의 희망은 물러나 제자들을 기르는 것이다.

한 가지 아쉬운 점은 물러나기 전에 기회가 주어진다면 하고 싶은 일이 있었다. 울베우스가 노르웨이 정부로부터 학교폭력에 대한 모든 프로젝트를 위임받은 것처럼 최재천 교수가 국립생태원을 성공적으로 이끈 것처럼 나는 “한국학교폭력예방·상담원(가칭)”의 주춧돌을 놓고 틀을 잡고 은퇴하고 싶었다. 3년 간의 시간이면 족할 것이다. 하지만 꼭 내가 아니면 어떠랴? 누군가 그 일을 하게 될 때 조언을 하며 조용히 힘이 되고 자원봉사를 하는 것도 나쁘지 않을 것이다.

국민의 세금으로 박사학위를 받았으니 이를 돌려 드려야 마땅하다고 생각한다. 어떤 방법으로 돌려 드릴 수 있을 것인가? 길을 찾아본다. 현직에서 그 일을 할 기회가 주어지지 못하면 어떠랴? 그럼에도 불구하고 희망의 끈을 완전히 놓거나 의무가 면해지는 것은 아니다. 다른 방법으로 시민사회에서 혹은 퇴직을 하고 난 다음에도 여러 모양으로 갚아야 하는 빚이라는 것을 나는 안다. 지금은 그 구체적인 모습을 나도 모른다. 이러한 시기에 선비는 공부하고 실력을 쌓으면 된다. 기회가 주어져서 쓰임을 받을 때도 있지만 강의하고 글을 쓰고 제자를 기르는 것 역시 가치 있는 실천이라고 믿는다.

나는 베이비 붐 세대에 속한다. 내 나이(1961년생)를 전후로 퇴직하는 공무원들이 쏟아져 나오고 있고 민간 기업에서는 이미 퇴직을 시작하였다. 하지만 상당수는 노후를 대비하지 못했고 대부분의 경우 연금의 혜택을 입는 것은 거리가 있다. 하지만 먼저 퇴직한 선배들을 보면서 당황스럽고 안쓰럽다. 퇴직 후 처음 몇 달 혹은 몇 년 동안은 여행도 다니고 등산도 하고 운동도 열심이지만 결국은 일이 없다는 것과 마주하게 된다. 출근할 곳이 없는 것이 얼마나 당황스러운 일인지 대낮에 슈퍼에 다녀오는 일이 얼마나 생경하고 민망한 일인지 겪어 본 사람만이 알 수 있을 것이다. 그 눈부신 햇살과 햇빛을 온몸으로 맞으며 공허한 하늘 속으로 사막 한가운데로 내던져진 기분이란 무엇인가? 상상해 본다.

나는 이분들을 위한 퇴직학교를 만들고자 한다. 30~40년을 살아온 공무원 생활 혹은 사회생활의 경험들을 매장하지 않고 건강이 허락하는 한 보람 있는 일을 하면서 늙어가는 것이 좋다. 가수 노사연은 바램이라는 노래에서 “늙어가는 것이 아니라 익어가는 것”이라고 노래한다. “너는 늙어 봤냐? 나는 젊어봤다”라고 자신 있게 말하는 노년이 필요하다. 희망이 없다면 얼마나 지루하고 잔인한 시간들이겠는가?

「백년을 살아 보니」의 저자 김형석 교수는 “인생을 돌아보니 자신의 황금기는 예순부터 일흔 다섯까지였다”라고 회상한다. 퇴직하는 교사와 공무원 혹은 내 또래의 동료들을 위한 인생학교, 퇴직학교, 감정학교, 학교의 마음 아카데미(HOSA: Heart o the School Academy)를 만들고자 한다. 지난 온 삶을 돌아보고 함께 나이 들어가며 배우자와의 관계, 자식들과 손자·손녀들과의 관계를 개선하는 프로그램을 만들어 함께 공부하고 싶다.

이분들 중에서 지도자를 양성하여 학교와 교육 영역에서 교통비 정도(한 달에 약 100만원)를 받으며 봉사할 수 있는 교심서원校心書院(HHOSA)을 만들어 함께 늙어가고 싶다. 인생에서 나이 듦이란 더 이상 증명하려고 발버둥하지 않아도 되는 시간을 말한다. 이 시간은 사회에 공공선을 위해 기꺼이 더 많은 위험을 감수하는 시간이다(파커 파머, 2018). 희망이 있으면 은퇴가 즐겁게 기다려질 수 있다. 필자의 이러한 모습은 많은 은퇴를 앞둔 40~50대 교사들에게도 희망이 될 수 있을 것이다.

희망 알아차리기

희망을 알아차리는 것은 “내일은 다시 새로운 태양이 뜬다”는 시간의 흐름을 발견하는 것이다. "이 또한 지나가리라" 어떤 고통도 슬픔도 영원하지 않다. 기쁨도 축복도 잔치도 영원하지 않다. "모든 것은 변화하고 변화하지 않는 유일한 진실은 모든 것이 변한다"는 것뿐이다. 희망은 눈을 뜨는 사람에게 보이고 귀를 기울이는 사람에게 들린다. 자신의 얼굴을 고통의 잔반통에 쑤셔 박고 절망의 방에 들어가 문을 잠그고 있으면 마침내 절망이 자신을 우는 사자처럼 삼키게 된다.

오늘 하루 눈을 뜰 수 있는 것이 희망이다. 오늘 하루 일어나 내 손으로 씻고 먹고 출근을 할 수 있는 것이 희망의 증거이다. 교실 문을 열고 들어가 아이들을 맞이할 수 있는 것이 희망이다. 정말 힘이 들면 며칠 병가(연가)를 내어도 좋다. 아직 세상의 끝은 오지 않았다. 살아 있으면 희망도 있다. 가장 늦었다고 생각한 때가 가장 이른 때일 수 있다. 후회는 아무리 빨라도 늦은 법이지만 희망은 아무리 늦어도 그 순간이 내 인생에서 가장 젊은 날이다.

희망을 알아차리는 일이 삶의 성숙도이다. 내 삶 속에서 희망의 온도, 희망의 척도를 알아차리자. 이 알아차림은 사물과 사람과 시간 모두에게 열려 있다. 혼자만 알아차리지 말고 더불어 알아차리고 함께 성장의 길로 나가자. 희망의 물결이 파도처럼 여울지고 들불처럼 울려 퍼지게 하자.

희망 마주하기

희망을 마주하는 일은 긍정적인 마음에서 시작된다. 스스로 거울을 보면서 자신을 원망하고 저주하거나 반대로 세상에서 누가 가장 예쁘냐고 되묻는 데 시간과 에너지를 쓰지 말라. 있는 그대로의 나를 인정하는 것이 희망을 마주하는 것이다. 다시 한 번 기회를 주는 것이다. 희망은 내가 지금 딛고 있는 이 땅에서 시작된다. 넘어진 그 땅을 딛고 일어서라. 현재의 순간에서 시간과 공간을 다시 자리매김하라.

살아 있는 한 희망은 있다. 살아 있으면 기회는 다시 온다. 아니 기회를 만들 수 있다. 희망은 주어지는 것이라기보다는 만들어 가는 것이다. 희망을 만드는 사람이 되라. 희망을 마주 보고 희망을 희망하라. "정말 소중한 것들은 눈에 보이지 않는다"라고 말한 헬렌 켈러의 말 속에 희망이라는 존재가 있다. 희망은 보이지 않는 것들의 실체이다.

희망의 건너편에 포기가 있다. "포기는 김장철에 김치를 헤아릴 때 외에는 사용하지 말라"는 어느 학급의 급훈처럼 희망은 희망을 놓지 않는 사람에게 찾아온다. 아니 희망은 희망이 있다고 믿는 사람들이 만들어 간다. 세상을 마치는 그 순간까지 희망을 놓지 말고 오히려 희망의 결승선을 통과하고 지나가는 선수처럼 육상 선수들처럼 다음 삶을 향해 관통하게 하라. 그대 떠나간 그 자리에 지금도 달려가고 있는 그대 모습의 잔상이 남아 있다. 그대의 향기가 아직도 머물러 있는 그곳에서 이생과 다음 생을 이어가라.

희망이 그대를 지켜보면 미소 짓는다. 그대가 희망을 선택하였다기보다는 희망은 한 번도 그대의 손목을 놓은 적이 없었다.

질문들

△ 살면서 내게 가장 희망을 준 사람은 누구인가?

△ 내 삶에 희망이 있다면 그 것은 무엇 때문인가?

△ 인류의 미래 혹은 우리 사회에 미래에 희망은 있는가? 이유는 무엇인가?

△ 주변을 둘러볼 때 내가 희망을 알려 주어야 할 사람은 누구인가?

모래 한 알

우승한 마라토너에게
기자가 물었다
어느 순간이
가장 힘드셨나요

매 순간 힘들었어요

무엇이 당신을 힘들게 했나요

신발 속에 모래 한 알이
매 순간 힘들게 했지요

가장 절실한 아픔은
곧잘 가장 비좁은 곳에
숨어 버린다*

나의 욕심
허영심
에고를
신발 속에 넣고는
먼 길을 왔구나

---

* 헨리 나웬(2014:50)

가장 좋은 날은 아직 우리 앞에 놓여 있고

영국 시인 Robert Browning*의 시 중 Rabbi Ben Ezra라는 시가 있다.

함께 늙자구나,
가장 좋은 날은 아직 우리 앞에 놓여 있고,
인생의 시작 또한 그 마지막을 위한 것이었으니

……<중략>

젊음은 그 절반을 보여줄 뿐,
전체를 바라보라
두려워 마라

이 시는 필자가 매우 좋아하는 시이다.

아직 내 앞에 놓여 있는 인생 최고의 날들을 위해 나는 부지런히 달려간다. "백세를 살아보니"의 저자 김형석 교수는 돌이켜보면 인생의 전성기는 "예순부터 75세 정도"였다고 회고한다. 나 역시 '건강이 허락하는 범위 내에서 일흔까지는 제자들을 기르고 그 이후에는 글을 쓰거나 책상머리에 앉아서 삶을 마칠 수 있다면 참 좋겠다'라고 늘 상상한다.

---

* 로버트브라우닝(Robert Browning, 1812년 ~ 1889년)은 영국의 시인이자 극작가이다. 바이런, 셸리의 영향을 받아 시인이 되었다. 알프레드 테니슨과 더불어 빅토리아 왕조 시대를 대표하는 시인이다.

이 길에서 가장 소중한 동료이자 도반道伴인 아내와의 여정이 날이 갈수록 소중하다. 가슴 뛰는 일이다. 이제 이 일들을 함께 할 수 있다는 것을 상상만 해도 즐겁다. 나는 진심으로 함께 나이 먹는 일이 즐겁다. 아내와 함께 늙어가는 것이 좋다. 희망이 가득하다.

익숙한 공무원 생활을 떠나 자유인이 되는 것은 가슴 설레는 일이다. 지난 30여 년 열심히 살아왔고 잘 살아왔지만 때로는 사막을 지나는 고통도 깊은 밤 어둠 속에서 절망하기도 하였다. 이제 결승선이 얼마 남지 않는 이 지점에서 나의 교직생활을 돌아보며 후배들을 향해 편지를 쓰는 일은 의미 있는 작업이 될 것이다. 우리 선배들이 그러하였고 앞으로도 교직을 이어서 이 땅의 주인공들을 기를 동료·후배 교사들에게 이 부족한 글이 도움이 되기를 기대하며 기도드린다. 또한 이 책은 베이비 붐 세대 동료교사들에게 드리는 격려의 편지이기도 하다. 아직 가야할 길이 많이 남아 있는 우리들은 보다 생산적인 '마음의 일'에 집중해야 한다. 그래야 남은 삶이 소중하고 행복할 것이기 때문이다. 나와 함께 은퇴 학교에서 공감과 성장을 함께 배우고 토론하며 이를 가장 가까운 가족에게 그리고 주변에게 나누어 줄 수 있기를 초대한다. 학교마음치유서원(HHOSA: Healing the Heart of School Academy)을 활짝 열어 초대의 글을 드린다.

내 글 속에 다소 종교적인 묘사들이나 자주 등장하는 성서 구절들이 불편한 분들이 있을 수 있다. 특정 종교나 체험을 전달하기 위해서가 아니라 내 삶 속에서 경험하고 체득한 내용을 전달하는 것이 진실될 것이라고 여겨 그 그릇에 담은 것임을 헤아려 주시기를 청한다.

끝으로 교직 혹은 공무원 생활을 포함하여 직장생활의 한 시기를 마무리하는 모든 이들에게 책을 한 권 쓰기를 권한다. 그 책이 출판되지 않고 가족들에게만 전해진다 하더라도 매우 가치가 있다. 이 책은 남은 삶의 지렛대가 된다. 서둘러 쫓기듯 직장을 떠나서는 안 된다. 특별히 교직을 떠나는 선배들이 아름다운 추억을 가지고 떠날 수 있도록 후배님들의 관심과 배려가 필요하다. 지금은 나의 차례일 뿐 물레방아가 돌아가듯 시간의 화살은 덧없다. 이 또한 지나가리라.

최근 가입한 독서 모임이 있다. '파란'이라는 모임인데 2주에 한 번 토요일 새벽에 모여서 독서 토론을 한다. 이 모임의 대표께서 데일 카네기의 「인간관계론」을 대체하여 이 책으로 토론하고자 제안하셨다. 내가 쓴 책으로 독서모임에서 토론을 한다는 것은 새로운 삶을 내딛는 내게 큰 선물이자 격려이다.

이 책은 내게 글을 쓰는 이의 사명감과 보람을 동시에 준 첫 번째 책이 되었다.

2020. 12. 삶의 한 끝에서 다음 단계로 이어지는 '끄트머리'에 서서

■■ 참 고 문 헌 ■■

고은정(2014), 자기비하와 자존감이 부정적 생활사건 경험시 정서에 미치는 영향, 고려대학교 박사학위논문

김찬호(2014), 모멸감, 서울:문학과 지성사

김현수(2013), 교사상처, 서울:에듀니티

메리 파이퍼(2019), 나는 내 나이가 참 좋다. 서유라 옮김, 서울:티라미수

박용철(2012), 감정연습, 서울:추수밭

신창호(2010), 함양과 체찰, 서울:미다스북스

아들러(2014), 항상 나를 가로막는 나에게, 변지영 편저, 서울:카시오페아

앨리 러셀 혹실드(2008), 감정노동, 이가람 옮김, 서울:이매진

와다 히데키(2020), 감정바보, 이용택 옮김, 경기부천: 더 좋은 책

이동한 편역(2011), 활인심방, 경기파주: 교육과학사,

이시카와 마사토(2016), 감정은 어떻게 진화했나, 박진열 옮김, 서울:라르고

이해중·김정희·김선희·김선우·조희진·강지영·오익수 공저, 격려하는 선생님, 서울:학지사

정우락(2009), 조선의 서정시인 퇴계 이황. 서울:글누림.

정혜신(2018), 당신이 옳다, 해냄

제임스 길리건(2015), 위험한 정치인, 이희재 역, 교양인

조지 월튼(2005), Why Worry: 1% 걱정만 줄여도 인생이 바뀐다. 류영훈 편역, 행복한 마음

최현석(2011), 인간의 모든 감정, 파주:서해문집

토니 험프리스(2017), 자존감 심리학, 이한기 옮김, 경기파주:다산초당

토드 로즈(2018), 평균의 종말, 이우일 옮김, 경기파주: 21세기 북스

파커 J. 파머(2018), 모든 것의 가장자리에서, 김찬호·정하린 옮김. 경기파주: 글항아리

헨리 나우웬(1999), 상처 입은 치유자, 최원준 옮김, 서울:두란노

헨리 나우웬(2004), 새벽의 영성, 신현복 옮김, 아침영성지도연구원

헨리 나우웬(2009), 탕자의 귀향, 최종훈 옮김, 서울:포이에마

헨리 나우웬(2013), 분별력, 이은진 옮김, 서울:포이에마

Ackerman·Becca Puglisi(2016), "The Emotional Thesaurus. A Writer's Guide to Character Expression" 인간의 75가지 감정표현법, 서준환 옮김, 경기 고양시:인피니티북스

Alie Russel Hochild(2009), 감정노동, 이가람 옮김, 서울:이매진

Francois Lelord·Christophe Andre(2008), La Force Des Emotions 내 감정 사용법, 배영란 옮김, 서울:위즈덤하우스.

Rudolf Dreikurs·Bernice Bronia Grunwald·Floy C, Pepper(2013), 아들러와 함께하는 행복한 교실 만들기, 전종국·신현숙·이동훈·이영순·이승연·천성문 공역, 서울:학지사

학교의 마음

초판 1쇄 인쇄 / 2020년 12월 28일
초판 1쇄 발행 / 2021년 1월 4일

저자 이동갑
발행처 형설출판사
경기도 파주시 회동길 37-23 · 전화 (031) 955-2361～4 · 팩시밀리 (031) 955-2341
발행인 장진혁
등록 라－제9호 · 1962년 5월 1일
홈페이지 http://www.hyungseul.co.kr
e-mail hs@hyungseul.co.kr

정가 16,000원

ISBN 978-89-472-8532-2 93370

이 도서의 국립중앙도서관 출판시도서목록(CIP)은 서지정보유통지원시스템 홈페이지(http://seoji.nl.go.kr)와 국가자료공동목록시스템(http://www.nl.go.kr/kolisnet)에서 이용하실 수 있습니다.(CIP제어번호 : CIP2020051996)

학교의
마음